"青年红色筑梦之旅"
项目设计与指导

主　编　黄　衍　朱薇薇

副主编　王北一　林杏花　陈原野　杨腾云　黄　鑫　陈丽颖

西南交通大学出版社
·成　都·

图书在版编目（CIP）数据

"青年红色筑梦之旅"项目设计与指导 / 黄衍，朱薇薇主编. -- 成都：西南交通大学出版社，2024. 9.

ISBN 978-7-5774-0043-3

Ⅰ. G647.38

中国国家版本馆 CIP 数据核字第 2024QT4266 号

"Qingnian Hongse Zhumeng Zhilü" Xiangmu Sheji yu Zhidao

"青年红色筑梦之旅"项目设计与指导

主编　黄衍　　朱薇薇

策划编辑	吴　迪
责任编辑	郭发仔
封面设计	原创动力

出版发行	西南交通大学出版社
	（四川省成都市金牛区二环路北一段 111 号
	西南交通大学创新大厦 21 楼）
邮政编码	610031
营销部电话	028-87600564　028-87600533
网址	http://www.xnjdcbs.com
印刷	成都蜀雅印务有限公司

成品尺寸	185 mm×260 mm
印张	12
字数	300 千
版次	2024 年 9 月第 1 版
印次	2024 年 9 月第 1 次
定价	49.00 元
书号	ISBN 978-7-5774-0043-3

　　2023 年 12 月，中国国际大学生创新大赛（2023）（第九届中国国际"互联网+"大学生创新创业大赛）在天津胜利落下了帷幕。九年以来，该项大赛产生了巨大的社会影响力。现在已经成为国内高校中覆盖面最广、参赛人数最多、影响力最大、规格最高的创新创业竞赛。而与大赛同期举办的"青年红色筑梦之旅"（以下简称"红旅"）活动也历经六年的发展，从一项最初只有 100 支左右项目团队参与的社会实践活动，逐步发展成为一堂集党史教育课、国情思政课、创新创业课、乡村振兴课、红色筑梦课于一体的，有温度、有深度、有广度、有高度、有气度的中国金课。在全面落实立德树人根本任务，全面深化教育教学改革，推动思想政治教育、创新创业教育和专业教育紧密融合上发挥了越来越重要的作用，体现出越来越重要的价值，且高校和学生的参与度持续提高，很好地促进了高校人才培养模式的变革。

　　截至 2022 年 6 月，"青年红色筑梦之旅"活动孕育了 98 万个创新创业项目，对接农户 255 万余户、企业 6.1 万余家。同学们走进革命老区、城乡社区，用专业知识和创新创业成果助力国家建设。这是中国国际大学生创新大赛"青年红色筑梦之旅"活动近年来交出的答卷。

　　本书旨在帮助读者理解"青年红色筑梦之旅"活动的内涵和价值，基于对"红旅"活动的理解和认识，进行相关的创业实践探索。

　　本书基于过去六年"青年红色筑梦之旅"活动的目标和要求，对参赛评分要素进行深度解释，让读者对"红旅"活动的具体要求和评价指标有清晰的了解。在此基础上，围绕"红旅"活动聚焦的区域和领域，以及与"红旅"活动紧密相关的要素，对乡村振兴、公益创业和高校"四新"建设以及它们与"红旅"活动的结合度方面进行详细介绍，让读者明确"红旅"活动的方向和目标。本书在多个章节的相应板块都引用了优秀"红旅"项目案例，通过详细点评案例，让读者更好地认清"红旅"活动的特色与项目要求，鼓励更多的学生参加"红旅"活动，切实提高自身的创业意识和创新创业能力，成长为信念坚定、敢闯会创的时代新人。

习近平总书记在中国共产党第二十次全国代表大会上的报告中指出："青年强，则国家强。当代中国青年生逢其时，施展才干的舞台无比广阔，实现梦想的前景无比光明。全党要把青年工作作为战略性工作来抓，用党的科学理论武装青年，用党的初心使命感召青年，做青年朋友的知心人、青年工作的热心人、青年群众的引路人。广大青年要坚定不移听党话、跟党走，怀抱梦想又脚踏实地，敢想敢为又善作善成，立志做有理想、敢担当、能吃苦、肯奋斗的新时代好青年，让青春在全面建设社会主义现代化国家的火热实践中绽放绚丽之花。"我们也期待着，"青年红色筑梦之旅"在未来能为更多青年学子提供一个厚植家国情怀、涵养进取品格的大舞台。通过走进"红旅"、参与"红旅"，希望青年学子们能真正扎根中国大地、了解国情民情，砥砺前行，挺膺担当，最终能艰难困苦、玉汝于成，成为优秀人才，让青春力量在新征程的实践中迸发，助力中国式现代化持续向前发展。

本书可作为高等院校师生备战中国国际大学生创新大赛"青年红色筑梦之旅"活动的参考用书，也可供有志于乡村振兴和公益创业的社会人士阅读。

编　者
2024 年 3 月于成都

CONTENTS

目　录

第一章

中国国际大学生创新大赛与高校创新创业教育

第一节 ## 中国国际大学生创新大赛产生的时代背景

随着新一轮科技革命和产业变革的蓬勃兴起，科技创新成为关键变量。只有把发展科技第一生产力、培养人才第一资源、增强创新第一动力三者更好地结合起来，才能催生更多新技术新产业，不断增强高质量发展的新动能。2006 年，全国科学技术大会提出自主创新、建设创新型国家战略，颁布了《国家中长期科学和技术发展规划纲要（2006—2020 年）》，建设创新型国家成为我国发展的重要战略。尤其是党的十八大以来，我国加快了建设创新型国家的步伐。党的十八大明确提出要实施创新驱动发展战略，科技创新必须摆在国家发展全局的核心位置。2016 年 5 月，中共中央、国务院印发的《国家创新驱动发展战略纲要》首次提出了进入创新型国家行列到建成世界科技创新强国分"三步走"的战略部署，在 2050 年实现建成世界科技创新强国的宏伟目标。要把我国建成富强民主文明和谐美丽的社会主义现代化强国、实现中华民族伟大复兴的中国梦，需要科技创新提供强有力的支撑。

要增强自主创新能力，培养出更多创新型人才，赋能社会主义现代化国家建设，高校创新创业教育改革势在必行。我国高校创新创业教育可追溯到 20 世纪 90 年代。其发展主要经历了三个阶段，即就业教育阶段，旨在提升就业能力；创业教育阶段，主要作为素质教育的重要补充；创新创业教育阶段，以提升创新与创业能力为要务，服务国家创新驱动发展战略。

中国特色社会主义进入新时代，既为我国创新创业教育注入了新的时代内涵，又提出了新的工作要求。高校作为培养人才的摇篮，要把开展新时代大学生创新创业教育摆在重要位置，不断推进创新创业教育工作向前发展。这既是新时代赋予高等教育的崭新课题，也是国家实施创新驱动发展战略、促进经济提质增效升级的迫切需要。开展创新创业教育，是培养大学生创新精神、创业意识与创新创业能力的重要途径，也是推进高等教育综合改革、促进高校毕业生更高质量创业就业的重要举措。高校创新创业教育应以立德树人为根本任务，全面贯彻党的教育方针，以素质教育为主题，以转变教育思想、更新教育观念为先导，以增强大学生对社会主义核心价值观的认同以及社会责任感，培养创新精神、创业意识和创新创业能力为核心。同时，以改革人才培养模式和课程体系为重点，向大学生传授创新创业理念、价值、精神、能力等，提高大学生创新创业本领和综合素质，实现高质量就业，最终为社会主义现代化强国建设服务。

创新创业教育与国家经济转型、综合实力提升息息相关，创新创业能力是国家对当代大学生普遍性、基础性的教育要求。深化高等学校创新创业教育，既是国家实施创新驱动发展战略、促进经济提质增效升级的迫切需要，也是新时代推进高等教育综合改革、加强高校人才培养的关键举措。深化高校创新创业教育改革是全面建成社会主义现代化强国的必然要求。

为了进一步深化高校创新创业教育改革，国家先后制订了各项指导性改革方案。2012 年，教育部提出"开发创新创业类课程并纳入学分管理"，并明确指出"把创新创业教育贯穿人才培养全过程"。2015 年，教育部明确要求高等院校将创新创业教育课程设置为大学生必修课和选修课，进一步加强对大学生创新创业能力的培养。2015 年 5 月 4 日，国务院办公厅印发了《关于深化高等学校创新创业教育改革的实施意见》(国办发〔2015〕36 号)，针对创新创业教育提出九项改革任务、三十多项具体改革措施。文件明确指出，教育部门要把创新创业教育质量作为衡量办学水平、考核领导班子的重要指标，将其纳入高校教育教学评估指标体系和学科评估指标体系，并引入第三方评估；把创新创业教育相关情况列入高职高专、本科、研究生教学质量年度报告和毕业生就业质量年度报告重点内容，接受社会监督。《意见》指出，要健全促进高等教育内涵式发展的体制机制，把创新创业教育贯穿人才培养全过程，建立健全学科专业动态调整机制，完善课程体系，加强教材建设和实训基地建设，完善学分制，实施灵活的学习制度，鼓励教师创新教学方法。

在此背景下，中国国际大学生创新大赛的前身——中国"互联网+"大学生创新创业大赛应运而生。首届大赛于 2015 年 5 月启动，吸引了全国 1878 所高校共 57 253 支团队报名参加，提交项目作品 36 508 个，参与学生超过 20 万人，带动上百万大学生投入创新创业活动，大赛总决赛于 2015 年 10 月在吉林大学成功举成。

第二节　中国国际大学生创新大赛的发展

以 2015 年第一届中国"互联网+"大学生创新创业大赛为起点，中国国际大学生创新大赛经过九年的发展，产生了巨大的社会影响力。参赛人数与规模在第一届大赛的 1800 余所高校、5.7 万多支团队、20 万人次参与的基础上，逐年迅速增长。到了 2023 年第九届大赛，已经形成了国内外 151 个国家和地区、5296 所学校、421 万个项目、1709 万人次的参赛规模。中国国际大学生创新大赛已经成为目前国内高校中覆盖面最广、参赛人数最多、影响力最大、规格最高的创新创业竞赛。

在过去的九年里，随着大赛的不断发展，其赛道和组别也在不断扩展，形成各学段有机衔接的创新创业教育链条，实现区域、学校、学生类型全覆盖。同时，比赛的形式也在不断丰富（见表1-1）。

表1-1　各届赛道与组别

赛道	第一届	第二届	第三届	第四届	第五届	第六届	第七、八、九届
高教主赛道	√	√	√	√	√	√	√
国际赛道			√	√	√	并入主赛道	并入主赛道
"红旅"赛道			√	√	√	√	
职教赛道					√	√	√
萌芽赛道					√	√	√
产业命题赛道							√

2019年举办的第五届大赛新设了职教赛道和萌芽赛道，并且对办赛的目标第一次以"五个更"进行了明确，全面系统地对大赛的参赛范围、创新创业教育与"五育并举"的有机结合，以及促进创新成果转化等方面进行了整体规划。具体包括：一是更全面，做强高教版块、做优职教版块、做大国际版块、探索萌芽版块，探索形成各学段有机衔接的创新创业教育链条，实现区域、学校、学生类型全覆盖。二是更国际，拓展国际赛道，深化国际交流合作，深度融入全球创新创业浪潮。三是更具中国特色，以大赛为载体，推出创新创业教育的中国经验、中国模式，提升我国高等教育的影响力、感召力、塑造力。四是更教育，促进创新创业教育与思想政治教育、专业教育、体育、美育、劳动教育紧密结合，构建德智体美劳"五育平台"，上好一堂最大的创新创业课；深入开展"青年红色筑梦之旅"活动，上好一堂最大的国情思政课。五是更创新，广泛开展大学生和中学生创新活动，助推科研成果转化应用，服务国家创新发展。

2020年第六届大赛首次更名为中国国际"互联网+"创新创业大赛，在前五届的基础上，将大赛定位为全球性创新创业竞赛平台；把进一步提升新时代中国高等教育的国际影响力，引领创新创业教育国际交流合作，加快培养创新创业人才，促进创新驱动创业、创业引领就业，作为大赛的主要目标。同时，本届大赛第一次把国际赛道并入主赛道。在整体办赛目标中，本届大赛把"更国际"与"更教育"放到前面，体现了"融入全球创新创业浪潮"的定位，以及大赛更好地体现育人本质的价值内涵。

2021年举办了第七届大赛，大赛涉及121个国家和地区、4347所院校共228万支团队、956万余人次。大赛已逐步发展成为"全球最大最好的路演平台"，被国内外媒体誉为惊艳非凡的全球"双创"盛会。大赛旨在深化高等教育综合改革，激发大学生的创造力，推动赛事成果转化，促进"互联网+"新业态形成，服务经济提质增效升级；以创新引领创业、创业带动就业，推动高校毕业生实现高质量创业就业。

本届大赛的总体目标在"更中国、更国际、更教育、更全面、更创新"的基础上，特别强调了"传承跨越时空的伟大的井冈山精神，聚焦'五育'并举的创新创业教育实践，推进赛事组织线上线下相融合，打造共建共享、融通中外的创新创业盛会"等方面。且本届大赛增设了产业命题赛道，旨在架设教育端与产业端的互通桥梁，打通高校智力资源和企业发展需求路径，师生协同解决企业发展中面临的技术、管理等现实问题；同时，更好地助推科技创新成果的转化应用，服务国家创新发展，提升高等教育创造力。

本届大赛总决赛开幕之日的 2021 年 10 月 12 日，国务院办公厅下发了文件《国务院办公厅关于进一步支持大学生创新创业的指导意见》（国办发〔2021〕35 号）。这是中国首次由国务院出台的专门支持大学生创新创业的政策文件，里面包括提升大学生创新创业能力、优化大学生创新创业环境、加强大学生创新创业服务平台建设、推动落实大学生创新创业财税扶持政策、加强对大学生创新创业的金融政策支持、促进大学生创新创业成果转化、办好中国国际"互联网+"大学生创新创业大赛、加强大学生创新创业信息服务等八大板块内容，每个板块措施具体且责任到位。值得一提的是，办好中国国际"互联网+"大学生创新创业大赛被纳入其中。

2022 年举办的第八届大赛的核心目标为：深入贯彻落实习近平总书记关于教育的重要论述和给第三届中国"互联网+"大学生创新创业大赛"青年红色筑梦之旅"大学生重要回信精神，落实《国务院办公厅关于深化高等学校创新创业教育改革的实施意见》《国务院办公厅关于进一步支持大学生创新创业的指导意见》等文件精神，全面深化高校创新创业教育改革、提升大学生创新创业能力、加快培养创新创业人才，纵深推进大众创业万众创新。大赛继续围绕"我敢闯，我会创"主题，推动大赛"更中国、更国际、更教育、更全面、更创新"，传承和弘扬红色基因，聚焦"五育"融合创新创业教育实践，激发青年学生创新创造热情。大赛将线上线下相融合，打造共建共享、融通中外的国际创新创业盛会，开启创新创业教育改革新征程，实现"以赛促教、以赛促学、以赛促创"，共吸引了 100 多个国家和地区的 1450 多万人次报名，340 多万个项目参赛。

2023 年举办的第九届中国国际"互联网+"大学生创新创业大赛由教育部等 12 个部门会同天津市人民政府主办，由天津大学承办，共有来自国内外 151 个国家和地区 5296 所学校的 421 万个项目、1709 万人次报名参赛，参赛范围及规模持续再创新高。其中 1260 个优秀项目脱颖而出，于 12 月 3 日至 6 日在天津大学参加决赛，423 个项目获得金奖。从本届大赛的总决赛阶段开始，大赛名称从中国国际"互联网+"创新创业大赛正式变更为"中国国际大学生创新大赛"，大赛的名称也被定为"中国国际大学生创新大赛（2023）"。

作为在全面贯彻党的二十大精神开局之年举办的第九届中国国际"互联网+"大学生创新创业大赛，即中国国际大学生创新大赛（2023），大赛的核心任务包括贯彻落实党的二十大精神，"三位一体"统筹推进教育、科技、人才工作，把创新教育贯穿教育活动全过程，以创造之教育培养创造之人才，为全面建设社会主义现代化国家提供基础性、战略性支撑。第九届大赛的总体目标在"更中国、更国际、更教育、更全面、更创新"的基础上增加了"更协同"的要求，强调落实立德树人根本任务，传承和弘扬红色基因，聚焦"五育"融合创新创业教育实践，开启创新创业教育改革新征程，激发青年学生创新创造热情，打造共建共享、融通中外的国际创新创业盛会，让青春在全面建设社会主义现代化国家的火热实践中绽放绚丽之花。

整体而言，本届大赛在总体目标的定位上，围绕学习宣传贯彻党的二十大精神，增加了更多相关的要求和目标。例如，在"更全面"中增加了"职普融通、产教融合、科教融汇"等要求，并且围绕"三位一体"统筹推进教育、科技、人才工作。相比往届大赛，本次增加了一项"更协同"的要求，旨在让大赛更好地发挥平台的纽带作用，促进优质资源互联互通，推动形成开放大学、开放产业的良好氛围，促进教育、科技、人才协同发展，从而更好地助力科教兴国战略、人才强国战略、创新驱动发展战略的实施。

本届大赛围绕"更中国、更国际、更教育、更全面、更创新、更协同"的总目标，深入推进职普融通、产教融合、科教融汇，着力培养敢闯会创的有为人才，更好地发挥高等教育在教育强国建设中的龙头作用和在创新教育中的引领作用，打造新形势下国际青年交流合作的世界品牌。同时，各地各高校以大赛为抓手，完善产学研用相结合的机制，加强了教育界与科技界、产业界、投资界的合作，将高校的智力资源、技术资源、文化资源与企业和投资机构的金融资源、市场资源、社会资源等精准对接。通过创新创业的具体实践，进一步激活了高校的资源，让"躺"在实验室的科研成果真正产生市场价值和社会价值，催生出新理念、新技术、新产品、新业态和新模式。

第三节　教育、科技、人才"三位一体"统筹推进与大赛的关系

中国共产党第二十次全国代表大会于 2022 年 10 月在北京胜利召开，这是在全党全国各族人民迈上全面建设社会主义现代化国家新征程、向第二个百年奋斗目标进军的关键时刻召开的一次十分重要的大会。习近平总书记在二十大报告中指出，教育、科技、人才是全面建设社会主义现代化国家的基础性、战略性支撑。必须坚持科技是第一生产力、人才是第一资源、创新是第一动力，深入实施科教兴国战略、人才强国战略、创新驱动发展战略，开辟发展新领域新赛道，不断塑造发展新动能新优势。我们要坚持教育优先发展、科技自立自强、人才引领驱动，加快建设教育强国、科技强国、人才强国，坚持为党育人、为国育才，全面提高人才自主培养质量，着力造就拔尖创新人才，聚天下英才而用之。

教育、科技、人才是经济社会发展的关键支柱，我们党对教育、科技、人才工作历来高度重视。党的二十大报告首次将教育、科技、人才作为一个有机的整体进行论述，强调"教育、科技、人才是全面建设社会主义现代化国家的基础性、战略性支撑"，强调教育、科技、人才"三位一体"协同发展。通过"深入实施科教兴国战略、人才强国战略、创新驱动发展战略"，为全面建成社会主义现代化强国这个宏伟目标提供坚实的支撑，充分彰显了党中央对科教工作的重视之深、期待之切和谋划之远。立足新时代、贯彻新要求、走好新征程，必须深刻把握好教育、科技、人才工作的重要意义、重大使命和内在联系，推动"三位一体"深度融合、有机统一、协调联动、形成合力，以教育强国、科技强国、人才强国建设为重要着力点，加快推进中国式现代化，全面建设社会主义现代化国家。

教育是推进中国式现代化的关键基础。教育是国之大计、党之大计。百年大计，教育为本。只有加快建设教育强国，才能为建设科技强国、人才强国涵养源头活水。所以，要坚持教育优先发展，坚持为党育人、为国育才，以高质量教育立德树人，加快建设教育强国，办好人民满意的教育。

教育是人类社会发展的基础和关键，为民族复兴铸魂育人。同时，教育也是提高科技水

平、涵养人才资源、激发创新活力的根本。创新之道，唯在得人。只有加快建设教育强国，造就一大批拔尖创新人才、数以千万计的高级专门人才和数以亿计的高素质劳动者，才能提高我国科技创新水平和全要素生产率，加快推进社会主义现代化建设。只有培养造就一大批具有国际水平的战略科技人才、科技领军人才、青年科技人才和高水平创新团队，才能不断抢占世界科技竞争和未来发展制高点，把创新主动权和发展主动权牢牢掌握在自己手中。要不断优化与推进中国式现代化相适应的教育结构、学科专业结构、人才培养结构，努力形成有利于创新人才成长的育人环境，为建设社会主义现代化强国、实现中华民族伟大复兴提供有力支撑。

科技是推进中国式现代化的关键力量。科技强国是社会主义现代化强国的应有之义。党的二十大报告提出要完善科技创新体系，坚持创新在我国现代化建设全局中的核心地位；加快实施创新驱动发展战略，坚持面向世界科技前沿、面向经济主战场、面向国家重大需求、面向人民生命健康，加快实现高水平科技自立自强。历史证明，谁站在科技创新前沿和制高点，谁就走在现代化发展前列。在日趋激烈的全球综合国力竞争中，科技是国之利器。当前，新一轮科技革命和产业变革正在重构全球创新版图、重塑全球经济结构。无论是建成现代化经济体系、形成绿色生产生活方式、满足人民对美好生活的向往，还是拓展新领域、开辟新赛道、培育新动能、建立新优势，都离不开强大的科技，离不开高水平科技自立自强。全面建设社会主义现代化国家，必须不断向科学技术广度和深度进军，强化国家战略科技力量，力争让科技创新这个"核心变量"成为推动经济社会高质量发展的"最大增量"。

人才是推进中国式现代化的战略支撑。党的二十大报告强调，要"全面提高人才自主培养质量，着力造就拔尖创新人才，聚天下英才而用之"。党的十八大以来，以习近平同志为核心的党中央把人才工作摆在党和国家事业全局中更加重要的位置，突出强调"人才是第一资源"。人才是国家和民族长远发展的大计，是实现民族振兴、赢得国际竞争主动的重要战略资源。构建新发展格局，推动高质量发展，对人才数量、质量和结构提出了全方位的新要求。应对激烈的国际竞争，也要求我们完善人才战略布局，加快建设世界重要人才中心和创新高地，着力形成人才国际竞争的比较优势，建设一支规模宏大、结构合理、素质优良的人才队伍。

教育、科技、人才三者的关系是辩证统一的。教育是基础，科技是动力，人才是主体，三者有机结合，为全面建设社会主义现代化国家提供基础性、战略性支撑。没有一流的教育，就不可能有一流的科技实力和源源不断的高素质人才大军；没有科技领先，就不可能实现教育事业和人才培养的领先；没有人才优势，就不可能发挥教育和科技的应有作用。三者相互联系、相互促进，单一的教育、单一的科技或单一的人才无法支撑起全面建设社会主义现代化国家的任务，三者必须实现有机联动，共同发挥作用。高校是教育、科技、人才的集中交汇点，承担着为党育人、为国育才的重任，应积极探索推进教育、科技、人才"三位一体"协同融合发展。

第九届大赛的办赛目标中增加了"更协同"的具体要求：充分发挥大赛平台纽带作用，促进优质资源互联互通，推动形成开放大学、开放产业、开放问题的良好氛围，助推大赛项目落地转化，营造支持青年大学生创新创业、共同合作、互相包容、互相支持的良好生态。这一要求旨在把高校科学技术转化与学生创新创业进行有效叠加，促进技术的转化、人才的培养，以及教育的改革，推动教育、科技、人才"三位一体"协同发展。

第九届大赛的办赛目标具体要求如下：

（1）以赛促教，探索人才培养新途径。全面提高人才自主培养质量，全面推进高校课程思政建设，深入推进新工科、新医科、新农科、新文科建设，不断深化创新创业教育改革，引领各类学校人才培养范式深刻变革，形成新的人才培养质量观和质量标准，切实提高学生的创业意识和创新创业能力。

（2）以赛促学，培养创新创业生力军。着力造就拔尖创新人才，激励广大青年扎根中国大地了解国情民情，在创新创业中增长智慧才干，怀抱梦想又脚踏实地，敢想敢为又善作善成，做有理想、敢担当、能吃苦、肯奋斗的新时代好青年。

（3）以赛促创，搭建产教融合新平台。把教育融入经济社会发展，推动成果转化和产学研用融合，促进教育链、人才链与产业链、创新链有机衔接，以创新引领创业、以创业带动就业，推动形成高校毕业生更高质量创业就业的新局面。

中国国际大学生创新大赛紧扣国家发展战略，结合"以赛促教、以赛促学、以赛促创"的办赛目标，把教育改革、青年成才以及教育融入经济社会发展等几个方面有机结合在一起，在全面推进高校课程思政建设，深入推进"四新"建设，深化创新创业教育改革，促进教育链、人才链与产业链、创新链有机衔接等方面全面着力，成为促进学生全面发展的重要平台，也是推动产学研用结合的关键纽带。

围绕党的二十大报告提出的"三位一体"统筹推进教育、科技、人才工作的要求，第九届大赛在往届的基础上把"全面提高人才自主培养质量，着力造就拔尖创新人才"的相关要求在以赛促教和以赛促学中进行了具体体现。同时，党的二十大报告对青年工作的专门论述也明确要求"广大青年要坚定不移听党话、跟党走，怀抱梦想又脚踏实地，敢想敢为又善作善成，立志做有理想、敢担当、能吃苦、肯奋斗的新时代好青年，让青春在全面建设社会主义现代化国家的火热实践中绽放绚丽之花"。这是我们党对青年成才的具体希望和要求，期待青年能在以中国式现代化全面推进中华民族伟大复兴历史伟业中切实扛起使命与责任。作为具体要求，第九届大赛的以赛促学部分对此也进行了相关体现。

中国国际大学生创新大赛聚焦拔尖创新人才培养，坚持育人为本、突出创新驱动，推进教育、科技、人才"三位一体"协同融合发展，将为有效促进人才自主培养与科研创新作出更大的贡献。

第四节　中国国际大学生创新大赛的育人价值

经过九年的发展，中国国际大学生创新大赛已经成为高校深化创新创业教育改革的重要载体和平台，在加快形成新的教育理念、新的教育教学模式、新的人才培养格局方面体现了重要的价值；同时，在全面培养学生的创新精神、敢闯素质、会创本领中发挥了越来越重要的作用。

（一）提升大学生的综合素质

大学生创新意识和创新创业能力是大学生综合素质培养的核心，关系到国家的发展、民族的未来，是高校人才培养目标的应有之义，而中国国际大学创新大赛无疑为大学生提高创新创业能力提供了最好的学习、实践机会。从一个创意和想法到逻辑严密、技术创新、团队可信、模式可行的参赛项目形成，学生在参赛过程中的信息处理、逻辑思辨、归纳演绎、组织统筹、文字撰写、沟通交流、语言表达等方面的能力都得到了较大幅度的提高，而这些是学生日后实现更高质量就业和创业必备的能力。大赛弥补了学生理论学习的不足，把课堂延展到整个社会，让学生去发现问题、运用所学的知识提出解决方案，并且按市场规律去做项目策划、市场分析、模式构建、财务预算等，这种结合实际问题的学习能更好地激发学生的学习热情。

在参与大赛的过程中，学生在商业逻辑、产品理念、融资策略、路演答辩等方面的能力有了全方位的提升。同时，学生在深入参与创新创业的具体实践中，丰富了创新创业的经验，提高了解决复杂问题的能力。

（二）高校创新创业教育改革的重要载体

中国国际大学生创新大赛从创办之初就承载着深化高等教育综合改革，激发大学生的创造力，全面培养和提升大学生的综合素质，推动赛事成果转化和产学研用紧密结合，促进"互联网+"新业态形成，服务经济提质增效升级，以创新引领创业、创业带动就业，推动高校毕业生更高质量创业就业的使命。九年来，大赛既充分展示了深化高校创新创业教育改革的阶段性成果，又倒逼创新创业教育改革全面发力，加快了创新创业教育与专业教育由"两张皮"向有机融合的转变，由注重知识传授向注重创新精神、创业意识和创新创业能力培养转变，推动各高校从人才培养方案、课程体系构建、教学方法改革、强化实践、建设众创空间和组建专兼结合的创新创业导师队伍等方面积极推进创新创业教育改革，实现了以赛促教、以赛促学、以赛促改。

（三）促进科技成果转化

科技成果的价值在于运用，体现在促进经济社会发展、增进人民福祉之中。《中华人民共和国促进科技成果转化法》在 2015 年 8 月 29 日进行了修订，主要从三个方面对这方面的内容进行了细化和补充：一是明确国家鼓励研发机构、高等院校向企业或者其他组织转移科技成果；二是激励科技人员创新创业；三是创造科技成果转移转化良好环境。

中国国际大学生创新大赛把教育融入经济社会发展，推动成果转化和产学研用融合，以"赛创结合"推动高校科技创新成果加速转化。一路走来，大赛一直有一个显著的特点就是参赛项目的质量不仅由高校专家评判，还交由市场实践检验，这促使高校"打破围墙"和"搭建桥梁"，不断完善科创融汇、产教融合、校企合作、产学研协同创新等体系，共建协同育人平台，集聚创新创业教育要素与资源，培育创新创业生力军。九年来，大赛打造了产学研用紧密结合的"新一极"，推动了高校的智力技术和项目资源与经济社会发展需求紧密对接，有力推动了高校与科技界、产业界、投资界合作，加速新模式、新业态的形成，服务经济高质量发展，拉动高质量就业。

　　大赛从第七届开始新增了产业命题赛道，让命题企业直接提出本企业在发展过程中面临的技术和管理等问题，让参赛团队和学生答题，有效促进了教育和产业的有效对接。同时，推动科技成果转化也是有效推进教育、科技、人才"三位一体"协同融合发展的重要途径。

　　历年大赛主题紧扣时代脉搏，极大地激发了大学生创新创业热情，体现了当代大学生敢闯会创精神。经过多年的完善和发展，大赛形成创新创业教育在高等教育、职业教育、基础教育、留学生教育等各类各学段的全覆盖，打通人才培养各环节，已发展成为覆盖全国所有高校、面向全体大学生、影响最大的高校"双创"盛会与成果展示平台。

第二章

"青年红色筑梦之旅"活动的发展历程

"青年红色筑梦之旅"活动的缘起

中国"互联网+"大学生创新创业大赛在 2017 年已经举办三届了。如何进一步以大赛为契机，使大学生创新创业教育更深入、更有成效，以及更贴近时代需求？这是大赛提出的问题。大赛亟须在新起点上再出发。

第三届大赛由西安电子科技大学承办。陕西是中国红色文化的圣地，延安是中国革命走向全面胜利的起点，习近平总书记在延安度过了青年时期最宝贵的七年。为了充分发挥大赛主办地陕西省红色文化资源优势，更好地传承红色基因，"青年红色筑梦之旅"作为当届大赛的同期活动应运而生。

在"青年红色筑梦之旅"活动的具体推进过程中，大赛组委会面向全国参赛学生公开招募适合推动革命老区社会经济发展、创新性强的大学生创业团队，奔赴延安开展"青年红色筑梦之旅"活动。一方面，以创新创业项目对接革命老区经济社会发展需求，助力精准扶贫脱贫；另一方面，鼓励当代青年扎根大地、了解国情。

参加本次实践活动的来自中国人民大学、南开大学、厦门大学、西安电子科技大学等高校近 100 支"互联网+"大赛参赛项目团队以及"互联网+"行业创新创业青年领军人物分别于 2017 年 4 月 21 日至 24 日以及 2017 年 7 月 14 日至 17 日奔赴革命圣地延安，通过大学生创新创业项目对接革命老区经济社会发展需求，助力精准扶贫。大家齐聚革命圣地，围绕"青春之歌""红色记忆""筑梦踏实"三个主题，通过寻访梁家河、走访"八一"敬老院、参观革命旧址、聆听专题辅导、开展青年乡村创客沙龙、举办乡村创客高峰论坛，学习和感受当地的精神文化，实地了解老红军、下乡知青们伟大而艰辛的青春创业史，为创业青年提供了一次继承延安精神、涵养创业精神、坚定文化自信的精神飨宴。他们还深入延安区县对接考察，精准帮扶老区建设，开启"大学生创新创业扶贫"的新模式。

在本次"青年红色筑梦之旅"实践活动中，17 个参赛项目和延安当地政府部门、学校、合作社、企业以及农户签订了 43 项落地合作协议，一批项目达成落地意向，帮助建档贫困户不少于 200 户。此外，10 余个项目与延安当地中小学、各区县青年驿站签订长期支教帮扶和电商服务培训协议，以实际行动助力精准扶贫，为服务革命老区经济建设贡献了青年力量。

此次活动的主办方代表、教育部高等教育司理工处处长说："本次'青年红色筑梦之旅'实践活动旨在贯彻落实全国思政工作会议精神，将创新创业项目对接革命老区经济发展需求，用创新创业成果服务国家和社会发展，以实际行动和实际成果为实现'中国梦'作出积极贡献。"

"青年红色筑梦之旅"活动既取得了积极成效，又让广大青年学子接受了思想洗礼。活动深入贯彻了 2016 年习近平总书记在全国高校思想政治工作会议上的重要讲话精神，将创新创业教育与思想政治教育相结合，将创新创业与扶贫工作相结合，引导青年学生自觉将个人命运和国家命运紧密联系在一起，让更多的青年学子在实践活动中坚定理想信念，领悟延安精神，深入助力革命老区脱贫，有效推动了赛事成果的落地转化。

在活动结束之后，"青年红色筑梦之旅"实践团的全体队员将他们在实践活动中的成长与收获写信向习近平总书记汇报。他们表示要像习近平总书记青年时代那样，坚定理想信念，树立为祖国、为人民奉献自己的志向，把自己的创新创业梦融入伟大中国梦，用青春和理想谱写信仰和奋斗之歌。习近平总书记给实践团队员们回了信，肯定了大学生用自己所学知识与技能帮助老区人民脱贫致富奔小康的活动，认为青年大学生"追寻革命前辈伟大而艰辛的历史足迹，学习延安精神，坚定理想信念，锤炼意志品质，把激昂的青春梦融入伟大的中国梦，体现了当代中国青年奋发有为的精神风貌"。回信还勉励大学生在创新创业中增长智慧才干，在艰苦奋斗中锤炼意志品质。回信内容在 2017 年 8 月 15 日的新闻联播中进行了播报，全文如下：

第三届中国"互联网+"大学生创新创业大赛"青年红色筑梦之旅"的同学们：

来信收悉。得知全国 150 万大学生参加本届大赛，其中上百支大学生创新创业团队参加了走进延安、服务革命老区的"青年红色筑梦之旅"活动，帮助老区人民脱贫致富奔小康，既取得了积极成效，又受到了思想洗礼，我感到十分高兴。

延安是革命圣地，你们奔赴延安，追寻革命前辈伟大而艰辛的历史足迹，学习延安精神，坚定理想信念，锤炼意志品质，把激昂的青春梦融入伟大的中国梦，体现了当代中国青年奋发有为的精神风貌。

实现全面建成小康社会奋斗目标，实现社会主义现代化，实现中华民族伟大复兴，需要一批又一批德才兼备的有为人才为之奋斗。艰难困苦，玉汝于成。今天，我们比历史上任何时期都更接近实现中华民族伟大复兴的光辉目标。祖国的青年一代有理想、有追求、有担当，实现中华民族伟大复兴就有源源不断的青春力量。希望你们扎根中国大地了解国情民情，在创新创业中增长智慧才干，在艰苦奋斗中锤炼意志品质，在亿万人民为实现中国梦而进行的伟大奋斗中实现人生价值，用青春书写无愧于时代、无愧于历史的华彩篇章。

习近平

2017 年 8 月 15 日

一、回信指出了对人才培养方向的要求

习近平总书记在回信中指出，实现全面建成小康社会奋斗目标、实现社会主义现代化、实现中华民族伟大复兴，需要一批又一批德才兼备的有为人才为之奋斗。这为我们指明了高等教育的发展方向，明确了高等教育事业的根本任务。

进入新时代，以习近平同志为核心的党中央审时度势、高瞻远瞩，高度重视培养社会主义建设者和接班人，坚持把立德树人作为教育的根本任务，深刻回答了"培养什么人、怎样培养人、为谁培养人"这一根本问题，开创了我国教育事业发展的新局面。国无德不兴，人无德不立。育人之本，在于立德铸魂。百余年来，中国共产党从未停止探索教育真谛的脚步，落实立德树人根本任务，培养社会主义建设者和接班人，是国家各项事业不断取得新发展的关键所在。

2013年11月8日，习近平总书记在《致2013年全球创业周中国站活动组委会的贺信》中指出："青年是国家和民族的希望，创新是社会进步的灵魂，创业是推动经济社会发展、改善民生的重要途径。……希望广大青年学生把自己的人生追求同国家发展进步、人民伟大实践紧密结合起来，刻苦学习，脚踏实地，锐意进取，在创新创业中展示才华、服务社会。……全社会都要重视和支持青年创新创业，提供更有利的条件，搭建更广阔的舞台，让广大青年在创新创业中焕发出更加夺目的青春光彩。"

2016年12月在北京召开的全国高校思想政治工作会议上，习近平总书记强调，要教育引导学生正确认识世界和中国发展大势，从我们党探索中国特色社会主义历史发展和伟大实践中，认识和把握人类社会发展的历史必然性，认识和把握中国特色社会主义的历史必然性，不断树立为共产主义远大理想和中国特色社会主义共同理想而奋斗的信念和信心；正确认识中国特色和国际比较，全面客观认识当代中国、看待外部世界；正确认识时代责任和历史使命，用中国梦激扬青春梦，为学生点亮理想的灯、照亮前行的路，激励学生自觉把个人的理想追求融入国家和民族的事业中，勇做走在时代前列的奋进者、开拓者；正确认识远大抱负和脚踏实地，珍惜韶华、脚踏实地，把远大抱负落实到实际行动中，让勤奋学习成为青春飞扬的动力，让增长本领成为青春搏击的能量。

在2018年全国教育大会上，习近平总书记强调："要把立德树人融入思想道德教育、文化知识教育、社会实践教育各环节，贯穿基础教育、职业教育、高等教育各领域，学科体系、教学体系、教材体系、管理体系要围绕这个目标来设计，教师要围绕这个目标来教，学生要围绕这个目标来学。"

从党的十八大提出"把立德树人作为教育的根本任务"，到党的十九大强调"落实立德树人根本任务"，立德树人的重要地位不断凸显。在党的二十大报告中，习近平总书记再次深刻指出："教育是国之大计、党之大计。培养什么人、怎样培养人、为谁培养人是教育的根本问题。育人的根本在于立德。全面贯彻党的教育方针，落实立德树人根本任务，培养德智体美劳全面发展的社会主义建设者和接班人。"高校要坚持社会主义办学方向，扎根中国大地办大学，教育青年学生永远跟党走，将青春梦融入伟大的中国梦；要坚持立德树人，扎实推进学校教育教学改革，深化创新创业教育，创新人才培养模式，切实提升人才培养能力。

二、回信为青年大学生的成长指明了方向

回信内涵丰富、意义重大，其中既有对当代青年的期许，也有对当代青年的要求，为新时代学生更好地成长成才指明了方向。习近平总书记寄望青年大学生要扎根中国大地了解国情民情，在创新创业中增长智慧才干，在艰苦奋斗中锤炼意志品质，在实现中国梦的伟大奋斗中实现人生价值，用青春书写无愧于时代、无愧于历史的华彩篇章。同时，习近平总书记对大学生的成长也提出了具体的要求，即做"有理想、有追求、有担当"的新时代好青年。

百年前的中国，一群青年选择了马克思主义，也为中国选择了光明的前途和命运。"扎根中国大地，了解国情民情"，实践出真知，实践育信念。青年的理想信念关乎国家未来，历史深刻证明，树立对马克思主义的信仰、对中国特色社会主义的信念、对中华民族伟大复兴中国梦的信心，只有把"小我"融入祖国的"大我"、人民的"大我"之中，才能更好地实现人生价值、升华人生境界。

我们党历来重视青年的培养和成才。一百年前，一群新青年高举马克思主义思想火炬，在风雨如晦的中国苦苦探寻民族复兴的前途。一百年来，在中国共产党的旗帜下，一代代中国青年把青春奋斗融入党和人民事业，成为实现中华民族伟大复兴的先锋力量。新时代的中国青年要以实现中华民族伟大复兴为己任，增强做中国人的志气、骨气、底气，不负时代，不负韶华，不负党和人民的殷切期望！

2022 年 10 月 16 日，习近平总书记在党的二十大报告中针对青年群体有专门的一段话："青年强，则国家强。当代中国青年生逢其时，施展才干的舞台无比广阔，实现梦想的前景无比光明。全党要把青年工作作为战略性工作来抓，用党的科学理论武装青年，用党的初心使命感召青年，做青年朋友的知心人、青年工作的热心人、青年群众的引路人。广大青年要坚定不移听党话、跟党走，怀抱梦想又脚踏实地，敢想敢为又善作善成，立志做有理想、敢担当、能吃苦、肯奋斗的新时代好青年，让青春在全面建设社会主义现代化国家的火热实践中绽放绚丽之花。"这为新时代青年成长指明了方向。

为深入贯彻落实习近平总书记给参加"青年红色筑梦之旅"活动的大学生的重要回信精神，落实立德树人根本任务，教育部决定从第四届大赛开始增设"青年红色筑梦之旅"（以下简称"红旅"）赛道，且单列奖项、单独设置指标，在评审维度上要求突出项目的社会贡献和公益价值。根据参赛规则，参加"红旅"赛道的项目必须参加"红旅"实践活动，这意味着将在更大范围、更高层次、更深程度上开展"红旅"活动，打造全国最大的一堂思政课。"红旅"赛道鼓励大学生充分运用所学的专业知识，组织大学生创新创业团队深入乡村，扎根基层开展乡村振兴及公益创业，推动当地社会经济的发展。

第二节　"青年红色筑梦之旅"活动的目标和定位

习近平总书记给第三届大赛参加"青年红色筑梦之旅"活动的大学生的回信深切勉励青年学子把激昂的青春梦融入伟大的中国梦，用青春书写无愧于时代、无愧于历史的华彩篇章。

后来历届大赛的"红旅"活动都要求参赛学生将青春智慧与创新精神融入项目成果中，积极服务国家战略。例如，第九届大赛"红旅"活动在具体目标中明确指出："着力造就拔尖创新人才，激励广大青年扎根中国大地了解国情民情，在创新创业中增长智慧才干，怀抱梦想又脚踏实地，敢想敢为又善作善成，做有理想、敢担当、能吃苦、肯奋斗的新时代好青年。"

中国国际大学生创新大赛作为国内高校规模最大、规格最高、影响力最大的创新创业比赛，是我国深化创新创业教育改革的生动实践，本质是实践育人，是对高校人才培养范式深刻变革的检验，旨在培养学生敢闯的素质、会创的能力。"红旅"赛道定位为打造全国最大的一堂有温度的思政课，不断提升高校立德树人的成效，同时搭建一个平台，让青年大学生群体把自己的人生追求，与国家的发展、社会的进步以及人民的福祉紧密地结合起来。作为思创融合的重要抓手和实践平台，"红旅"赛道体现了高校思政教育、专业教育以及创新创业教育的有机结合。

"青年红色筑梦之旅"活动在 2017 年开始举行时便积极助力国家精准扶贫、乡村振兴战略，引导大学生走进革命老区、农村地区，用创新创业项目对接乡村发展需求。在活动中，通过追溯前人的足迹，加深青年学生对"不忘初心"的理解，增强他们"艰苦奋斗"的动力，有力地鞭策青年学生用实际行动接过革命火炬，坚定一生跟党走的理想信念，走好新时代青年的"长征路"。

自从 2018 年第四届大赛开始设立"红旅"赛道以来，每年的大赛通知中体现当届大赛的核心精神以及中心任务的第一段，都把深入贯彻落实习近平总书记给参加"青年红色筑梦之旅"活动的大学生重要回信精神的相关内容放在开篇的位置。如历届大赛的通知：

第四届大赛通知（节选）

为学习贯彻习近平新时代中国特色社会主义思想和党的十九大精神，深入落实习近平总书记给第三届大赛参加"青年红色筑梦之旅"活动的大学生重要回信精神，贯彻落实《国务院办公厅关于深化高等学校创新创业教育改革的实施意见》（国办发〔2015〕36 号），进一步激发高校学生创新创业热情，展示高校创新创业教育成果，搭建大学生创新创业项目与社会投资对接平台，定于 2018 年 3 月至 10 月举办第四届中国"互联网+"大学生创新创业大赛。

第五届大赛通知（节选）

为深入贯彻落实全国教育大会精神，全面落实习近平总书记给参加中国"互联网+"大学生创新创业大赛"青年红色筑梦之旅"活动大学生重要回信精神，按照《国务院办公厅关于深化高等学校创新创业教育改革的实施意见》等文件要求，加快培养创新创业人才，持续激发大学生创新创业热情，展示创新创业教育成果，搭建大学生创新创业项目与社会资源对接平台，定于 2019 年 3 月至 10 月举办第五届中国"互联网+"大学生创新创业大赛。

第六届大赛通知（节选）

为全面落实习近平总书记给参加中国"互联网+"大学生创新创业大赛"青年红色筑梦之旅"活动的大学生重要回信精神，深入推进大众创业万众创新，引领创新创业教育国际交流合作，加快培养创新创业人才，促进创新驱动创业、创业引领就业，定于 2020 年 6 月至 11 月举办第六届中国国际"互联网+"大学生创新创业大赛。

第七届大赛通知（节选）

为全面落实习近平总书记给参加中国"互联网+"大学生创新创业大赛"青年红色筑梦之旅"活动的大学生重要回信精神，深入推进大众创业万众创新，推动高等教育高质量发展，加快培养创新创业人才，定于 2021 年 4 月至 10 月举办第七届中国国际"互联网+"大学生创新创业大赛。

第八届大赛通知（节选）

为深入贯彻落实习近平总书记关于教育的重要论述和给参加第三届中国"互联网+"大学生创新创业大赛"青年红色筑梦之旅"活动的大学生重要回信精神，落实《国务院办公厅关于深化高等学校创新创业教育改革的实施意见》《国务院办公厅关于进一步支持大学生创新创业的指导意见》等文件精神，全面深化高校创新创业教育改革、提升大学生创新创业能力、加快培养创新创业人才，纵深推进大众创业万众创新，定于 2022 年 4 月至 10 月举办第八届中国国际"互联网+"大学生创新创业大赛。

第九届大赛通知（节选）

为贯彻落实党的二十大精神，深入贯彻落实习近平总书记给参加第三届中国"互联网+"大学生创新创业大赛"青年红色筑梦之旅"活动的大学生重要回信精神，"三位一体"统筹推进教育、科技、人才工作，把创新教育贯穿教育活动全过程，以创造之教育培养创造之人才，为全面建设社会主义现代化国家提供基础性、战略性支撑，定于 2023 年 5 月至 10 月举办第九届中国国际"互联网+"大学生创新创业大赛。

因此，深入学习和领会习近平总书记的重要回信精神，是开启"青年红色筑梦之旅"活动这扇大门的钥匙，这为"红旅"项目的挖掘、选题、培育提升提供了方向。同时，从宏观层面来看，深入学习和领会习近平总书记的重要回信精神也为高校的课程思政、思创融合的具体实践提供了方向，是思政教育的一个重要遵循。在新时代背景下，如何理解创新创业教育与思想政治教育相结合、实现思创深度融合，如何突出思想政治教育在创新创业教育的引领作用，成为思创融合需要解决的重要问题。在提升大学生创新创业能力，以及将创新创业教育贯穿人才培养全过程的具体实践中，其核心目标就在于增强大学生的创新精神、创业意识和创新创业能力。而在思创融合的过程中，如何在具体的创业实践过程中培养正确的创业意识，以及往哪个方向去培育和提升创新创业能力，既是重要的着力点，也是"红旅"赛道的目标和价值导向。

下面对习近平总书记回信中一些核心语句和关键词进行具体解读。

艰难困苦，玉汝于成

"艰难困苦，玉汝于成"出自北宋哲学家张载的《西铭》，意为贫穷、低贱、忧伤、灾难等各种艰辛困苦的外部条件，往往可以像打磨玉石一样砥砺人的意志，使之终有所成。要成大器，必须经过艰难困苦的磨砺。这种不畏艰险、自我磨砺、以苦为阶，最终实现奋斗目标的意志和信念，成为融入中国人血脉之中的民族品格。这句话既是唯物的，又是辩证的，成为很多名人发奋努力的座右铭。

党的十八大以来，习近平总书记多次在不同场合的重要讲话中引用"艰难困苦，玉汝于成"这句名言，其中也包括在 2022 年 12 月 31 日发表的 2023 年新年贺词中。社会的发展和进步，总是在充满艰辛的道路上不断踔厉奋发、磨砺奋斗中取得的，创新创业是如此，青年红色筑梦之旅亦如此。

"艰难困苦，玉汝于成"体现的是一种创新创业的精神状态，充分展现了创业精神的培育与青年成才的方向。五年来，"青年红色筑梦之旅"活动的优秀项目，在不同程度、不同侧面体现了其中的深刻寓意以及育人成效。很多团队扎根边远山区、乡村和贫困地区等，为脱贫攻坚及乡村振兴的伟大事业而砥砺前行、持续奉献。还有一些项目基于社会责任、家国情怀，坚持从事公益事业多年，持续惠及社会和民众。这些方面都充分体现出创业青年不畏艰苦、磨砺自我、超越自我的精神品质。

扎根中国大地，了解国情民情

"扎根中国大地，了解国情民情"体现了努力的方向，也就是创业意识的萌芽方向，包括深入了解国家所处的历史方位，了解党的方针政策和执政理念、国家的重要发展方向以及当下的热点社会问题等。坚持走进实践深处，观照人民生活，从中国实践中来、到中国实践中去，把论文和科研写在祖国大地上。在此过程中，让青年人深刻认识国情，拓宽时代视野，树立正确的世界观、人生观、价值观，把个人的成长与祖国和民族的命运充分结合起来。

在创新创业中增长智慧才干，在艰苦奋斗中锤炼意志品质

在创新创业中增长智慧才干，在艰苦奋斗中锤炼意志品质，一方面体现了对素质和能力的提升，另一方面体现了对意志和品格的锤炼。既要求广大青年学子下得去、上得来，又要求广大青年扎根中国大地了解国情民情，成为一名适应祖国与时代发展的优秀人才。这既是党和国家的期望，也是国家与时代对人才成长的期待，充分体现了"红旅"活动的实践目标以及教育成效。

习近平总书记在回信中指出，我们比历史上任何时期都更接近实现中华民族伟大复兴的光辉目标，而实现全面建成小康社会奋斗目标、实现社会主义现代化、实现中华民族伟大复兴的重任，需要一批批德才兼备的有为人才，尤其是青年。青年一代有理想、有追求、有担当，实现中华民族伟大复兴就有源源不断的青春力量，广大青年要将美丽的青春书写在祖国大地上与发展的蓝图中。

进入新时代，面对新征程，习近平总书记的重要回信精神以及一系列重要讲话，为青年人的成长和思创融合的具体落地实践指明了方向。天下兴亡，匹夫有责。在创新创业中融入思想政治教育，把民族复兴的重任与个人的价值实现结合起来，深刻理解自己所肩负的使命，创新创业的视野就会更宽、眼界就会更高，成就也必然会更大。

经过数年的发展，中国国际大学生创新大赛的"青年红色筑梦之旅"赛道，作为立德树人与创新创业教育高度融合的平台，体现了越来越丰富的内涵和价值，也为高校教育改革、培养时代新人起到了积极的推进作用，成为思创融合的重要抓手和实践平台。

"青年红色筑梦之旅"活动的开展历程

"青年红色筑梦之旅"活动作为第三届大赛的同期活动于 2017 年成功举行。在此期间，共有 17 个参赛项目与延安当地党政部门、学校、合作社、企业以及农户签订了 43 项合作协议，50 余个项目达成落地意向。

2018 年，第四届大赛正式开始设立"青年红色筑梦之旅"赛道。当年，教育部组织了 31 个省（自治区、直辖市）的 70 万名大学生、14 万个团队参加"青年红色筑梦之旅"活动，走进革命老区、农村地区，传承红色基因、了解国情民情、接受思想洗礼，助力乡村振兴和精准扶贫，对接农户 24.9 万户、企业 6109 家，签订合作协议 4200 余项，产生直接经济效益近 40 亿元。

2019 年举办了第五届大赛，23.8 万个创新创业项目的 100 万名大学生踏上"青年红色筑梦之旅"，走进革命老区、贫困山区、城乡社区，对接农户 74.8 万户、企业 24 204 家，签订合作协议 16 800 余项，产生经济效益约 64 亿元。规模和效益取得新的突破。

在 2020 年的第六届大赛中，"青年红色筑梦之旅"活动作为教育系统决战决胜脱贫攻坚的关键一招，全面聚焦 52 个未摘帽贫困县，引导广大青年学生掀起了一场以电商直播带货为主基调的扶贫战役。全国共有 132 万名学生参加"青年红色筑梦之旅"活动，参加电商直播带货活动的学生达 60 万人次，销售金额超过 4.3 亿元。52 个未脱帽贫困县所在的 7 省（区）均举办了全国线上对接活动，积极促成全国大学生聚焦贫困县开展以电商直播或创业实践为主的精准扶贫。

2021 年，正值党的百年华诞，在本年度举办的第七届大赛中的"青年红色筑梦之旅"赛道上，大学生更加关注革命老区，充分彰显了青年的家国情怀和责任担当。各地各高校紧扣"建党百年"主题，全程贯穿"四史"教育，2586 所院校的 40 万个创新创业团队、181 万名大学生参加活动，对接农户 105 万户、企业 2.1 万多家，签署合作协议 3 万余项，产生了良好的经济效益和社会效益，参与规模以及实现效益再创新高。

2022 年举办第八届大赛，全国高校共有 79 万个团队、330 万名大学生报名参加本届"青年红色筑梦之旅"活动，为历年最高。当年，正值习近平总书记给参加第三届中国"互联网+"大学生创新创业大赛"青年红色筑梦之旅"活动的大学生回信五周年。98 万个创新创业项目、483 万名大学生、98 万个创新创业项目，对接农户近 255 万户、企业 6.1 万余家，"青年红色筑梦之旅"活动五年来交出了一份沉甸甸的青春答卷。

截至 2023 年 6 月第九届大赛"青年红色筑梦之旅"活动仪式启动，已有 177 万个创新创业团队、813 万名大学生参加"青年红色筑梦之旅"。同学们走进革命老区、城乡社区，用专业知识和创新创业成果赋能国家建设。

"青年红色筑梦之旅"活动以立德树人为出发点，呈现出勃勃生机，一堂有温度的中国金课已经形成。经过六年的发展，"青年红色筑梦之旅"活动将思政教育、专业教育与创新创业教育深度融合，把大学生的创新创业实践与公益创业、精准扶贫、乡村振兴和推进农业农村现代化等紧密结合，成为一堂融党史教育课、国情思政课、创新创业课、乡村振兴课、红色筑梦课为一体的中国金课，交出了一份关于教育"培养什么人、怎么培养人、为谁培养人"的厚重答卷。"青年红色筑梦之旅"活动积极探索中国高等教育人才培养新模式，走出了一条新路，树立了新的人才培养观、新的教学质量观。

第三章

"青年红色筑梦之旅"部分活动回顾

 第一节 第四届大赛"青年红色筑梦之旅"活动

一、第四届大赛关于"红旅"活动与赛道的方案

在第四届中国"互联网+"大学生创新创业大赛中，"青年红色筑梦之旅"作为专题活动以及专门赛道被首次纳入，大赛通知的主文件部分包括对"红旅"活动赛道的相关介绍与说明如下：

第四届大赛将举办"1+5"系列活动。"1"是主体赛事，在校赛、省赛基础上，举办全国总决赛（含金奖争夺赛、四强争夺赛和冠军争夺赛）。"5"是5项同期活动，其中关于"红旅"活动的具体内容如下。

1."青年红色筑梦之旅"活动

在更大范围、更高层次、更深程度上开展"青年红色筑梦之旅"活动，推动创新创业教育与思想政治教育相融合，把创新创业实践与乡村振兴战略、精准扶贫脱贫相结合，打造一堂全国最大的思政课。组织理工、农林、医学、师范、法律、人文社科等各专业大学生以及企业家、投资人等，以"科技中国小分队""幸福中国小分队""健康中国小分队""教育中国小分队""法治中国小分队""十九大宣讲小分队"或项目团队组团等形式，走进革命老区、贫困地区，接受思想洗礼、学习革命精神、传承红色基因，将高校的智力、技术和项目资源辐射到广大农村地区，推动当地社会经济建设，助力精准扶贫和乡村振兴（具体活动方案见附件）。

2."青年红色筑梦之旅"赛道

增设"青年红色筑梦之旅"赛道，参加此赛道的项目须为参加"青年红色筑梦之旅"活动的项目。各省（区、市）教育厅（教委）、各高校要组织大学生创新创业团队到各自对接的县、乡、村和农户，从质量兴农、绿色兴农、科技兴农、电商兴农、教育兴农等多个方面开展帮扶工作，推动当地社会经济建设，助力精准扶贫和乡村振兴。

参加"青年红色筑梦之旅"活动的项目可自主选择参加主赛道或"青年红色筑梦之旅"赛道比赛，但只能选择一个赛道。

二、第四届大赛"青年红色筑梦之旅"活动方案

第四届中国"互联网+"大学生创新创业大赛"青年红色筑梦之旅"活动方案

为学习贯彻习近平新时代中国特色社会主义思想和党的十九大精神，深入落实习近平总书记给参加第三届中国"互联网+"大学生创新创业大赛"青年红色筑梦之旅"活动的大学生重要回信精神，教育部决定广泛实施"青年红色筑梦之旅"活动，引导更多青年学生扎根中国大地了解国情民情，在创新创业中增长智慧才干，在艰苦奋斗中锤炼意志品质，为中华民族伟大复兴的中国梦培养有理想、有本领、有担当的热血青春力量。活动方案如下：

一、活动主题

红色筑梦点亮人生　青春领航振兴中华

二、主要目标

全面贯彻落实习近平总书记重要回信精神，在更大范围、更高层次、更深程度上开展"青年红色筑梦之旅"活动，鼓励青年用创新创业成果服务乡村振兴战略、助力精准扶贫；推动创新创业教育与思想政治教育相融合，打造中国最大的思政课堂，引导青年走进革命老区、贫困地区，接受思想洗礼、学习革命精神、传承红色基因，重温革命前辈伟大而艰辛的创业史，走好新时代青年的新长征路，为中国特色社会主义事业培养更多全面发展的合格建设者和可靠接班人。

三、活动安排

1. 制订方案（2018年3月）

各省（区、市）教育厅（教委）要制订本地"青年红色筑梦之旅"活动方案。以调研为基础，主动联系当地政府农业和扶贫工作有关部门，摸清乡村振兴和精准扶贫脱贫需求，组织各高校做好学校现有扶贫对接地区及项目、涉农大学生创新创业团队和科技成果转化项目、应届毕业生返乡创业等情况摸底统计。制订详细活动方案，明确活动时间安排、地点、规模、活动形式、支持条件等内容，并于3月23日前报送大赛组委会。

2. 启动仪式（2018年3—5月）

大赛组委会将于3月底在福建古田举办"青年红色筑梦之旅"活动全国启动仪式。由各省（区、市）教育厅（教委）推荐3～10个项目参加启动仪式，并于3月16—21日完成启动仪式报名。详细活动安排另行通知。

启动仪式后，还将在部分革命老区、贫困地区组织全国性项目对接活动，有意向承办全国性对接活动的省（区、市）可在活动计划日期一个月前向大赛组委会提出申请。

3. 活动报名（2018年3—8月）

各省（区、市）教育厅（教委）要积极挖掘本省优质创新创业项目参与活动，并组织团队登录全国大学生创业服务网进行报名，报名系统开放时间为3月28日至8月31日。

4. 组织实施（2018年3—9月）

各省（区、市）教育厅（教委）负责组织本地的"青年红色筑梦之旅"活动，做好需求

对接、培训、宣传等工作。组织理工、农林、医学、师范、法律、人文社科等各专业大学生以及企业家、投资人等，以"科技中国小分队""幸福中国小分队""健康中国小分队""教育中国小分队""法治中国小分队""十九大宣讲小分队"或项目团队组团等形式，走进革命老区、贫困地区，接受思想洗礼、学习革命精神、传承红色基因，将高校的智力、技术和项目资源辐射到广大农村地区。组织团队到各自对接的县、乡、村和农户，从质量兴农、绿色兴农、科技兴农、电商兴农、教育兴农等多个方面开展帮扶工作，推动当地社会经济建设，助力精准扶贫和乡村振兴。

高校要通过大学生创新创业训练计划项目、创新创业专项经费以及师生共创、校地协同等多种形式，努力实现项目长期对接，并推出一批帮扶品牌项目和帮扶示范区，发挥辐射带动作用。要积极争取相关部门、地方政府、社会企业、投资机构等各方支持，通过政策倾斜、项目立项、设立公益基金等方式为活动提供保障。

5. 总结表彰（2018 年 9—10 月）

各地各高校要及时做好经验总结和成果宣传，选树优秀典型，举办优秀团队先进事迹报告会。组委会将在全国总决赛期间举办"青年红色筑梦之旅"活动成果展。

参加"青年红色筑梦之旅"活动的项目，符合大赛参赛要求的可自主选择参加大赛"青年红色筑梦之旅"赛道或主赛道比赛（只能选择参加一个赛道）。"青年红色筑梦之旅"赛道单列奖项、单独设置评审指标，突出项目的社会贡献和公益价值。

设"青年红色筑梦之旅"赛道金奖 10 个、银奖 30 个、铜奖 160 个。设"乡村振兴奖""精准扶贫奖"等单项奖若干，奖励对农村地区教育、科技、农业、医疗、扶贫等方面有突出贡献的项目。设"青年红色筑梦之旅"高校集体奖 20 个、省市优秀组织奖 8 个和优秀创新创业导师若干名。

四、项目要求

参与"青年红色筑梦之旅"活动的项目须为青年创新创业项目，在推进革命老区、贫困地区经济社会发展等方面有创新性、推广性和实效性。参与对象须为普通高等学校在校生（可为本专科生、研究生，不含在职生），或毕业 5 年以内的毕业生（2013 年之后毕业的本专科生、研究生，不含在职生）。须以团队为单位报名参加活动，允许跨校组建团队，每个团队的成员不少于 3 人。

项目来源包括：

（1）大赛参赛项目。中国"互联网+"大学生创新创业大赛参赛项目可自主报名参加"青年红色筑梦之旅"活动。

（2）大学生创新创业训练计划项目。鼓励与乡村振兴、扶贫脱贫相关的国家级、省级、校级大学生创新创业训练计划项目参加活动。

（3）其他参与项目。邀请历届大赛获奖项目、符合当地需求的社会项目参加活动。

五、工作要求

（1）高度重视、精心组织。各省（区、市）教育厅（教委）要高度重视，成立专项工作组，推动形成政府、企业、社会联动共推的机制，确保各项工作落到实处。

（2）统筹资源、加强保障。各省（区、市）教育厅（教委）要主动协调本地区扶贫办和扶贫组织，制定针对创业帮扶团队的优惠政策，整合对方资源，对活动予以支持。大赛组委会成立"青年红色筑梦之旅"奖励基金，对实施效果突出的项目给予支持。

（3）广泛宣传、营造氛围。各省（区、市）教育厅（教委）要认真做好活动的宣传工作，通过集中启动、媒体传播、线上线下共同发力，提升活动的社会影响力。大赛组委会拟拍摄《青年筑梦》专题纪录片，全面展示各地各高校青年大学生参与活动的生动实践和良好精神风貌。

三、第四届大赛"青年红色筑梦之旅"活动解读

（一）要求解读

"青年红色筑梦之旅"活动首次作为第四届中国"互联网+"大学生创新创业大赛的专项活动与专门赛道，把学习贯彻及深入落实习近平总书记的回信精神作为核心任务，把上一年成功举办的"青年红色筑梦之旅"活动以大学生创新创业大赛的形式在更大范围、更高层次、更深程度进行拓展和提升，并对"红旅"活动的目标和任务进行了明确的定位。

（1）核心任务。全面贯彻落实习近平总书记的重要回信精神，在更大范围、更高层次、更深程度上开展"青年红色筑梦之旅"活动，推动创新创业教育与思想政治教育相融合，把创新创业实践与乡村振兴、精准扶贫脱贫工作相结合，打造一堂全国最大的思政课。

（2）服务领域。用创新创业成果服务乡村振兴战略、助力精准扶贫。更多地聚焦"三农"领域，与国家乡村振兴战略以及精准脱贫的相关工作相结合，基于质量兴农、绿色兴农、科技兴农、电商兴农、教育兴农等多个方面开展帮扶工作，推动当地社会经济建设，助力精准扶贫和乡村振兴。

（3）聚焦区域。革命老区、贫困地区。

（4）育人使命。学习革命精神，传承红色基因，重温革命前辈伟大而艰辛的创业史，走好新时代青年的新长征路，为中国特色社会主义事业培养更多全面发展的合格建设者和可靠接班人。

（5）项目要求。在推进革命老区、贫困地区经济社会发展等方面有创新性、推广性和实效性。

（二）国赛金奖项目情况

当届大赛共产生了 18 个金奖，具体如表 3-1 所示。

表 3-1　国赛金奖项目

序号	参赛项目	学校	项目主要侧重点	内容
1	野生黑枸杞全产业链综合扶贫项目	天津商业大学	科技兴农+质量兴农	黑枸杞产业链开发
2	授粉熊蜂行业领跑者	南京大学	科技兴农+质量兴农	熊蜂授粉技术与服务的应用及推广
3	贵在植染——以植染技术革新助力贵州脱贫致富	常州大学	科技兴农	植物染料的工业化量产
4	西北梦——千百万回民兄弟的致富助力器	宁波大学	电商兴农	清真餐饮原材料标准化配送

序号	参赛项目	学校	项目主要侧重点	内容
5	木吉农创——农业爆品操盘"专家"	宁波大学科学技术学院	电商兴农	农产品的品牌打造及推广
6	我知盘中餐：大数据精准助农新平台	厦门大学	科技兴农	大数据精准助农
7	果蔬卫士——科技扶贫，保鲜致富	厦门大学	科技兴农+质量兴农	果蔬常温及绿色保鲜技术的应用及推广
8	引凤计划——全国领先的乡村人才振兴服务机构	福建农林大学	教育兴农+人才兴农	乡村振兴的人才服务及技术服务
9	缘蜜——助力蜂产业精准扶贫	江西外语外贸职业学院	电商兴农	电商助农解决乡村群众产品销售问题
10	"草芝源"金银花精准扶贫：新品种与种植技术推广	山东中医药大学	科技兴农+质量兴农	金银花产业链开发
11	一世花开：优质月季切花助力精准扶贫	山东农业大学	科技兴农+质量兴农	优质月季花产业链开发
12	小康农民讲习所	河南科技大学	教育兴农+人才兴农	农民技能提升的培训
13	游鲜生——生鲜电商助力精准扶贫	湖南大学	电商兴农	农产品供应链服务
14	橘友生物，助力科技扶贫——环保诱蝇球，解决果蔬虫害	湖南农业大学	科技兴农+质量兴农	果蔬虫害的解决
15	珍稀濒危中药材种苗繁育及产业化扶贫	广西医科大学	科技兴农	珍稀濒危中药材产业链开发
16	飘向贫瘠土地的"彩云本草"——乌蒙山区种植养殖领域的扶贫先锋	云南大学滇池学院	科技兴农	中药材种植技术的创新以及产业推广
17	金刚模/高端热作模具——改善农村生态、带动农民再就业	西安交通大学	绿色兴农	技术创新带动模具产业升级，改善农村生态以及带动农民再就业
18	小满良仓	西安电子科技大学	电商兴农	农产品的线上销售及推广

本届大赛的"红旅"活动作为对2017年"红旅"活动的延续和扩展，其参赛要求主要是用创新创业成果服务乡村振兴战略、助力精准扶贫。"红旅"活动推进思想政治教育与创新创业教育相融合，探索一种"滴灌式""浸润式""体验式"的思想政治教育模式，给高校思政工作提供了启示。

本届大赛最终产生的18个金奖项目，均为涉农类项目，从质量兴农、绿色兴农、科技兴农、电商兴农、教育兴农等多个方面开展帮扶工作，对于推动当地社会经济建设、助力精准扶贫和乡村振兴将发挥了举足轻重的作用，对引导创业青年走进革命老区、贫困地区，扎根中国大地、了解国情民情也有很好的教育成效。这18个金奖项目，与本届大赛"红旅"活动的目标和任务完美契合。

（1）科技兴农的体现。项目从育种、种植、原材料的加工提炼、保鲜、种植规划及市场销售等不同的环节以科技创新的方式，通过在产业链中对其中一个或多个环节进行突破和提升，带动整个产业链的提质增效，进而实现种植规模的扩大以及农户收入的提高，助力精准扶贫和乡村振兴。不同的项目从不同的环节切入，有对黑枸杞、中药材、月季花等全产业链的整体突破；有对植物染料量产技术的突破，从而拉动蓝草的种植规模；有对果蔬常温保鲜技术的突破，从而明显降低果农的损失；还有基于大数据的方式为农民的种植规划、种植技术、市场销售以及品牌建设等进行全周期的赋能等，以多种形式在不同的维度体现了科技兴农的成效。

（2）电商兴农的体现。通过电子商务线上推广、农产品的整合营销、农产品品牌打造及推广等方式，扩大农产品的销售规模，提高品牌附加值，带动农民增收，推动脱贫致富。

（3）质量兴农的体现。以优良品种作物的培育与推广作为质量兴农的切入点，如优质新品类黑枸杞、月季花、金银花等的培育及种植推广；通过生物授粉、环保除虫、绿色种植技术的应用来减少化肥及农药的使用量，提高农产品质量安全水平；通过电商兴农培育农业品牌等来实现质量兴农。

（4）绿色兴农的体现。主要体现为对农村生态环境的改善和提升。一个典型的案例就是通过技术创新带动产业升级，改善农村的生态环境，达到绿色兴农的目的。另外一些项目通过创新技术的应用，如通过生物手段或者绿色手段解决了除虫与施肥等相关问题，降低传统化肥与农药的使用，使土壤环境质量得到保护和提升，充分体现绿色兴农的成效。

（5）教育兴农的体现。通过对农村的产业和技术帮扶，对农民创业者进行培训，向农民传授技能和知识，为乡村发展提供全方位的人才服务等，解决脱贫攻坚与乡村振兴所需要的知识和人才问题，也解决农民的就业问题。

四、第四届大赛"青年红色筑梦之旅"活动优秀案例展现

围绕质量兴农、绿色兴农、科技兴农、电商兴农、教育兴农几个方向，本届大赛展现出了很多优秀案例。

【科技兴农案例：我知盘中餐：大数据精准助农新平台（厦门大学）】

"我知盘中餐"项目是来自厦门大学的优秀项目，其搭建了一个大数据精准助农新平台，基于大数据和人工智能技术解决农产品供销问题，为农村与农户提供种植规划服务、种植技术服务、市场营销服务和品牌建设服务。运用平台为农户寻找销售突破口，提供产品管理、订单管理、财务统计、数据分析等服务，帮助农户实现产品与消费者的精准对接。

2017年年底项目正式上线运作，得益于多方的支持，吸纳了优秀人才并逐渐壮大。精准扶贫需要精准数据。团队先是在省内的重点贫困地区开展农产品市场供需数据调查，帮助供需双方掌握对称信息，发展订单式生产。在学校的支持下，团队每年寒暑假都要组织大约50支实践队走向全国各地，撒下"我知盘中餐"精准扶贫的种子。几年来，师生们的足迹遍及云南临沧、西藏那曲、新疆喀什、内蒙古呼伦贝尔等全国130个市、县。"我知盘中餐"团队

在教育部的支持下，已实地对接农村合作社 426 家，对接扶贫产品 2000 多种，帮助 3137 户贫困户增收。

2020 年春节，新冠肺炎疫情蔓延期间，团队义无反顾地站了出来。他们不仅募集了 7000 余元善款采购医用口罩，还从对接的合作社募集了 10 吨蔬菜捐赠给武汉人民。

"我知盘中餐"的未来帮扶计划，将发起"大学生为家乡农产品代言"宣传活动，帮助更多农产品入驻平台。教会农民做电商，只是扶贫路上的一小步，切实提高贫困户的生活水平还需要全社会的共同努力和帮扶。

来源：

（1）《我知盘中餐：厦大师生共筑精准助农平台 | 我们的创业青春⑥》（2020-06-04），微信公众号：福建教育微言。

（2）《〈创业者说〉第四十六期 | 我知盘中餐：创建大数据精准助农平台，有效解决农产品销路和食品安全两大难题！》（2021-07-22），微信公众号：中国互联网十大赛交流中心。

【点评】"我知盘中餐：大数据精准助农新平台"项目作为第四届大赛的优秀"红旅"项目，基于大数据和人工智能技术在农业农村领域的创新性应用，对种植规划、种植技术、市场营销、品牌建设整个链条进行了优化和提升，为解决农产品供销问题、优化农产品的产供销流程提供了全新的思路和方案。以科技兴农作为手段，打造了一个具有示范价值的标杆项目。项目模式可复制、可推广，在我国农业结构的转型升级，新农业、新农村的建设，助力脱贫攻坚和乡村振兴等方面，都非常有价值。

【电商兴农案例：游鲜生——生鲜电商助力精准扶贫（湖南大学）】

生鲜电商品牌"游鲜生"由湖南大学工商管理学院在校生和湖南大学毕业生魏啸宇等共同组建。项目团队因为"一颗橙"而结缘生鲜电商，2015 年年末，永兴冰糖橙的滞销牵动着人们的心。大家在互联网上得知消息后赶往现场，帮助当地果农电商销橙，首周销量达 5 万斤。这次助销之行，点燃了这帮年轻人创业的火花。2015 年 11 月，"游鲜生"项目正式组建。2017 年，王茜婷通过学姐介绍加入"游鲜生"项目，与一批在校生组成了"游鲜生"校园创业团队。

"游鲜生"校园团队自组建以来，在市场鲜果供应链的基础上，新增针对性鲜果供应链，面向高校建立自主运营的线上零售商城。2018 年 3 月，以"助力双创"为理念，在长沙、武汉等地举办专项助农农产品销售活动，累计覆盖长沙 8 所高校、武汉 1 所高校。"为耕者谋利，让食者满意"，游鲜生团队希望能解决农产品滞销这一痛点，将更多的农产品带出大山，同时也帮助农民培养商业意识和管理理念。

项目主营业务是农产品供应链服务，以"为耕者谋利，让食者满意"为理念，坚持"高效、高品质与超预期体验"的发展策略，致力于成为国内领先的农产品供应链管理公司。2016 年销售额 850 万，2017 年营业额 1874 万。项目将农业供应链与"精准扶贫"理念相融合，整合产地生产资源，为大型电商企业、平台企业、销售企业提供包含采购、加工、运输、营销、售后、资金在内的供应链管理服务，从"商业、技术、公益、产业"四个方面进行全面扶贫。团队共操盘 142 种水果单品，全国有 85 个合作基地，累计服务 63 家平台，覆盖客户 3600 万人，带动 2500 户贫困户就业，帮助其增收 560 多万元。"游鲜生"项目致力于为客户提供高品质鲜果，并实现产地直发、打造高品质鲜果，其水果销售渠道覆盖各大主流平台，同时设有微商部门，负责全国代理。

来源：

《"青年红色筑梦之旅""红旅赛道"金奖项目——游鲜生—生鲜电商助力精准扶贫》（2019-05-15），微信公众号：广东工业大学学生就业指导中心（来源：湖南省毕业生就业网、山农创新创业汇、游鲜生、青枫新语）。

【点评】"游鲜生"项目以校园创业团队为基础，以电商兴农作为切入点，规模从小到大、以点带面发展，团队成员与项目一起成长。项目始终秉承"为耕者谋利，让食者满意"的责任和理念，以农村电商为根基，为农产品供应链提供整体服务体系，有效整合了资源，推动了农业产业供应链的升级，并提高了行业的效率，体现了创新性、推广性和实效性。项目有效赋能了脱贫攻坚和乡村振兴事业，是一个电商兴农的优秀项目案例。

【质量兴农案例：一世花开：优质月季花助力精准扶贫（山东农业大学）】

邓应农，山东农业大学园艺学院 2014 级本科生。他带领创业团队"南花北引"，在邢树堂等老师的指导下，把家乡云南的月季鲜切花优质品种带到山东，给贫困村农户提供技术指导，解决农户所有生产和销售问题，实现产销一体化，村民们亲切地称他为"月季王子"。

2014 年 9 月，邓应龙考入山东农业大学园艺学院果树专业。怀着对专业的热爱和做农业的情怀，邓应龙一入学就组建了"一世花开"创业团队。"南果北种"已经屡见不鲜，但是作为高风险、高收入的"南花北引"，因为技术要求高，很少有人涉足。邓应龙看到了这一商机，决定将家乡的鲜花品种带到山东。

2015 年 3 月，在王晓云老师的推介下，泰安惠万家玫瑰有限公司免费给邓应龙团队提供 20 亩实习基地。邓应龙硬着头皮从家里凑了 2 万元，将团队扩大到 64 人，还找了学院的邢树堂等老师做专业导师。

万事开头难。第一年，试验田里辛苦引种的切花月季全部冻死了，再次引种后，夜间一场突如其来的冰雹又砸毁了大棚和所有的月季。邓应龙想尽办法，寻求外部合作，帮助团队熬过了技术、人力和资金链紧张的"寒冬期"，继续跌跌撞撞地成长，追寻着创业梦想。

2015 年年底，根据了解到的市场信息，邓应龙带着团队几个人来到临沂市沂南县蒲汪镇大于家庄村进行实地考察。这里气候适宜，有种植苗木花卉的传统习惯，具有良好的种植基础和技术，是苗木花卉"南花北迁"增加耐寒性和"北花南移"增加抗热性的理想中间站。但这里专业化水平低，经营管理相对粗放，交易手段落后，产品档次不高，销售服务体系不健全，技术落后也是当地面临的主要问题。当年寒假，邓应农到国家级花卉工程技术研究中心——昆明杨月季园艺有限责任公司学习，学习新品种的研发、新技术的推广和月季鲜切花的生产及销售技巧。年后，经过实地运用，在农户家培育的月季花"火"了。蒲汪镇政府邀请邓应龙担任顾问，邓应龙又和邢树堂老师联合申报了临沂市农业科技创新专项"月季鲜切花精准化优质高产栽培技术研究"，注册了自己的公司——山东一世花开园艺有限公司，与蒲汪镇政府联合打造"江北玫瑰第一镇"，并培育了沂南县三源玫瑰种植专业合作社等 5 家龙头苗木花卉合作组织，带动全县 1 万多名农户参与花卉种植。该项目又被日照市五莲县作为月季鲜切花优质高产栽培技术研究项目引进，带动五莲县三个贫困村种植月季鲜切花。

在三年多的时间里，邓应龙带动临沂和日照 10 多个贫困村 1000 余人脱贫，农民人均年收入从 1000 元提高到 25000 元，累计获得政府支持资金 380 万元。

邓应农始终坚持为农户提供好的产品和技术支持、健全的售后服务，以及成熟的种植技术研发、销售渠道等。同时，培训更多的农大学生掌握核心技术，进而指导花农生产。

来源：

《"筑梦之旅"第四届大赛 | "红旅赛道"金奖项目——一世花开：优质月季切花助力精准扶贫》(2019-04-30)，微信公众号：广东工业大学学生就业指导中心（来源：山东农业大学、中国教育报、新华网山东）。

【点评】"一世花开：优质月季花助力精准扶贫"项目团队怀着对专业的热爱和做农业的情怀踏上了创业的道路。团队一方面进行了必要的商业机会的评估；另一方面进行了严谨的科学调研和论证，最终选择并确定了产业可落地的区域，体现了前期项目论证的科学性和严谨性。

团队围绕优质高产月季花形成了一个成功的产业模式，通过科技手段解决了新品种研发、种植栽培技术问题。同时，团队对营销渠道进行了积极拓展，提供了完善的帮扶体系，推动了整个产业链的提质增效。项目以科技兴农和质量兴农作为突破口，为当地脱贫攻坚作出了实实在在的贡献，体现了经济效益和社会效益的双赢。

【绿色兴农案例：贵在植染——以植染技术革新助力贵州脱贫致富（常州大学）】

2018 年 10 月，常州大学华罗庚学院艺染团队的项目"贵在植染——以植染技术革新助力贵州脱贫致富"，在第四届中国"互联网+"大学生创新创业大赛全国总决赛中获得"青年红色筑梦之旅"赛道全国金奖。比赛现场，戴繁琢同学作为"青年红色筑梦之旅"项目代表之一受到时任国务院副总理孙春兰的勉励，并作为参赛项目代表与投资机构签订意向协议。

常州大学艺染团队发现了云贵地区常见的植物——蓝草的巨大衍生价值，致力于研究开发靛蓝等植物染料，利用所学知识促进当地农业经济发展，让农民受益，让青春无悔。

贵州黔南布依族苗族自治州，水族、苗族、布依族等民族在这里繁衍生息。由于历史等原因，全州 12 个市县有 10 个是贫困市县。当地有种作物叫蓝草，根和果实可以制药，叶茎可以提取制作靛蓝染料。当地妇女的服装多为土布经靛蓝染色后制成，色调素雅，一如那里的山水。

这种使用天然植物染料给纺织品上色的方法称为"草木染"，植物染料取材于山川大地。因季节、时间、气候、地域不同，草木染赋予了纺织品变幻的自然色泽。同时，草木自有的安详气质兼有药用价值，使纺织品独具味道。

真正的草木染，是借助草木本身的力量，顺应自然四季变化，依节令、时令行事，染出颜色。草木染技术自古有之，随着人们环境保护意识的提高，健康、自然成为时尚，草木染重新受到人们的重视。在提取和印染过程中，草木染料不添加有毒有害助剂，几乎实现零污染排放，染料提取工艺废水 99% 以上可以循环使用。

常州大学是以石油化工为学科特长的综合性大学，而华罗庚学院是汇集优秀生源、以培养创新创业人才为目标的教改基地。2017 年暑期支教结束后，在学院的帮助下，戴繁琢牵头成立常州大学艺染团队，10 名同学、3 名指导老师加入。团队利用各自专业知识和学校学科优势，在传统工艺基础上融入现代科学技术，突破传统草木染仅以靛蓝为主的局限，采用自有知识产权的生态环保专利技术，研发出红、黄、蓝、紫、绿、棕等色系的成套植物染料工业化量产技术。

一年来，团队师生先后赴贵州、安徽、河北、陕西、福建、广西等地开展项目调研，为农户提供技术指导，与当地政府部门及企业扶贫对接。2018年4月，艺染团队升级为常州市艺染生物科技有限公司，戴繁琢任董事长。公司与贵州当地企业签订战略合作协议，用公司的专利技术提取靛蓝等染料进行工业化生产，打破当地技术和销售的瓶颈。

深加工后的纯植物生态染料还销往陕西、江苏、浙江等地印染厂，使濒临倒闭的印染企业浴火重生。戴繁琢介绍，看到很多印染企业由于面临巨大的环保问题而关停，自己就想用学到的知识，帮助这些印染企业走出困境。

如今，在贵州黔南的三都、丹寨、独山等地，农民开始大面积种植蓝草。戴繁琢团队也与国内多家知名服饰公司签约，提供天然植物染料，这些服饰公司为消费者提供自然、亲肤、健康的植物染色面料。以三都县为例，截至2018年11月，公司已种植蓝草858亩，143户实现脱贫，户均增收9600元。

来源：

（1）《"敢闯会创爱拼会赢"看！常州大学在第四届中国"互联网+"大学生创新创业大赛中取得历史性突破》（2018-10-17），微信公众号：常州大学。

（2）《自然之色绘青春——常州大学研发草木染料助力贵州山区脱贫》（2018-08-17），微信公众号：常州大学华罗庚学院。

【点评】"贵在植染——以植染技术革新助力贵州脱贫致富"项目基于团队成员各自专业知识和学校学科优势，在对现有印染行业带来环境污染等痛点问题进行深入了解的基础上，围绕脱贫攻坚以及乡村振兴的大背景，找到了将两者很好结合的路径。在传统工艺基础上融入现代科学技术，突破传统草木染仅以靛蓝为主的局限，研发出红、黄、蓝、紫、绿、棕等色系的成套植物染料工业化量产技术。在解决了行业痛点问题、有效降低环境污染的基础上，带动蓝草种植及加工行业的发展。在绿色兴农和科技兴农方面都起到了很好的示范作用。整个项目体现了项目团队广阔的视野，也很好地体现了多学科交叉融合的创新成果。

【教育兴农案例：小康农民讲习所（河南科技大学）】

小康农民讲习所在毛鹏军等老师指导下，联合河南科技大学，依托吴迪团队在农业行业丰富的实用技能及运营经验，针对河南省国家级贫困县产业发展现状进行详细的调查研究，根据不同地区的特色打造有针对性的解决方案。同时，团队通过公益宣讲、专业论坛等各种形式的推广活动，号召社会力量认识到扶贫工作的重要性和积极意义，吸引更多的科技人才、农业专家等社会专业人士，引进绿色制造业、农业龙头企业，拓宽农产品销售渠道等。小康农民讲习所通过优化贫困地区产业结构、开展贫困地区人口职业化培训及农业科普工作，吸引外出务工的劳动力返乡创业就业，引导人才带着高科技下乡，是一个以人才振兴带动乡村振兴的成功案例。

小康农民讲习所重点围绕农民想要发展产业脱贫致富的需求，组织农业科技专家现场传授农业技术，重点培训农民创业者的数字化管理技能和标准化生产技能。已累计培训农民 5

万余人次，培训出大批技术能手，让 20 万农户感受到农业科技的便利。在生产技术比拼大赛中，单棚最大产值纪录为 10.2 万元，平均产值达到 4.3 万元，领先行业平均水平 60%。很多农民创业者不仅提高了专业能力，也提高了收入。

吴迪团队探索的"职业农民+扶贫"模式在南阳、商丘、焦作、长春等地开花结果，带动 11500 余人创新创业，创业土地规模达 5 万余亩。

小康农民讲习所还建立了贫困青少年帮扶阵地，用"四个计划"帮助贫困青年成长。一是青年返乡计划。即将广州、深圳为 500 强企业做订单生产的"绿色制造业"企业引进到有小康农民讲习所的乡镇，给农村青少年提供就业机会。现在，有 10 余个乡镇希望引入"工业振兴"智慧农工项目。产业基础有了，代表"智力"和"劳力"的外出青年回来了，乡村振兴就有了实现的人力基础。二是产业振兴计划。农村青少年在基地创业，年收入可达 26 800 元。三是农科下乡计划。小康农民讲习所组建"赤脚农科队"项目，与省市科研院所、高校产学研合作，吸引青年农业科技人才将新技术带到农村，给农村青少年普及农业科技知识。四是健康下乡计划。小康农民讲习所与各医疗机构合作，为周边贫困青少年进行免费身体体检、口腔检查与治疗，并形成数字档案。目前已体检农村青少年 8000 余人，医疗保健下乡百余次，健康教育进校园 50 多次，做了大量的疾病预防工作和健康科普工作。

来源：

（1）《"青年红色筑梦之旅" | 河南科技大学"小康农民讲习所"助力乡村振兴》（2018-09-07），微信公众号：中国国际大学生创新大赛。

（2）《"国家扶贫日"小康农民讲习所，助农脱贫奔小康，成果显著》（2018-10-17），微信公众号：小康农民讲习所。

【点评】"小康农民讲习所"是在教育兴农方面具有示范性和代表性的优秀"红旅"活动案例。在项目的实施过程中，基于对河南省国家级贫困县产业发展现状进行详细的调查研究，根据不同地区的特色制订有针对性的解决方案，体现了项目整体的科学性、目标性和针对性。

在项目具体的开展中，以教育兴农和人才兴农作为目标，通过自身推广等方式不断扩大社会影响力，有效整合了多类型多行业的社会力量，形成一个可复制、可推广的项目模式，在多个区域、多个行业推动农民就业和创业。人才振兴是乡村振兴的基础，项目的实施有力推动了劳动力返乡创业就业，是以人才振兴带动乡村振兴的成功案例。

 第二节 # 第五届大赛"青年红色筑梦之旅"活动

一、第五届大赛"青年红色筑梦之旅"活动解读

本届大赛"红旅"活动主题为"红色筑梦点亮人生，青春领航振兴中华"。活动的主要目标是：全面贯彻落实习近平总书记重要回信精神，持续推动形成"延安一把火，全国一片红"

的发展态势，弘扬开天辟地的"红船精神"，立足红色传承、立足实际需求、立足强国建设，组织百万名大学生参与"青年红色筑梦之旅"活动，深入革命老区、贫困地区和城乡社区，接受思想洗礼，助力精准扶贫、乡村振兴和社区治理，用创新创业的生动实践汇聚起民族复兴的磅礴力量。

（一）要求解读

在上一年"青年红色筑梦之旅"活动首次作为中国"互联网+"大学生创新创业大赛专门赛道，并且成功举办的基础上，第五届中国"互联网+"大学生创新创业大赛的"红旅"活动继续把学习贯彻与深入落实习近平总书记的重要回信精神作为核心任务，从单纯的乡村振兴以及脱贫攻坚，拓展到城乡社区以及社会治理领域，实现了城乡全面覆盖，丰富了"青年红色筑梦之旅"活动的内涵。

本届大赛"红旅"活动深入推动创新创业教育与思想政治教育相融合，创新创业实践与乡村振兴战略、精准扶贫相融合，立足红色传承、立足实际需求、立足强国建设。引导参赛学生团队走进革命老区、贫困地区、城乡社区，从乡村振兴、精准扶贫、社区治理等多个方面开展帮扶工作，推动当地经济建设、政治建设、文化建设、社会建设、生态文明建设，为全面建成小康社会、加快推进社会主义现代化建设贡献智慧，用创新创业的生动实践汇聚起民族复兴的磅礴力量。

在对"红旅"活动服务领域进行拓展的同时，基于不同区域不同类型的项目，以及不同的组织形式和架构，大赛第一次在"红旅"赛道中对项目的组别进行了明确的划分，具体分为公益组和商业组。参赛项目覆盖范围更广、形式更加多样，并对项目所创造的社会贡献和公益价值进行考核。

从思政教育的导向来看，其着力点是把"青年红色筑梦之旅"这堂国内最大的、有温度的思政课更大范围、更高层次、更深程度地持续推动，引导青年群体以"青春梦""创新创业梦"托起伟大的中国梦，把个人理想与党和国家的前途命运紧密结合起来，让自己的成长发展与时代发展同频共振，与人民群众血脉相连。

具体的一些核心要点如下。

（1）核心任务。全面贯彻落实习近平总书记的重要回信精神，持续推动形成"延安一把火，全国一片红"的发展态势，弘扬开天辟地的"红船精神"，立足红色传承、立足实际需求、立足强国建设，组织百万名大学生参与"青年红色筑梦之旅"活动，深入革命老区、贫困地区和城乡社区，接受思想洗礼，助力精准扶贫、乡村振兴和社区治理，用创新创业的生动实践汇聚起民族复兴的磅礴力量。

（2）服务领域。立足红色传承、立足实际需求、立足强国建设。引导参赛学生团队走进革命老区、贫困地区、城乡社区，从乡村振兴、精准扶贫、社区治理等多个方面开展帮扶工作，推动当地经济建设、政治建设、文化建设、社会建设、生态文明建设，为全面建成小康社会、加快推进社会主义现代化建设贡献智慧。

（3）聚焦区域。革命老区、贫困地区和城乡社区。

（4）项目要求。在推进革命老区、贫困地区以及城乡社区发展等方面有创新性、实效性和可持续性。

（5）项目分为公益组和商业组。① 公益组。参赛项目以社会价值为导向，在公益服务领域具有较好创意、有产品或服务模式的创业计划和实践。参赛申报主体为独立的公益项目或者社会组织，注册或未注册成立的公益机构（或社会组织）的项目均可参赛。② 商业组。参赛项目以商业手段解决农业农村和城乡社区发展的痛点问题，助力精准扶贫和乡村振兴，实现经济价值和社会价值的融合。注册或未注册成立的公司的项目均可参赛。已完成工商登记注册参赛项目的股权结构中，企业法人代表的股权不得少于 10%，参赛成员股权合计不得少于 1/3。如已注册成立机构或公司，学生须为法人代表。

（二）国赛金奖项目情况

当届大赛的"红旅"项目共产生了 18 个国赛金奖项目（以下简称"国金项目"），其中精准扶贫和乡村振兴类 11 项，社区治理类 7 项；每个类别的获奖项目，都从不同的切入点解决了相应的脱贫攻坚、乡村振兴或者社会发展存在的相关问题，全面丰富地体现了组织大学生创新创业团队深入革命老区、贫困地区和城乡社区，接受思想洗礼，助力精准扶贫、乡村振兴和社区治理，推动当地经济建设、政治建设、文化建设、社会建设、生态文明建设等。范围包括农村地区以及城乡社区，体现了"红旅"活动更大的覆盖面。"红旅"活动提供了一个更大的舞台，让更多青年大学生在更大的范围内为实现人民对美好生活的向往这个目标奉献出热血和智慧。

精准扶贫和乡村振兴类 11 个国金项目具体如表 3-2 所示。

表 3-2　精准扶贫和乡村振兴类国金项目

序号	参赛项目	学校	项目主要侧重点	内容
1	高产优质刺嫩芽——照亮林区致富路	东北农业大学	产业振兴	高产优质刺嫩芽产业链开发
2	红色筑梦三项赛	上海体育学院	产业振兴+文化振兴	体育赛事带动老区振兴及红色文化传播
3	甘草全值化技术助力治沙扶贫	南京大学	产业振兴	高品质高附加值甘草全产业链的打造
4	橙果科技——全国领先的分布式秸秆热解气化处理技术助力乡村振兴	东南大学	生态振兴	高效分布式生物质处理解决方案的应用和推广
5	水"稻"渠成——全球功能性彩稻产业化推广运用领军者	浙江大学	产业振兴	功能性彩色水稻产业的推广
6	变渣为宝——农废果渣的资源化利用	浙江工业大学	生态振兴	农废果渣的资源化利用
7	秸秆变形记——农林废弃物提取低聚木糖的生力军	厦门大学	生态振兴	低成本零污染的农林废弃物推广技术的产业应用

序号	参赛项目	学校	项目主要侧重点	内容
8	博艾兴农——荒地变金山，艾草助增收	福州大学	产业振兴	艾草产业链的开发
9	绿草成纤：中国草变致富宝	华中科技大学	产业振兴	苎麻产业链的开发
10	伴农行者——数字孪生共享助农车间·中国数字乡村建设引领者	湖南科技学院	产业振兴	数字孪生技术赋能农村产业升级、数字乡村建设等
11	小猪豪豪——中国边疆少数民族深度贫困地区脱贫攻坚路上最靓的崽	云南大学	产业振兴	豪猪养殖新模式的应用及推广

第五届大赛"红旅"活动的国金项目，大部分都是以产业振兴作为切入口，以技术和产品的创新推动特定产业链的提质增效作为农民致富增收、精准扶贫及乡村振兴的途径和方式。具体包括刺嫩芽、甘草、彩色水稻、艾草、苎麻、豪猪等的种植或养殖；通过体育赛事带动老区振兴的优秀项目；结合当地红色文化传播，以产业振兴和文化振兴助力精准扶贫。另外，还有一部分优秀项目以生态振兴、绿色发展为主要目标，通过技术的创新应用，实现对秸秆、农废果渣等进行资源化高效利用，变废为宝，在解决农业农村废弃物处理等问题的同时，推动相关产业的提质增效。

社区治理类7个国金项目具体如表3-3所示。

表3-3　社区治理类国金项目

序号	项目名称	学校	类别	内容
1	夕阳再晨——全国最大的青年社区治理公益组织	北京邮电大学	社区治理	科技助老
2	"光明影院"无障碍电影制作与传播项目	中国传媒大学	社区治理	针对视障人群的无障碍电影制作与服务
3	远周——中国首家未成年公益关护基地	华东师范大学	社区治理	涉罪未成年人的关爱与整体帮扶
4	绿色浙江——坚守二十年的"多元共治"可持续发展模式推动先锋	浙江大学	社区治理	生态环保及可持续发展理念的推广及模式推动
5	高原红·川藏青光明行——眼健康救助公益项目	温州医科大学	社区治理	高原涉藏地区眼科医疗的帮扶
6	DR-TimeRing 全生命周期的糖网（DR）智能助手	湖南大学	社区治理	糖网高效快速准确诊断技术的应用，赋能城乡社区医疗体系
7	脑控康复机器人——智慧引领社区城乡康养新时代	西安交通大学	社区治理	脑控康复机器人赋能城乡社区的居民康养

项目涉及的领域包括科技助老、无障碍电影的制作及服务、涉罪未成年人的关爱及帮扶、眼病医疗的帮扶、糖网疾病的诊断和筛查、脑控康复机器人的社区应用，以及生态及可持续发展理念的推广等，在社区治理领域都具有代表性，并且项目的运营成果体现了较好的社会效益。同时，项目的产品及服务模式形成体系，充分体现了科技创新在解决城乡社区痛点难点问题上所带来的价值。项目模式具有可示范性，具有较好的推广和复制价值。

二、第五届大赛"青年红色筑梦之旅"活动优秀案例展现

【案例一："光明影院"无障碍电影制作与传播服务视障人群（中国传媒大学）】

王海龙是中国传媒大学电视学院 2018 级博士生，依托学校电视学院，2017 年在导师秦瑜明教授指导下组建"光明影院"团队，开始制作无障碍电影，讲解全国优秀影片，将优秀电影带到我国 1700 多万视障人群身边，给视障人群送去更多"光明"。

制作无障碍电影并不是件容易的事，一部无障碍电影的制作几乎是二次创作。据"光明影院"项目第一指导老师、中国传媒大学电视学院党委副书记秦瑜明介绍，撰稿是无障碍电影制作中最耗时的步骤，也是保障视障人士能够看懂一部电影的关键。

电影画面呈现的信息非常丰富，但是可供解说的台词间隙有限，所以一个画面中，哪些信息是和剧情紧密相关、能刻画人物形象、短时间内要交代清楚的，需要制作人员分析选择。此外，如何做到把剧情解释清楚，同时又不过度剧透，这是一门学问。制作人员需要把握好哪些可以说，哪些先埋下伏笔后再解释。

"光明影院"团队积极探索公益推广模式，建立合作机制，构筑文化盲道，为推动社会文明贡献力量。从 2019 年 6 月开始，"光明影院"团队开始面向全国推广，实现了无障碍电影在 31 个地区公益放映，团队服务覆盖面从一线城市拓展到经济欠发达地区。同时，依托省级盲协，建立了固定放映点，实现无障碍电影在北京、上海、青海的定期放映，在全国各地建立起多个"光明影院"定点放映厅，受益人群将近 200 万。截至目前，"光明影院"在全国盲校、社区、图书馆、电影院组织了 200 多场公益放映。师生志愿者深入大凉山、怒江、西海固、吕梁山区等深度贫困地区，对国家乡村振兴局划定的 11 个集中连片特困地区进行点对点覆盖。

"光明影院"已先后在北京市盲人学校、山东广播电视台、山东省泰安市特殊教育中心等10 个地点挂牌落地，同时与北京市朝阳电影院、紫光影城、劲松电影院及四川省太平洋影业有限公司旗下 51 家影院等达成合作，定点、定时放映无障碍电影。视障人士可以在当地的固定放映点观看无障碍电影，实现常态化观影。

"光明影院"团队三年多制作出 312 部影片，惠及全国近 200 万视障群体，关注特殊群体、文化扶贫助残成果显著。中国残联副主席吕世明表示，帮助视障人士消除障碍，让他们"听"懂或"看"懂电影，感受到电影"唯美的文化画面"，这是中国电影史上的一项人文工程。无障碍信息产品和无障碍电影为视障人士安上"千里眼"，让视障人士走进电影院感受文化的熏陶，感受文化的魅力，接受文化的引领，融入社会，感受生活的美好和幸福。

来源：

《光影的世界，讲给你听——"光明影院"项目每年制作 104 部无障碍电影，服务视力残疾人》（2020-09-29），微信公众号：中国残疾人联合会（《人民日报》，2020 年 09 月 29 日第 12 版）。

《〈创业者说〉｜光明影院：构筑"文化盲道"用温暖的声音明亮你的双眼》（2021-02-04），微信公众号：中国国际大学生创新大赛。

【点评】作为一个社会治理领域的优秀"红旅"活动案例，项目立足实际需求，面向视障群体，充分结合中国传媒大学的学科优势和专业特色，基于产品和技术的创新打造出"无障碍电影"产品和服务体系，让规模庞大的视障群体能与正常人一样感受电影文化的精彩，体验电影的魅力，并能更好地融入社会。为了惠及更多受众群体，"光明影院"团队积极探索公益推广模式，建立合作机制，构筑文化盲道，通过在全国各地建立多个"光明影院"定点放映厅等方式推进公益事业。

【案例二：绿色浙江——坚守二十年的"多元共治"持续性发展模式助推先锋（浙江大学）】

2000 年，忻皓还是浙江大学一年级的学生，担任班长。那年，他发起"千年环保世纪行"活动，用了 36 天骑自行车环行浙江整整两千多公里，痛心地发现浙江不少河流和乡村受到严重污染。他决定利用所学专业知识，为保护浙江的青山绿水行动起来！在老师阮俊华的指导帮助下，他发起建立环保组织"绿色浙江"，把发现的环保问题报告给环保部门查处，还把环境知识带进学校、社区。发展至今，"绿色浙江"有效实现了自身持续发展，从一个仅有大学生的草根组织发展成为全国最具影响力的 5A 级环保科技社团，成功转型为社会企业。目前，"绿色浙江"项目共获 3 项国际环保大奖、4 项中国政府大奖、2 项社会治理大奖、7 项全国性公益大奖，被《人民日报》、新华社、中央电视台等各级媒体累计报道 5000 余次，2019 年 7月登上纽约时代广场电子屏幕。

在环保的实践道路上，有心人从来都在前行中。2010 年，忻皓开始开发"钱塘江水地图"公众互动信息平台。2012 年，他积极推动水资源管理基本标准以上的黄金标准和白金标准的制定，为中国等发展中国家争取更多的公平和权益。并且，在他的推动下，"绿色浙江"让职能部门、问题责任方、公民大众坐下来商量，让社会组织、专家学者、新闻媒体一起出主意，实现跨界圆桌对话，提出解决方案，营造共治氛围，而"绿色浙江"则扮演环境问题的调查者、圆桌会议的组织者、多元主体的联系者、处理结果的监督者。例如，在奉化，"绿色浙江"请相关部门和方门村的养殖户坐下来商量，最终让方门江的水从劣 V 类一跃升到 III 类；在"中国建筑之乡"东阳，"绿色浙江"请相关部门和石材企业、社区代表坐在一起推动石材企业整改，最终"牛奶河"卢三小溪恢复清澈；在安吉，"绿色浙江"请余杭、安吉两地部门和村民代表坐下来，让双溪长期跨境污水消失，两地达成共识，形成了互通水域联保联动工作机制。

二十年来，忻皓宣讲"两山"理念、"千万工程"、可持续发展等报告 240 余场，受众 4.5万多人。他是首届浙江省基层宣讲名师之一。

二十年来，忻皓把一个仅有几名大学生的草根组织，发展成全国最具影响力的 5A 级环保科技社团。他不仅助力推动浙江省"五水共治"、垃圾分类等重大行动，还在多个国际环境机构任职，推动多项国际环境会议在杭州召开。

来源：

《忻皓获中央宣传部全国基层理论宣讲先进个人》（2020-11-23），微信公众号：彩虹人生（来源：浙大管院新媒中心）。

《"互联网+"青年红色筑梦之旅全国启动！绿色浙江的故事，用民间力量扛起乡村共富大旗！》（2022-06-17），微信公众号：绿色浙江。

【点评】一个公益项目，从一个仅由几名普通大学生组成的学生社团，发展成为全国最具影响力的5A级环保科技社团，充分体现了习近平总书记关于"红旅"活动重要回信精神中提及的"艰难困苦，玉汝于成"的深刻内涵。同时，项目的成长也充分体现了个人和团队的不断成长。项目负责人忻皓身上充分体现了追求真理、崇尚科学、向往美好的执着理念与家国情怀。自己和团队的不断摸索和前行，推动了社会多元主体共同参与环境治理，建立了以需求为导向、以共创为形式，政府部门、专家、媒体、学校、社区、社会公众人物、社会中介组织等合力参与，包括发动参与、组织对话、建立机制三大层面的"多元共治"可持续发展模式。项目具有很大的示范价值，项目模式具有较好的推广性。中国城市治理创新奖的一位专家评价说，绿色浙江的环境多元共治模式"突破了民间环保组织参与环境治理的难题，对中国行政生态环境下民间环保组织成长发展和发挥社会作用进行了富有成效的探索"。

【案例三：高产优质刺嫩芽——照亮林区致富路（东北农业大学）】

高照亮，东北农业大学蔬菜学博士，农艺师。依托学校国家大学科技园与产业管理办公室，在吕嘉昌和蒋欣梅老师，以及资源与环境学院团委孟繁美书记的指导下，高照亮培育出适宜林区种植的高产优质刺嫩芽品种并进行规模化种植技术开发，创造性地解决了刺嫩芽种子繁育难、种苗种植难和鲜芽采收难的问题，开创了刺嫩芽人工快速扩繁、规模化种植的先河，可实现广域种植、周年生产、全年供应，形成了"优质种苗繁育+规模化种植推广+种苗及鲜芽销售"三位一体的业务模式。实现农民增收1.28亿元。帮扶"抗联"后代207户，帮扶贫困户1460户，为东北林区人民脱贫致富作出了巨大的贡献。

2001年，高照亮考入东北农业大学。在大三参加实习期间，高照亮发现基层农业工作者，包括部分农业技术员普遍缺乏农业生产专业知识。回校后，他策划并组织开展了农业生产应用技术培训班，开始走上创业之路。2005年到2014年，他组织开办了24期培训班，创办了哈尔滨百度科技开发有限公司，开发了"电子庄稼医生"等高科技产品。

高照亮联合多位农业专家在东北农业大学国家大学科技园注册成立了哈尔滨艾加生物技术有限公司，主要从事微生物肥料应用技术、设备的研发推广、微生物肥料产品生产销售、微生物应用产品项目整体解决方案和相关技术推广等。

公司在运营过程中克服多个技术及经营难题，成功培育适合东北地区土壤气候特点的菌种8个，成功研发微生物肥料生产设备3种，取得6项国家专利、7项软件著作权，成功申办3个生物肥料产品国家正式登记证，承担哈尔滨市科技局重点科技攻关项目1项。

团队研发的土壤修复剂，是给土地喝的"酸奶"，能够活化土壤中磷、钾等营养成分，促进植物对养分的吸收，有效预防落叶、落花、落果、死苗、僵苗现象的发生。活菌数可以达到普通产品的30倍以上，是国家标准的325倍。同时，他研发的药害清理剂，只需3~7天就能快速降解化肥、农药、重金属等有害物质。

创业以来，高照亮始终致力于研发农业产品，用科技创新带领农民增收致富。他的团队坚持每年下乡150天，深入6000家农户中调查，足迹几乎遍布全国，产品惠及近千万农民。

来源：

《历史性突破！我校夺得第五届中国"互联网+"大学生创新创业大赛金奖》（2019-10-17），微信公众号：东农校科协。

《给土地喝"酸奶"，吃饱了撑的？"菜博士"给您说道说道》（2019-11-14），微信公众号：哈尔滨日报要闻。

【点评】"高产优质刺嫩芽——照亮林区致富路"作为一个优秀的"红旅"项目，立足革命老区和贫困地区的实际需求，围绕自身的专业优势和学校的资源，从育种、种植、采收几个关键环节解决了刺嫩芽的广域种植和周年生产等难题，为该产业的发展注入了动能。项目构建了"优质种苗繁育+规模化种植推广+种苗及鲜芽销售"三位一体的业务模式，有效推动了当地经济建设，以产业振兴作为切入点，为东北林区和革命老区创造了价值，实现经济价值和社会价值的双赢。同时，项目负责人的创业历程也充分体现了自身的社会责任和家国情怀，以及对农业农村事业的热爱。

【案例四：秸秆变形记——农林废弃物提取低聚木糖的生力军（厦门大学）】

李嘉臣，厦门大学能源学院2018级硕士生，依托厦门大学能源学院生物质化学转化实验室，在生物能源研究所所长、博士生导师曾宪海的指导下组建"秸秆变形记"项目团队，经多年研究，掌握全球领先的低成本、零污染的农林废弃物提取低聚木糖技术，为扶贫助农、保护环境以及消灭亚健康提供了有效解决方案。

"秸秆变形记"团队以果枝、秸秆等农林废弃物为原料，通过技术手段将其转换成高附加值低聚木糖，从而提高农林废弃物利用率，改善农村环境，增加农民收入。该项目主要创新点为：使用的是废弃秸秆，且辅料回收率高，成本极低；全过程不涉及强酸强碱，拥有废水残渣独特处理工艺，零废料排放；国际首创生产工艺，提纯率高达95%，生产周期减少30%，秸秆经济价值增值35倍。

通过上述技术开发的主要产品为95型低聚木糖，是一种新型甜味剂，广泛用于饮料、酸奶、果酒。与其他功能性低聚糖相比，低聚木糖难以通过动物消化酶分解，具有双歧杆菌增殖作用的选择性高，酸性和热稳定性好，能量低，具有调节肠道、不增加血糖等多重功效，为消灭都市亚健康与戒糖提供了有效方法。国内厂商大多数以生产低纯度低聚木糖为主、高纯度低聚木糖为辅。"秸秆变形记"团队主要竞争者为拥有高纯度低聚木糖生产技术的企业包括山东龙力、济南维辰和河南益常青，且已占据国内低聚木糖市场较大份额。我国高纯度低聚木糖市场，虽龙头企业的优势明显，但现有技术成本均较高，生产工艺污染问题严重。因此，"秸秆变形记"团队的成本优势和生产工艺零污染优点能够迅速帮助其产品打开市场。

2018年项目成功完成中试后，团队走访5省8县村，签订28份合作意向书。2018年11月，项目在黑龙江大庆市林甸县落地生产，农民每年人均获利1400元，占其人均可支配收入的14%，可减少碳排放1.7万吨。项目投资回报率21.64%，投资回收期2.69年，具有极高的经济价值。

到2019年参加第五届中国"互联网+"大学生创新创业大赛全国总决赛时，"秸秆变形记"

项目团队历经两年时间，带着先进技术深入全国 50 余个贫困县、乡村开展扶贫调研和对接活动，签订了近 60 份扶贫合作意向协议。他们将青春和智慧挥洒在创新创业、报效祖国的远大理想中，为打赢脱贫攻坚战贡献青春力量。

来源：

（1）《"互联网+"全国总决赛丨能源学子勇夺国赛首金》（2019-10-19），微信公众号：厦门大学能源学院。

（2）基于生物质开发利用的"互联网+"大学生双创实践——实现人才高质培养、科技创新和乡村振兴的有机融合。

（3）The China College Students' "Internet+" Innovation and Entrepreneurship Competition Based on Biomass Exploitation—A Way to Achieve the Integration of High-Quality Talent Cultivation, Technological Innovation and Rural Revitalization.

【点评】 "秸秆变形记——农林废弃物提取低聚木糖的生力军"项目以厦门大学的学科优势为支撑，在低成本、零污染的农林废弃物提取低聚木糖技术上进行了突破，在具体的产业应用上以零废水零废渣环保方式解决废弃秸秆处理问题，以及高纯度低聚木糖产业化生产的关键问题。项目方案同时在扶贫助农、保护环境以及消灭亚健康方面都体现了较大的价值，且项目通过技术创新以及运营模式的构建，实现多产业联动，推动了农业和制造业的协同发展，取得了较好的社会效益和经济效益。该技术具有较大的可复制、可推广性，对于推进我国乡村经济建设和生态文明建设具有很大的价值。

【案例五：甘草全值化技术助力治沙扶贫（南京大学）】

杨永安博士，南京大学优秀校友，江苏耐雀生物工程技术有限公司创始人。他依托南京大学研究平台，在朱海亮教授等的指导下，对甘草产业进行整合及布局，开展高附加值多领域应用技术研究，实现甘草及其废水废渣 90% 的利用率。提取出的 G941、光甘草定、甘草黄酮可以运用于医药、甜味剂、日化烟草添加剂、饲料添加剂等领域。

曾被称为"死亡之海"的库布齐沙漠是中国第七大沙漠。这里曾经风沙肆虐、寸草不生，几代亿利人凭着百折不挠、坚守创新的精神，治理沙漠 910 多万亩，同时带动库布齐及周边群众 10.2 万人脱贫致富。

"亿利人在治理库布齐沙漠过程中种植了大量的甘草，而我们在研究中发现并提取了甘草里面含有的有效物质。"杨永安所说的有效物质就是甘草中的 G941。G941 具有三个功能。第一是药用价值，G941 具有很好的治疗肝病的作用。第二，G941 本身是一个高甜度的天然甜味剂，1 公斤 G941 相当于 1 吨白糖，既没有糖分又没有热量的 G941 是一种非常健康的食品添加剂，适用于血糖偏高或正在健身、减肥的人群。第三，G941 具有很好的解毒、抗过敏作用。

江苏耐雀生物工程技术有限公司于 2014 年 11 月由杨永安创立，拥有 1400 平方米的国家循环经济技术中心。通过打造高品质、高附加值的甘草全产业链，构建完善可推广复制的、具有核心科技和竞争力的库布其模式，实现"绿水青山就是金山银山"的价值追求。另外，项目团队依托南京大学研究平台，将植物成分分离纯化、从事工业大麻 CBD 等活性成分的研究成果落户南京大学定点扶贫对象云南双柏，带动投资 3.2 亿元，预计将实现年销售额达 10 亿元。

公司紧紧依靠技术创新推动企业发展，致力于大健康领域的药品、健康食品和天然日化产品的研发及成果转化，投资工业大麻，不断提升企业核心竞争力和持续发展能力。公司重视研发创新项目筛选与科研质量保证，积极开展产学研合作，稳步推进产品的开发创新，申请发明专利 20 项，研发 28 种原料以及食品、化妆品、日化、饲料、医药等产品近百种。

2017 年"沙漠植物活性成分 G941 的开发与产业化"项目荣获江苏省"双创"大赛三等奖；2018 年公司入选江苏省民营科技企业；2019 年公司被评为"全国循环经济技术中心"，同年被认定为国家级高新技术企业。

来源：

《"南京工信"南京大学生多个项目获全国创新创业大赛金奖》(2019-11-15)，微信公众号：南京市工信局。

【点评】"甘草全值化技术助力治沙扶贫"项目依托南京大学的研究平台，在甘草有效物质的提取上取得了技术突破，对甘草产业进行整合与布局，打造了打造高品质、高附加值的甘草全产业链。项目基于技术创新，构建并完善了一个可复制推广的、具有核心科技竞争力的"库布其模式"，更好地带动了沙漠区域周边群众脱贫及增收致富，推动了产业发展。项目通过商业手段很好地解决了贫困地区及欠发达地区的产业发展问题，取得了较好的社会效益和经济效益。

第三节　第六届大赛"青年红色筑梦之旅"活动

一、第六届大赛"青年红色筑梦之旅"活动解读

本届大赛"红旅"活动主题为"青春领航脱贫攻坚，红色筑梦创业人生"。大赛的主要目标具体是：深入贯彻落实习近平总书记给第三届中国"互联网+"大学生创新创业大赛"青年红色筑梦之旅"参赛大学生的重要回信精神，大力弘扬伟大改革开放精神，鼓励青年"敢闯敢试、敢为天下先"，走进革命老区、偏远山区和城乡社区，聚焦脱贫攻坚，用创新创业的生动实践书写无愧于时代的壮丽篇章。

（一）要求解读

本届大赛更名为：中国国际"互联网+"大学生创新创业大赛，具体承办方包括广州市和深圳市人民政府，承办高校为华南理工大学。大赛立足于地处改革开放前沿的粤港澳大湾区，更好地融入了全球创新创业浪潮。因此，大赛在精神引领方面，大力弘扬伟大改革开放精神，鼓励青年培养"敢闯敢试、敢为天下先"的创新创业精神。2020 年是全面建成小康社会的目

标实现之年，也是全面打赢脱贫攻坚战的收官之年。2020年年初，在脱贫攻坚决战决胜关键时刻，国务院扶贫开发领导小组对2019年年底未摘帽的52个贫困县实施挂牌督战，吹响攻克脱贫攻坚最后"堡垒"的冲锋号。因此，本届大赛体现引领创新创业教育国际交流合作、体现青年大学生创业群体的敢闯会创精神，站在当年党和国家的核心历史任务的角度上，体现青年人的责任、担当和贡献，具有非常鲜明的时代特征。

本届大赛的"红旅"赛道继续把学习贯彻及深入落实习近平总书记的重要回信精神作为核心任务，更大范围、更高层次、更有温度、更深程度地开展"青年红色筑梦之旅"活动。与上届相比，增加了"更有温度"的表述，体现了青年群体的创业热情以及服务国家和社会的使命。

本届大赛的"红旅"赛道延续了上届大赛的目标和方向，涵盖脱贫攻坚和社会治理两个板块的内容，同时聚焦坚决打赢脱贫攻坚战、全面建成小康社会的目标，走进革命老区、偏远山区和城乡社区，推进革命老区、贫困地区、城乡社区经济社会发展等。特别是根据52个未摘帽贫困县的科技、农业、环保等方面需求，结合各高校大学生项目团队自身的优势，助力脱贫攻坚，支持大学生开展线上创业就业。在项目组别的规定上，延续了上一届的方案，仍分为公益组和商业组。

在思政教育的导向上，本届大赛"红旅"赛道重点在于重温改革开放奋进之路，聚焦52个未摘帽贫困县脱贫攻坚，展示在全面建成小康社会征途中敢闯敢为的青年力量。大力弘扬伟大改革开放精神，鼓励青年"敢闯敢试、敢为天下先"，用创新创业的生动实践书写无愧于时代的壮丽篇章。

具体要求的核心要点总结如下。

（1）核心任务。深入贯彻落实习近平总书记给第三届中国"互联网+"大学生创新创业大赛"青年红色筑梦之旅"参赛大学生的重要回信精神，大力弘扬伟大改革开放精神，鼓励青年"敢闯敢试、敢为天下先"，走进革命老区、偏远山区和城乡社区，聚焦脱贫攻坚，用创新创业的生动实践书写无愧于时代的壮丽篇章。

（2）服务领域。走进革命老区、偏远山区和城乡社区，推进革命老区、贫困地区、城乡社区经济社会发展等。特别是根据52个未摘帽贫困县的科技、农业、环保等方面需求，结合各高校大学生项目团队自身的优势，助力脱贫攻坚。

（3）聚焦区域。革命老区、贫困地区和城乡社区。

（4）项目要求。在推进革命老区、贫困地区、城乡社区经济社会发展等方面有创新性、实效性和可持续性。公益类项目以社会价值为导向，体现公益价值。商业类或者企业运营类的项目，要同时兼顾社会效益和经济效益。

（5）组别分为公益组和商业组。①公益组：参赛项目以社会价值为导向，在公益服务领域具有较好创意、具有产品或服务模式的创业计划和实践。参赛申报主体为独立的公益项目或者社会组织，注册或未注册成立的公益机构（或社会组织）的项目均可参赛。②商业组。参赛项目以商业手段解决农业农村和城乡社区发展的痛点问题，助力精准扶贫和乡村振兴，实现经济价值和社会价值的融合。注册或未注册成立的公司的项目均可参赛。已完成工商登记注册参赛项目的股权结构中，企业法人代表的股权不得少于10%，参赛成员股权合计不得少于1/3。如已注册成立机构或公司，学生须为法人代表。

（二）国赛金奖项目情况

第六届大赛的"红旅"活动走进革命老区、偏远山区和城乡社区，聚焦脱贫攻坚，围绕做好社区创业、乡村振兴、环境保护等方面充分展开，特别围绕全面脱贫攻坚的重要任务，对52个未摘帽贫困县的科技、农业、环保等方面需求进行重点关注。最终本届大赛产生了23个"红旅"国金项目，其中农业农村领域相关的12项，社会治理及公益服务类11项。

农业农村领域的12个国金项目具体如表3-4所示。

表3-4　农业农村领域的国金项目

序号	参赛项目	学校	项目主要侧重点	内容
1	金色燕麦，铸就精准扶贫产业链	天津师范大学	产业振兴	燕麦产业链的开发
2	渔米香——科学助力万千农民稻鱼丰收	浙江大学	产业振兴	"稻鱼共生"模式的应用及推广
3	点"金"成金——石蛙规模化生态养殖精准扶贫领军者	浙江师范大学	产业振兴	石蛙养殖的产业推广
4	海蟹富盐碱——全球首创内陆盐碱地海洋牧场开拓者	宁波大学	产业振兴	青蟹养殖在内陆的创新性应用模式及推广
5	聚果盆——脉冲电场助力乡村挖掘水果金矿	华南理工大学	产业振兴	水果深加工技术的推广及应用
6	海水稻——中国新饭碗	广东海洋大学	产业振兴	海水稻的产业推广
7	参氏草——助力西部乡村振兴的"神奇草"	广东工业大学	产业振兴	参氏草产业链的开发
8	柑橘扶贫：四川云萃农业科技有限公司	西南大学	产业振兴	柑橘产业的升级及拓展
9	博士村长——贵州脱贫攻坚的一线战士	贵州大学	人才振兴	产业专家帮扶+当地专业人才的培养
10	蜂之蜜——打造蜂产业链升级变革与精准扶贫新模式	西北大学	产业振兴+人才振兴	蜂产品产业链的开发+养蜂技术培训
11	郭牌西瓜	山东理工大学	产业振兴	科技创新赋能西瓜产供销模式的升级及推广
12	点姜成金：黄姜皂素绿色制造	华中科技大学	生态振兴+产业振兴	黄姜皂素绿色制造解决原有污染问题，带动产业的优质发展。

脱贫攻坚战收官之年"红旅"活动的优秀国金项目，绝大部分体现了通过产业带动的方式来助力脱贫攻坚，具体包括燕麦、柑橘、石蛙、青蟹、参氏草、蜂产品、西瓜、"稻鱼共生"等产业链的推广普及和提质增效。同时，也包括基于核心技术的突破和应用，对相关产业链

起到了积极的推动作用。同时，这些新技术的应用和推广，助力了乡村的绿色发展。这些项目在育种、种植、养殖、加工、营销等一个或多个环节中通过创新取得突破、模式得到验证、效益得到呈现，展现出示范性效果；以点带面进行复制推广，在更大范围带动整个产业链的优质发展，推动更大规模农民群体的脱贫致富。而贵州大学的"博士村长"项目，是一种"产业专家帮扶+当地专业人才"的培养模式，以人才振兴和产业帮扶的方式，助力脱贫攻坚，实现了社会效益和经济效益的双赢。

这些优秀的国金项目，无论是从产业带动入手，还是聚焦人才振兴或者生态振兴，都很好地体现了扶贫能力。项目团队通过自身的努力为国家的脱贫攻坚伟大事业贡献了青春力量。

社区治理及公益服务类 11 个国金项目具体如表 3-5 所示。

表 3-5　社区治理及公益服务类国金项目

序号	项目名称	学校	类别	内容
1	"成功人力"——更懂中国的人力资源专家	南京大学	社区治理	全产业链人力资源管理与开发，重点关注并解决贫困地区异地就业者的就业问题。
2	洪宇——涉罪未成年人一站式帮教服务助力社会治理	江西师范大学	社区治理	涉罪未成年人一站式帮教服务
3	"AI"无界——AI 辅助诊断助力全球抗疫	华中科技大学	社区治理	AI 辅助快速诊断，赋能抗疫
4	动友公益，以"动"攻毒	华南理工大学	社区治理	运动辅助戒毒模式的应用及推广
5	毕业后公益基金——关爱留守儿童，赋能乡村教育	广州大学	社区治理	关爱留守儿童，赋能乡村 教育
6	扶摇织梦——瑶族扶贫之路的先行者	贺州学院	社区治理	文化扶贫+瑶族传统非遗文化的传承与推广
7	滇西北支教团——一份责任，两代传承，十三年坚持	云南大学旅游文化学院	社区治理	"有教—友教—优教"乡村支教体系的实施与推广
8	蜂巢智慧——农村人居环境智慧管家	西安交通大学	社区治理	以农厕改良作为切入点，助力农村人居环境提升
9	星船——唱响长征路上的英雄赞歌	兰州大学	社区治理	挖掘红色及时代素材，通过多类型产品形式进行推广，讲述中国故事，传播中国声音。
10	红艺轻骑——中国原创红歌红剧走基层公益传播第一团	宁波大学	社区治理	原创红歌红剧走基层的公益传播
11	"青春护航，成长相伴"	中南大学	社区治理	面向乡村孩子的生理心理教育普及

上述项目涵盖的具体领域包括对贫困地区异地就业者的就业帮扶、涉罪未成年人帮扶、运动辅助戒毒模式的应用及推广、留守儿童关爱、瑶族非遗文化传承与文化扶贫、乡村支教、

农村人居环境提升、乡村儿童的生理心理教育与关爱、红色文化与社会主义核心价值观的弘扬等。这些项目在新时代背景下，把典型的社会问题作为切入点，基于自身技术及运营模式的创新，找到项目落地运营的路径，并在可持续性发展以及实效性方面得到验证，体现了公益性，彰显了社会影响力。

二、第六届大赛"青年红色筑梦之旅"活动优秀案例展现

【案例一：聚果盆——脉冲电场助力乡村挖掘水果金矿（华南理工大学）】

唐忠盛，华南理工大学食品科学与工程学院 2019 届博士生，在食品科学与工程学院院长曾新安教授的指导下组建"聚果盆"团队。目前团队共有 9 人，其中在校学生 7 人。

2020 年 6 月 30 日，团队负责人唐忠盛博士参加了"青年红色筑梦之旅"活动，唐忠盛及其母校教师团队深耕学校对口帮扶的云南云县，致力于果蔬尤其是水果的高值化加工利用，为解决农产品加工企业技术难题提供支持，从而打开农产品销路，使农民朋友增收获益。

"聚果盆"团队致力于水果深加工前沿技术研究，秉持"加工一种水果，带动一个产业，惠及一方经济"的理念，以"吃干榨净"水果为目标，发明了全球领先的脉冲电场水果精深加工核心技术，实现对处理物料的快速放电，破坏细胞结构。具有"高效率、高得率、高活性"的技术优势，目前已获 22 项发明专利。设备可在食品、保健品、生物等行业中进行功能性成分提取，实现低温、可连续性提取生产关键技术的突破。

"聚果盆"团队采用全国首创的缩微闪电脉冲技术实现白花木瓜的全果利用。近年来，团队助力云南云县白花木瓜的种植面积从原来的 9.4 万亩增至 30 万亩，带动 4 万贫困人口年均增收 2618 元，成功助力云县脱贫摘帽。"聚果盆"团队在第六届中国国际"互联网+"大学生创新创业大赛总决赛中获"青年红色筑梦之旅"赛道金奖。

来源：

（1）《"互联网+"国赛金奖案例 ｜ 聚果盆——脉冲电场助力乡村挖掘水果金矿》（2022-07-05），微信公众号：中地大创新创业（文字来源：光明校园传媒）。

（2）《"科技"｜聚果盆：在科技助农的路途上向成为带动一方经济的"聚宝盆"进击！》（2021-04-24），微信公众号：理工创客。

【点评】"聚果盆"项目对水果深加工这个核心技术进行突破，在细分市场领域能很好地抢占先机。而且，在云南云县的白花木瓜上得到了很好的验证，通过解决产业链上核心环节的问题，助推水果产业的发展，赋能脱贫攻坚和乡村振兴，并成功助力当地脱贫摘帽，是一个科技扶贫脱贫的典型案例。同时，技术具有较大的适用性，可在多个地域多种水果的深加工上取得效果，可复制、可推广。

【案例二：红艺轻骑——中国原创红歌红剧走基层服务第一团（宁波大学）】

范超，宁波大学音乐学院 2018 级研究生，在学院党总支书记屠春飞的指导下，创立"红艺轻骑"队。这是一支专门为社区提供红歌红剧创制编排和演绎服务的传播团队。三年来共为嘉兴南湖等革命圣地创作了 32 部红剧、155 首红歌，在全国 50 多个城市演出 400 余场。累

计获得 112 次媒体报道和国内外行业大奖 46 项，得到多位国家级、省级领导人的肯定，被业界称为"中国原创红歌红剧走基层服务第一团"。《中国青年报》报道了宁波大学的"大美育模式"：将"双创"教育和思想政治教育有效融合，真正让"双创"教育发挥作用，造福社会和在校学生。

"声磊落，士拼搏，百死为家国；宣言朗朗，但出我口，永在心头！"2020 年 6 月，宁波大学"红艺轻骑"队走进北仑霞浦街道参加浙江首场"我是党课"主讲人活动，线上线下全省有 27 万党员参与观看。宁波市北仑区霞浦街道办事处主任朱朝寅深有感触地说："在全国人民众志成城抗击疫情的当下，重温《初心晨启·宣言》的歌词，会更有感触，倍添力量。"

《初心晨启·宣言》是由宁波大学红色文艺轻骑队创作的一部音乐剧作品。讲述了两代人守护初心的故事。这部作品曾在宁波大学连续 5 次登上舞台，曾走进嘉兴南湖、军营、革命老区、农村礼堂等地为当地民众演出，演出场次 50 余次，累计受众超 200 万人。"我们身处这个伟大的时代，就不能辜负这个时代。我们要在师生中引发共鸣，找到共同的时代底色。"音乐剧的制作人、宁波大学教授梁卿说。

宁波大学"红艺轻骑"队以弘扬、传播红色经典文艺与研究高校"美育思政"为主体工作，目前已拥有国家艺术基金项目 2 项、原创音乐剧 2 部、原创歌曲 10 余首、音乐短剧 1 部、学术论文 4 篇，演出足迹遍及北京、上海、延安、遵义、赣州、杭州、嘉兴、宁波等地，获得全国以及宁波精神文明建设"五个一工程"奖等多项行业大奖。"红艺轻骑"队被业界称为"中国原创红歌红剧走基层服务第一团"。

来源：

（1）《中国青年报：宁波大学："大美育模式"让思政教育润物无声》，发布日期：2020/10/29 13：23，作者：中青网见习记者杨宝光　通讯员张芝萍、郑俊朋。

（https://news.nbu.edu.cn/info/1005/39179.htm 宁波大学新闻网）

（2）《敢拼敢"创"！宁大学子获六金六银，斩获全国第二！》（2020-11-20），微信公众号：宁大学工。

【点评】这是一个优秀的"红旅"公益项目，以社会价值为导向，以弘扬及传播红色经典文艺以及研究高校"美育思政"为主体工作，内容创新、学术研究与项目运营充分结合，取得了累累硕果，且具有非常鲜明的学校文化及学科专业特色。宁波大学在二十年探索实践中，形成了由顶层设计到基层落实的联动机制，逐渐形成了兼具硬实力和软实力的美育文化。而项目在学校美育文化的持续培育和熏陶中，诞生、萌芽并茁壮成长，为红色文化资源和新时代高校思政教育融合发展贡献力量，充分体现了学校创新创业教育和思政教育的融合。

【案例三：海蟹富盐碱——全球首创内陆盐碱地海洋牧场开拓者（宁波大学）】

秦康翔，宁波大学海洋学院研究生，出生在河南省开封市兰考县，2014 年来到宁波大学水产养殖专业学习。在校期间，经过 4 年的探索，在导师王欢博士的指导下组建团队，研发出快速逐级梯度淡化技术和低渗选育技术，并调控养殖水体离子浓度，将青蟹移植到盐碱地上养殖，精准助力河南盐碱地农户脱贫攻坚。《光明日报》等媒体对该项成果进行了专题报道。

自 2016 年起，短短 4 年，宁波大学海洋学院水产动物养殖团队逐一攻克青蟹在盐碱地"能不能存活""能不能养殖""能不能出效益"的科研难题,不仅申请了发明专利,还将东海青蟹成功养在了黄河滩上,为当地村民蹚出了一条家门口的致富路。

对宁波大学海洋学院水产动物养殖团队来说,南蟹北征的科研路,既是偶然也是必然。一直以来,青蟹颇受市场欢迎,但仅16万吨的年产量无法满足旺盛的市场需求。2016年,宁波大学团队凭借过硬的科研创新能力承接了浙江省的青蟹养殖研究项目。同年年底,农业部印发《全国渔业发展第十三个五年规划(2016—2020年)》,提出推动盐碱地资源综合开发利用,提升渔业后发地区生产和供应水平。将这些结合起来,团队一下子就找到了新的研究思路。中国大约有4.5亿亩盐碱地,如果能够利用这类土地的特性、攻克盐碱地养殖青蟹的难题,将会为数以千万计的农民带来致富希望。

然而,研究刚起步就遭遇了困难。青蟹所处环境的海水盐分浓度在20%左右,而盐碱地的盐分浓度普遍低于2%,虽说青蟹能适应低盐,但这个"低盐"通常指的是10%的浓度,如果把蟹苗直接放入极度低盐的环境中,蟹苗将会大量死亡。解决"能不能存活"的难题,亟待进行一次试验。

团队共有十多人,宁波大学海洋学院青年教师王欢成为这次试验的操刀者。没怎么接触过实践的王欢对此十分苦恼,直到团队的资深教授王春琳和母昌考给他厘清了突破方向。"教授们的建议是淡化海水。看看青蟹到底能在多低盐度的环境下生存。"王欢说,经过近一年的反复实验论证,团队完成了青蟹低盐适应机制的研究,首次系统揭示出青蟹适应低盐的科学理论。

通过多年探索,团队独创低渗选育技术和快速逐级梯度淡化技术,培育出能适应盐碱地环境的蟹苗。采用离子滤膜技术,精准调控养殖水体二十余种离子浓度,确保青蟹存活率。团队的研究成果已在河南省多家农民养殖户家中进行示范推广,为当地养殖户提供全方位、多层次的拟穴青蟹养殖技术指导与服务。项目成果得到专家、政府、蟹农与工人的一致好评,被中央电视台、《光明日报》等多家媒体争相报道。团队让青蟹养在盐碱地上,让盐碱地变成致富田。

来源:

(1)《宁波大学科技帮扶盐碱地农户走上养殖致富路》(2022-12-28),来源:规划司,中华人民共和国教育部官网(http://www.moe.gov.cn/jyb_xwfb/xw_zt/moe_357/jjyzt_2022/2022_zt04/dongtai/gaoxiao/ 202212/t20221228_1036824.html)。

(2)《榜样!他是"中国大学生自强之星"——秦康翔!》(2023-08-31),微信公众号:宁大青年。

(3)《敢拼敢"创"!宁大学子获六金六银,斩获全国第二!》(2020-11-20),微信公众号:宁大学工。

【点评】"海蟹富盐碱——全球首创内陆盐碱地海洋牧场开拓者"项目整体具有新颖性,开辟了一条新路径,构建了一个全新的产业体系。项目基于严谨的市场调研,依托国家的相关政策和规划,持续多年攻坚克难,通过科技创新、技术突破,最终使项目从实验室落地产业。项目形成了一个可推广、可复制的项目模式,为养殖户提供全方位、多层次的养殖技术指导与服务。项目一方面通过产业带动,引领产业升级,为当地脱贫致富和乡村振兴事业作出了贡献;另一方面在盐碱地动植物共生的生态循环养殖上不断突破,为绿色生态创造了更大的价值，体现了经济效益和社会效益的双赢。

【案例四：扶瑶织梦——瑶族扶贫之路的先行者（贺州学院）】

"扶瑶织梦"立足五岭瑶族贫困地区，依托国家"非遗"瑶族服饰传承基地，由贺州学院设计和营销等专业学生组成创新团队，在校内老师和校外瑶族服饰传承人的指导下，有效建立了"学校（设计研发中心）+基地（瑶绣传承基地）+瑶乡扶贫车间十绣娘"的文化扶贫模式，实现 500 多位乡村绣娘就业，年产服饰 1 万件（套）、各类工艺产品 3.6 万件，带动 360 多位瑶族建档立卡贫困户脱贫，年人均增收 15 000 元以上，有力地助推了瑶族贫困山区脱贫攻坚和乡村振兴。

"扶瑶织梦"团队还把成功的文化扶贫模式带到全国 52 个未脱贫极度贫困县之一的都安瑶族自治县，持续开展"红色筑梦青春路，脱贫攻坚都安行"活动，在都安建立了"扶瑶织梦非遗+文创"产学研基地和国家非遗《密洛陀》传承基地，开展非遗进课堂、文创产品开发、电商带货等活动，并把临时党支部建在创新团队中。2020 年 8 月 21 日，团队得到时在都安指导扶贫工作的教育部副部长钟登华的充分肯定，团队负责人、贺州学院设计学院 2018 级瑶族学生潘水珍的成长事迹，于 10 月 9 日被《人民日报》以"筑梦路上脚步不停"为题进行了专题报道。

潘水珍参与"扶瑶织梦"团队后真正体会到瑶族服饰中蕴含的文化魅力。在校内老师和校外传承人的指导下，团队拜访了 600 多位瑶乡绣娘，录制了 2600 多个小时的视频，拍摄了 3.7 万多张照片，收集了 963 件（套）原生态瑶族服饰，共绘制了 1254 种瑶族纹样，建立了瑶族服饰 IP 地址数据库。

"扶瑶织梦"的"瑶"是"瑶族同胞"的"瑶"，不是"摇摆不定"的"摇"。在以实干帮扶瑶族同胞脱贫致富、以国家级非物质文化遗产瑶族服饰编织美丽中国梦这条路上，他们走得非常坚定！他们将所学专业知识与瑶族传统文化、传统技艺相结合，既传承了非物质文化遗产，又探索出了有效可行的扶贫模式，高效地带动了瑶族贫困地区经济发展。

2020 年暑假，"扶瑶织梦"团队两次前往河池市都安瑶族自治县，与当地企业合作研发一批瑶族文创产品，开展网上直播带货活动，还建立"都安瑶族自治县国家级非物质文化遗产《密洛陀》传承基地"、贺州学院教学科研实习实践基地和"扶瑶织梦"非遗文创产学研基地，助推都安瑶族文化传承与瑶乡脱贫攻坚。

来源：

（1）《骄傲！我校斩获第六届中国国际"互联网+"大赛 1 金 1 银 4 铜》（2020-11-21），微信公众号：贺州学院。

（2）《扶瑶织梦——瑶族扶贫之路的先行者》（2022-11-17），微信公众号：培正创新创业平台（信息来源："中国互联网十大赛交流中心"公众号）。

【点评】"扶瑶织梦"团队成员基于所学专业，立足五岭瑶族贫困地区，依托国家"非遗"瑶族服饰传承基地，构建出一个有效可行的项目模式。在项目中，团队成员将所学专业知识与瑶族传统文化和技艺相结合，既对瑶族非物质文化遗产进行了传承，又高效地带动了瑶族贫困地区的经济发展，有力地助推了当地的脱贫攻坚和乡村振兴，其中包括当时 52 个未摘帽贫困县之一都安瑶族自治县。项目团队通过扎实的实践调研，构建了瑶族文化元素的数据库，为更好地传承和发展非遗文化提供了支撑，有效带动了当地绣娘的就业和增收。项目符合新时代少数民族地区精准扶贫的理念，是一个优秀的"红旅"项目案例。

【案例五：博士村长——贵州脱贫攻坚的一线战士（贵州大学）】

王倩，贵州大学材料与冶金学院 2019 级博士生、黔南州平塘县大塘镇胜安村"博士村长"，贵州大学博士村长团团长。

贵州大学"博士村长"计划于 2017 年 11 月启动，在校长宋宝安院士，金林红、张万萍等专家教授的带领下，组建了一支以博士研究生为主、硕士研究生为辅的"博士村长"实践队，结合贵州大学综合性学科优势，聚全校优势力量组建生态渔业、生态畜禽、精品水果、蔬菜和茶叶等 12 个产业专家团队，形成一支专业的、综合性强的优势力量，在贵州省脱贫攻坚战中发挥了重要作用。截至目前，参与计划的"博士村长"达到 263 人，共组织 91 支实践队伍深入 25 个贫困乡村开展服务活动 500 余次，积极服务脱贫攻坚和乡村振兴。

为了能够更好地帮助村民们进行产业升级，解决村民在生产过程中遇到的难题，博士村长团队建立了"产业+专家+基地+博士村长"的帮扶模式。"博士村长"在工作过程中，把村民遇到的生产难题反馈给相应产业专家，通过专家和"博士村长"的讨论，提出一个有效的解决方案。同时，团队会定期派出各个产业的博士村长到扶贫点进行产业调研，进行技术指导和培训。为了能实时监控各产业在一年四季中遇到的生产难题，贵州大学博士村长团队成立了各产业的联络小组。除本地的团队成员外，团队还邀请了其他当地的贵州大学本科生、硕士生以及博士生参与春耕工作，为沿河县和威宁县的农户发放了 11 万册"技术明白卡"。在威宁县双龙镇的三个村（高坡村、高山村、梁山村），博士村长们完成了 1.1 万亩的蔬菜标准化基地建设，运用各种方式，对当地农户进行线上指导。

三年来，"博士村长"项目主要在做乡村脱贫工作，所服务的"9+3"等地区已经全部实现脱贫。接下来项目的重心转移到下一个目标——乡村振兴，即振兴乡村文化和助力乡村发展，促进第一产业向第二产业、第三产业融合。除了农业，"博士村长"也会往工业这方面发展，如桥梁、隧道建设、机械制造业等方向，未来将结合理工类博士学科优势，走进生产车间、工业车间，出现"博士厂长""博士车间主任"等，为乡村振兴助力。

"博士村长"用他们的实际行动，把"博士村长不是官，为民服务走田坎；博士村长聚成团，打赢脱贫攻坚战"的口号展现得淋漓尽致。同时，他们也希望能够有更多的专业人才加入这个大家庭，一起挥洒不一样的青春，留下不一样的足迹，回忆不一样的人生！

来源：

（1）《青春闪耀扶贫路，贵大"博士村长"有作为！》（2019-09-19），微信公众号：贵州大学。
（2）《博士村长 ‖ 我校博士村长项目获"互联网+"金奖》（2020-12-02），微信公众号：贵研新声。

【点评】"博士村长"项目围绕"打赢脱贫攻坚战"的目标，充分发挥贵州大学的综合性学科优势，从不同的专业方向、聚焦不同产业方向进行帮扶，很好地体现了脱贫攻坚领域的专业性以及扶贫的精准度。在运营模式上，项目创新性地建立了"产业+专家+基地+博士村长"的帮扶模式，在产业扶贫、科技服务、人才支持等方面创造了很大的价值。同时，团队也在项目中实现了科研和扶贫的有机融合，体现了校地联动，是一个以人才振兴推动产业振兴、助力脱贫攻坚和乡村振兴的优秀"红旅"案例。

第四节　第七届大赛"青年红色筑梦之旅"活动

一、第七届大赛"青年红色筑梦之旅"活动解读

本届大赛"红旅"活动的主题是"青春领航乡村振兴，红色筑梦创业人生"。活动的主要目标为：深入贯彻落实习近平总书记给第三届中国"互联网+"大学生创新创业大赛"青年红色筑梦之旅"参赛大学生的重要回信精神，紧扣"建党百年"主题，大力弘扬跨越时空的伟大的井冈山精神，把红色教育、专业教育与创新创业教育相结合，贯穿"四史"教育，全面推进课程思政，厚植学生"爱党爱国"情怀；聚焦革命老区，开展公益创业，引导师生服务乡村振兴，在全国范围内打造一堂主题鲜明的思政大课、实践大课。

（一）要求解读

2021年第七届中国国际"互联网+"大学生创新创业大赛的"青年红色筑梦之旅"活动具有非常特殊的意义。2021年正值中国共产党的百年华诞，作为国内最大的一堂思政大课，当届"红旅"赛道被赋予更多思政教育的内涵和意义。同时，2021年也是在2020年我国脱贫攻坚战取得全面胜利的基础上，巩固脱贫成果并全面推进乡村振兴战略的开局之年。2021年2月21日，题为《中共中央　国务院关于全面推进乡村振兴加快农业农村现代化的意见》的中央一号文件发布，对全年的"三农"工作进行了整体部署。因此，本届大赛"红旅"活动的目标和任务，与国家的乡村振兴战略整体部署有紧密的贴合度。

以2017年的"青年红色筑梦之旅"实践活动为起点，"红旅"活动一直积极探寻和挖掘红色党史精神，既为大学生创新创业提供实际支持，又引导他们增强社会责任感，提高创新能力。"红旅"活动已成为一堂集党史教育课、国情思政课、创新创业课、乡村振兴课、红色筑梦课于一体的，有温度、有深度、有广度、有高度、有气度的中国金课。

本届大赛的"红旅"活动继续把学习贯彻及深入落实习近平总书记的重要回信精神作为核心任务，更大范围、更高层次、更有温度、更深程度地开展"青年红色筑梦之旅"活动。其目标、方向同样也涵盖农业农村发展和社会治理两个板块内容，聚焦革命老区，开展公益创业，引导师生服务乡村振兴。解决农业农村和城乡社区发展的痛点问题，巩固脱贫攻坚成果，助力乡村振兴。在上一届活动方案的基础上，项目组别有一些调整，把商业组进一步划分为创意组和创业组两个组别，因而本届大赛的"红旅"项目分为公益组、创意组和创业组

三个组别。

在思政教育的导向上，本届大赛的"红旅"活动与历届相比，体现了更为丰富的内涵。紧扣"建党百年"主题，大力弘扬跨越时空的伟大井冈山精神，将红色教育、专业教育与创新创业教育相结合，贯穿"四史"教育，全面推进课程思政，厚植学生"爱党爱国"情怀，在全国范围内打造一堂主题鲜明的思政大课、实践大课。

具体要求的核心要点如下。

（1）主要目标。深入贯彻落实习近平总书记给第三届中国"互联网+"大学生创新创业大赛"青年红色筑梦之旅"参赛大学生的重要回信精神，紧扣"建党百年"主题，大力弘扬跨越时空的伟大井冈山精神，将红色教育、专业教育与创新创业教育相结合，贯穿"四史"教育，全面推进课程思政，厚植学生"爱党爱国"情怀，聚焦革命老区，开展公益创业，引导师生服务乡村振兴，在全国范围内打造一堂主题鲜明的思政大课、实践大课。

（2）服务领域。开展公益创业，服务乡村振兴。

（3）聚焦区域。聚焦革命老区，开展公益创业，引导师生服务乡村振兴。

（4）项目要求。在推进革命老区、贫困地区、城乡社区经济社会发展等方面有创新性、实效性和可持续性。公益类项目以社会价值为导向，体现公益价值。创意组和创业组的项目都以商业手段作为项目组织的运营模式，旨在解决农业农村和城乡社区发展的痛点问题，巩固脱贫攻坚成果，助力乡村振兴，实现经济价值和社会价值的融合。

（5）组别分为公益组、创意组和创业组。① 公益组。参赛项目以社会价值为导向，在公益服务领域具有较好的创意、产品或服务模式的创业计划和实践。参赛申报主体为独立的公益项目或者社会组织，注册或未注册成立的公益机构（或社会组织）的项目均可参赛。② 创意组。参赛项目以商业手段解决农业农村和城乡社区发展的痛点问题，巩固脱贫攻坚成果，助力乡村振兴，实现经济价值和社会价值的融合。项目在大赛通知下发之日前尚未完成工商等各类登记注册。③ 创业组。参赛项目以商业手段解决农业农村和城乡社区发展的痛点问题，巩固脱贫攻坚成果，助力乡村振兴，实现经济价值和社会价值的融合。参赛项目在大赛通知下发之日前已完成工商等各类登记注册。项目的股权结构中，企业法定代表人的股权不得少于10%，参赛成员股权合计不得少于1/3。如已注册成立机构或公司，学生须为法定代表人。

（二）国赛金奖项目情况

第七届大赛的"红旅"活动共产生了54个国金项目，其中38个属于农业农村领域，其余16个属于社区治理及公益服务领域。这些优秀项目从党史教育、国情思政、创新创业、乡村振兴、红色筑梦中汲取思想的力量、信仰的力量、实践的力量，用一个个创新创业的生动实践汇聚起民族腾飞的青春力量。以下是三个富有代表性的优秀项目案例。

燕麦博士——打造祖国北疆特色作物产业链升级及乡村振兴新模式（内蒙古农业大学）

项目由农学院"博士夫妇"徐忠山、陈晓晶主持。自2018年至今，项目成员连续4年深入走访内蒙古自治区革命老区、国家级贫困县，通过学校乡村振兴试验站等平台为贫困户免费发放优质品种，并推广以燕麦为主的内蒙古优势特色作物绿色高产栽培技术220余万亩，用走进基层、走进农村的实际行动践行习近平总书记的重要回信精神。

来源：

《突破！2 金 2 银 2 铜！我校在第七届中国国际"互联网+"大学生创新创业大赛取得优异成绩》（2021-10-17），微信公众号：内蒙古农业大学订阅号。

中国首个博士生医疗公益服务团体——复旦大学博士生医疗服务团（复旦大学）

复旦大学博士生医疗服务团成立于 1994 年，着力攻克优质医疗资源不足、分布不均的社会问题，通过 15 项医疗帮扶举措，带动优质医疗资源的整合下沉，充分发挥公益医疗在脱贫攻坚中的"红色血脉"作用。27 年来，博医团坚持为基层百姓提供免费医疗帮扶，足迹遍布 13 省 22 个贫困县、32 所医院，累计行程 10 余万公里，接诊贫困群众 5 万余名，志愿服务时长达数万小时，开展医疗培训 500 余场，送医下乡，惠及革命老区群众，让当地百姓看得好病，被群众亲切地称为"行走在大山深处的白衣天使"。

来源：

《喜报｜复旦大学博士生医疗服务团荣获第七届中国国际"互联网+"大学生创新创业大赛全国总决赛金奖》（2021-10-16），微信公众号：复旦医学生。

近竹者赤——方竹三效融合助力乡村振兴（南京林业大学）

富贵竹团队自 2015 年于红色革命老区遵义市桐梓县的三台村起步，秉持"让小方竹变富'贵'竹"的理念，历时 6 年，扎根桐梓大地，传承长征精神，攻克了当地方竹"苗不行、种不广、管不好"的技术壁垒，首创方竹种子育苗等三项先进技术，获得了 16 项核心专利。在团队助力下，桐梓方竹林面积突破百万亩，方竹产值突破 6 亿元，其方竹林碳汇估值达 4500 万元/年，当地竹农收入增长 5 倍，累计带动 3000 余人返乡就业，成功推动方竹产业升级为桐梓"一县一业"的支柱性产业，实现了桐梓县脱贫攻坚与乡村振兴的有效衔接。

来源：

《5 金！多项第一！我校在第七届中国国际"互联网+"大学生创新创业大赛创造优异成绩》（2021-10-18），公众号：南京林业大学。

本届"红旅"赛道最终产生的 54 个国金项目，充分体现了项目类型多、范围广，整体模式有创新，运营成效可评估，稳健运营可预期，多类教育大融合等特点。

农业农村领域 38 个国金项目具体如表 3-6 所示。

表 3-6　农业农村领域国金项目

序号	参赛项目	学校	项目主要侧重点	内容
1	化"繁"为简——中国新型植棉方式引领者	中国农业大学	产业振兴	棉花产业的转型升级
2	自然卫士——以虫治虫的绿色生物防控技术	南开大学	生态振兴	以虫治虫技术的应用推广

序号	参赛项目	学校	项目主要侧重点	内容
3	梨想——梨果产业升级助力乡村振兴	河北农业大学	产业振兴	梨产业全链条的提质增效。
4	缘起粮油——科技种豆富农，青春筑梦国安	内蒙古大学	产业振兴	油莎草的产业链提升
5	燕麦博士——打造祖国北疆特色作物产业链升级及乡村振兴新模式	内蒙古农业大学	产业振兴	优质燕麦种苗种植的拓展
6	国瑞葡——中国鲜食葡萄栽培新模式	上海交通大学	产业振兴	科技助推果树栽种模式的变革以及行业的升级
7	生态治理革新者——可持续生态治理综合方案	华东师范大学	生态振兴+产业振兴	盐碱地修复转化为牧草基地、海水稻耕地，助推生态修复以及产业发展。
8	秋丰白玉——新型杂交航天蚕引领蚕桑产业振兴	江苏科技大学	产业振兴	优质蚕种的推广及应用
9	近竹者赤——方竹三效融合助力乡村振兴	南京林业大学	产业振兴	方竹全产业链的提质增效。
10	金色庄园——用小草莓托起农民致富梦	江苏农林职业技术学院	产业振兴	草莓全产业链的构建
11	华稻兴镉地——全国首创耕地镉污染生态治理新方案	浙江师范大学	产业振兴+生态振兴	低镉水稻产业推广应用，并与此结合打造耕地镉污染生态治理新模式。
12	移动渔医——全国首创便携式虾蟹疾病防控平台	宁波大学	产业振兴	虾蟹疾病防控
13	渔工巧匠——现代化水产养殖集成设备开发商	宁波大学	产业振兴	对虾及水产的高产稳产优产养殖
14	"秸"后"玉"生——黄淮海秸秆还田公益服务团	安徽农业大学	生态振兴	秸秆高效处理
15	蚝壳惠民——致力土壤治理的公益团队	集美大学	生态振兴	牡蛎壳变废为宝，改良土地，提升农产品产量及品质
16	渔鼎天——高品质野化大黄鱼生态养殖助力产业振兴	闽江学院	产业振兴	大黄鱼人工养殖产业链的推进
17	珍蚌珍美	南昌大学	产业振兴+生态振兴	"鱼-蚌+"生态治水模式，有效治水同时产出经济收入，实现生态、社会、经济三大效益同步提升

序号	参赛项目	学校	项目主要侧重点	内容
18	橙意螨螨——脐橙·生物防治领导者	南昌大学	产业振兴	柑橘科技防螨技术及服务的推广
19	"虾"行天下——变"壳"为宝，助力乡村振兴	江西师范大学	产业振兴	虾壳变废为宝，促进产业循环及协调发展。
20	嗒嗒苗木——全球首创脐橙苗木开拓者	赣南师范大学	产业振兴	脐橙新品种无毒苗木的选育及推广
21	百年好合——百合照亮井冈乡村振兴路	井冈山大学	产业振兴	发展百合产业，助力革命老区的发展，实现乡村振兴，帮助农户走向共同富裕
22	一线生鸡——行业标准制定者振兴路上"鸡"先锋	南昌师范学院	产业振兴	土鸡"选好种、教他养、收他鸡、帮他卖、共振兴"的可复制可推广助农模式
23	共"桐"富裕——国家战略资源油桐产业的领导者	鲁东大学	产业振兴	油桐的育种、栽培及产业链延伸开发
24	杉里寻钻：红豆杉产业创新助力乡村振兴	华中科技大学	产业振兴	基于紫杉醇高效提取技术的创新和突破，带动了红豆杉种植业的发展。
25	"硒"望无限——专注为相对贫困地区提供精准公益富硒服务	中国地质大学（武汉）	产业振兴+人才振兴	富硒农作物的帮扶以及农民知识及技能培训，助力农业转型提质增效。
26	伏膜科技——为中国农田换新衣	华南理工大学	生态振兴	绿色环保地膜的推广及应用
27	珍珠产业 4.0——引领世界珠宝行业进入新时代	广东海洋大学	产业振兴	珍珠产业链的整合及推进
28	乡味 U 选——致力于成为乡村产业振兴的领跑者	深圳职业技术学院	产业振兴	农产品产供销一体化平台，促进原产地食材与消费市场的连接。
29	氮先锋——等离子绿色农业固氮技术引领者	重庆大学	生态振兴	固氮技术助力绿色农业的发展。
30	作茧致富：智能养蚕用科技助梦乡村振兴	西南大学	产业振兴	智能养蚕系统的推广及应用助力养蚕业的发展。
31	泥巴包裹的黄金——黄泥腊肉助力乡村振兴	西南石油大学	产业振兴+生态振兴	腊肉环保生产技术的应用，带动产业的绿色发展
32	香草芊芊——提高农作物免疫诱抗能力的新型国产"植物疫苗"开创者	贵州大学	产业振兴	新型植物免疫诱抗剂——香草硫缩病醚的应用，助力农作物增质提产。

序号	参赛项目	学校	项目主要侧重点	内容
33	红岭金——边疆少数民族老区乡村振兴助推器	云南大学	产业振兴	乡村振兴整体服务
34	多年生稻——中国粮食安全"新防线"	云南大学	产业振兴	多年生稻的大面积推广
35	零碳科技——碳中和技术引领者	西安交通大学	产业振兴	富碳农业创新方案在农业大棚的成功运用，助力农业增产和农民增收。同时赋能国家双碳目标的实现。
36	天山云海——棉花生产智慧精准管理技术服务团队	石河子大学	产业振兴	棉花生产智慧精准管理技术的推广及应用。
37	光藻科技——微藻贴壁技术净化水质的先行者	宁波大学	生态振兴	微藻生物膜贴壁培养技术的创新应用助力农村污水治理，赋能乡村的生态绿色发展。
38	毕业的选择——斛马仕助力石斛产业赋能乡村振兴	安徽农业大学	产业振兴	石斛产业的提升及推广

大部分优秀项目都以产业振兴作为目标，以某种作物或者农产品为切入点，用科技创新结合模式创新的方式来解决育种、种植、养殖、加工、销售等一个或者多个环节的问题，推动产业提质增效，助力乡村振兴。

对于生态振兴和可持续发展，一些项目将废弃物"变废为宝"，在解决农村生态问题的同时，又在产业振兴、质量兴农方面产生了成效，促进了产业循环与协调发展。微藻贴壁技术净化水质、生物可降解绿色地膜盐碱地的修复利用、秸秆的高效处理等创新技术，在乡村生态问题解决上都取得了很好的应用实效。

对于一些代表未来农业发展方向的科技，如"富碳农业"的技术，也在本届大赛的"红旅"国金项目中有所展现，体现了创新方向与行业发展的前瞻性。

社区治理及公益服务类16个国金项目具体如表3-7所示。

表3-7 社区治理及公益服务类国金项目

序号	项目名称	高校	内容
1	智汇——中国社区治理智慧生态的首创者	北京邮电大学	科技赋能社区服务
2	匠绣芳华——创新非遗传承振兴"蒙绣"产业的践行者	内蒙古师范大学	蒙绣的传承及推广+绣娘创业就业帮扶
3	中国首个博士生医疗公益服务团体——复旦大学博士生医疗服务团	复旦大学	基层公益医疗帮扶
4	文物方舟——科技赋能文物数字化保护领军者	浙江大学	数字化赋能文物数字化以及中国传统文化的传播

序号	项目名称	高校	内容
5	泔净生活——城镇易腐垃圾就地生物法处理新体系	浙江工业大学	城镇易腐垃圾的就地快速安全高效转化处理
6	生命之光——国内器官捐献新思维的领航者	温州医科大学	器官捐赠事业的推动及人文关怀
7	拇指宝贝——先天四肢畸形儿童多维救助体系先行者	温州医科大学	欠发达地区的先天四肢畸形儿童救助
8	微公益——数字公益平台的"温州"样本	温州大学	数字赋能公益事业的提质增效。
9	银巢未来——一站式养老服务引领者	浙大宁波理工学院	积极养老创新模式的落地及推广
10	行走的教科书——全球首创中国钓鱼岛数字博物馆	福建师范大学	中国钓鱼岛数字博物馆,彰显爱国主义。
11	校园啦啦操公益培训——筑梦学生健康快乐美丽之旅	南昌大学	啦啦操运动的城乡社区推广
12	七彩动画城——视障学生动画疗育先行者	重庆大学	视障儿童群体的关爱及教育帮扶。
13	肺常好——呼吸道感染疾病精准防控赋能基层医疗	四川大学	呼吸道感染疾病精准防控赋能基层医疗,守护民众健康。
14	乡振智疗——聚焦乡村医疗人才,赋能乡村医疗建设	四川大学	乡村医疗人才的培育,赋能乡村医疗建设
15	大山里的孩子在编程——科技星火计划公益服务团	南京大学	科技支教新公益体系,面向山区留守儿童长期开展"科技扶志扶智"志愿服务,关爱山区留守儿童思维教育和成长
16	翱翔公益——全国最大的"医社联动"新型健康助老公益团队	西南石油大学	"医社联动"健康助老新模式的创新和应用,新型健康助老公益生态体系的构建。

从16个城乡社区领域的国金项目中可以看出,社区治理、医疗帮扶、居民养老、特殊群体的儿童关爱和帮扶、中国传统文化的传承与发扬、爱国主义教育、乡村医疗帮扶等多种类型的项目百花齐放,在弘扬社会主义核心价值观、解决各类社会实际问题方面,取得了明显成效。

一些项目也体现了基于多学科交叉的技术和产品创新,如通过 AI 和大数据技术在文物再现和活化中的应用、多视觉深度神经网络技术与医疗诊断的结合等,为相关公益事业的开展提供了重要的支撑。

二、第七届大赛"青年红色筑梦之旅"活动优秀案例展现

【案例一：复旦大学博士生医疗服务团（复旦大学）】

复旦大学博士生医疗服务团（简称"博医团"）是一支 1994 年成立的队伍，自成立至今已有 27 年历史。一路走来，博医团践行复旦大学"团结、服务、牺牲"和"为人民服务、为强国奋斗"的精神，秉承"真情暖心·造血连心·医德育心"的"三心"宗旨，努力为推进健康中国建设贡献力量。曾获得"国务院扶贫办志愿者扶贫 50 佳案例""上海市青年五四奖章""上海市教卫工作党委系统十佳好人好事""上海高校最佳志愿服务项目""公益之申 2021年校园年度十佳"等多项荣誉。

博医团成员由复旦大学的博士生和各附属医院优势科室的专家教授组建而成，着力攻克优质医疗资源不足、分布不均这一社会问题，经过多年时间探索构建跨学科、多层次、广地域、多形式的四维科学帮扶体系，探索形成"三全三提（T）五加十"的医疗帮扶工作体系，通过 15 项医疗帮扶举措，以公益医疗带动国家优质医疗资源的整合下沉。通过送医下乡、建立转诊通道，让老百姓看得好病，解决基层优质医疗资源不足的问题；通过开展健康科普、开展互联网+医疗，让医疗欠发达地区的群众看得起病，让群众树立健康意识，避免小病变大病；通过手把手示范、搭建联培联训平台，让当地有好医生，提升中国基层医疗人才能力，改变人才流失现状；通过制定最新诊疗规范、优化完善医院制度，让基层有好医院，改变基层医院诊疗不规范、流程无序的状况。充分发挥公益医疗在脱贫攻坚中的"红色血脉"作用，为当地建立起"一支带不走的医疗队"，以实际行动践行"为人民服务、为强国奋斗"的使命担当。

27 年来，博医团坚持为基层百姓提供免费医疗帮扶，前后共募集博士生志愿者 200 余人次、专家志愿者 50 余人次，足迹遍布 13 省 22 个贫困县、32 所医院，累计行程 10 余万公里，接诊贫困群众 5 万余名，志愿服务时长达数万小时，开展医疗培训 500 余场，送医下乡，惠及革命老区群众，让当地百姓看得好病，被群众亲切地称为"行走在大山深处的白衣天使"。

经过多年积累，复旦大学博医团构建了"三全三提（T）五加十"的帮扶模式，针对医疗帮扶、人才赋能、专业培训进行提升，实行"五加十"帮扶举措，开展大型为民义诊、医学科普宣讲、科室会诊、示范查房、送医下乡五大医疗帮扶活动，为当地群众提供全方位、全领域、全覆盖的医疗帮扶。

博医团所到之处，带去的不仅仅是短期帮扶，还以培养更多医学人才为己任，在人才培养方面拓展 10 项，开展科室学术讲座、手术示教等，为各地医院提供专业咨询指导，手把手示范、搭建起联培联训平台，帮助基层医生完成人才赋能。同时，也帮助当地医院完善专业人才培养体系。进行疑难病例讨论，建立科室研究体系，更新临床诊治指南，不断优化完善医院制度，让各地有好医生，也有好医院，充分发挥公益医疗在健康扶贫中的作用，为当地输血、造血、活血。

博医团的成员们不忘救死扶伤的初心，将个人及团队的医学特长融入国家扶贫战略中，到祖国最需要的地方，提供最有效的服务，大力推行基层医疗精准扶贫，积极助力卫生人才帮扶，充分发挥公益医疗在脱贫攻坚中的"红色血脉"作用。团队将继续发挥青年在互联网

上的优势，打造"无围墙的医院、零距离的医生、不间断的医疗服务"新公益模式，实现医疗资源共建共享。

来源：

（1）《留下一支支"带不走的医疗队"！复旦大学博士生医疗服务团走过 30 年》（2024-03-18），微信公众号：中国青年志愿者。

（2）《光明日报》2024 年 03 月 15 日 04 版（记者：颜维琦、孟歆迪，通讯员：金雨丰）。

【点评】复旦大学博士生医疗服务团诞生后历经 27 年，终于站在"互联网+"大赛的最高领奖台上。二十七年来，项目团队不忘初心，薪火相传，扎根中华大地，奉献青春和热血，充分发挥公益医疗在脱贫攻坚中的"红色血脉"作用，以自身的行动回应了习近平总书记在 2016 年召开的全国卫生与健康大会上的重要讲话："没有全民健康，就没有全面小康。"

项目充分与学校的平台资源优势、学科专业特色以及基层医疗的实际情况相结合，跨学科、多层次、广地域、多形式，探索形成"三全三提（T）五加十"的医疗帮扶工作体系，并在多地成功落地，以公益医疗带动国家优质医疗资源整合下沉，造福当地百姓。整个项目把党史教育课、国情思政课、创新创业课、乡村振兴课、红色筑梦课有机地融合在一起，持续赋能国家公益医疗事业的发展，体现了一代又一代青年大学生的情怀和担当。

【案例二：近竹者赤——方竹三效融合助力乡村振兴（南京林业大学）】

将实验室搬到贵州遵义桐梓县，攻克种苗品质较差、种植地域受限、低产低效等难关，首创的方竹种子育苗等技术获 16 项核心专利，南京林业大学"近竹者赤——方竹三效融合助力乡村振兴"项目团队成果丰硕。2021 年，南京富贵竹业科技有限公司在南京林业大学水杉大学生创业园注册成立。在团队持续助力下，桐梓方竹林面积突破百万亩，当地竹农收入增长 5 倍，方竹产业升级为支柱性产业。

破解方竹种植难题，课堂搬进田头

2020 年，王闻天作为主要负责人参加团队，结合当地复杂的地理环境，深入分析技术难点，带领团队先后攻克了种苗品质较差、种植地域受限、低产低效等难关，首创的方竹种子育苗等技术获得了 16 项核心专利。在查阅大量文献之后，王闻天和团队决定将方竹种植的最低海拔降低 100 米，扩大约 38 亩方竹种植面积。他们还给当地老百姓带去三大技术法宝：种苗优选技术，教会竹农们如何造林；快速满园技术，使新造林产笋周期由 8 年缩短至 4 年；生态优培技术，将竹林亩产由 150 斤提高到 800 斤。在团队的指导和帮助下，当地竹农种植的竹子长得又快又好。

"我们相当于'遥控器'，很多复杂的科技原理竹农不懂，我们就到田间地头示范，手把手教会他们。"王闻天说，他每年不间断地走进大山，住在农民家或者山上的工棚里，教竹农学会方竹的种植方法。

坚持科技创新，创业项目落地生"金"

为更好地打响方竹品牌，帮助当地竹农扩大销售市场，2021 年，王闻天成立"南京富贵竹业科技有限公司"，与当地合作社签订植保服务、竹苗销售等合作意向。截至目前，公司已获订单总价值 660 万。在团队助力下，桐梓方竹林面积突破百万亩（101 万亩），方竹产值突破 6 亿元，其方竹林碳汇估值达 4500 万元/年，当地竹农收入增长 5.4 倍（由 2017 年 1170 元增长到 2020 年 6319 元），累计带动 3715 人返乡就业，方竹产业从业人数 52 761 人。

来源：

《林苑达人秀 | "互联网+"红旅赛道金奖获得者：在黔北山区书写"绿色佳话"》（2022-03-25），微信公众号：南京林业大学。

【点评】"近竹者赤——方竹三效融合助力乡村振兴"项目的服务区域为革命老区遵义市桐梓县。项目团队在通过方竹产业推进当地乡村振兴事业发展的同时，很好地将红色教育、专业教育与创新创业教育相结合，厚植"爱党爱国"情怀。

作为通过产业振兴助力乡村振兴的典型项目，本项目充分结合南京林业大学的专业学科优势，从优良种苗的培育和提供、种植技术的提升等方面入手，促进了当地方竹产业的提质增效。同时，通过商业运营，将产供销几个环节充分衔接，对当地农民脱贫致富、返乡就业，推动乡村振兴的发展起到了积极的带动作用。项目团队的持续努力，成功推动了方竹产业升级为桐梓"一县一业"的支柱性产业，实现了桐梓县脱贫攻坚与乡村振兴的有效衔接。

【案例三：生态治理革新者—— 可持续生态治理综合方案（华东师范大学）】

2017 年，项目团队负责人王丰毅在华东师范大学河口海岸科学研究院就读期间，凭着对生态修复的关注与热爱，和同学开始创业并成立了瑛菲生态科技（上海）有限公司。之后，王丰毅带领的项目团队入驻华东师范大学大学生创新创业孵化基地。

作为参赛团队成员，生态与环境科学学院 2021 级硕士研究生吴潇宇通过项目看到了我国生态治理的现状、行业痛点难点，对守护好绿水青山、实现人与自然和谐共生有了更深理解。"习近平总书记说：'良好生态环境是最普惠的民生福祉。'今后，我要继续通过创新创业做好'为绿水青山谋存续，为人与自然求和谐'，为国家生态环境事业奉献青春力量。"

生态修复、科学绿化是新趋势，是绿水青山转变为金山银山的保障。3 年前，王丰毅来到新疆伊犁霍城县清水河镇，看到这里的撂荒土地严重盐碱化，当地曾使用大水漫灌修复，却只换来盐生植物骆驼刺，缺乏植物生长的基质条件，缺乏合适种质资源和易普及种质技术，缺乏可持续产业以形成产出反哺维护成本。在中华环保基金会的支持下，王丰毅带领技术团队实地调研后提出可持续生态解决方案，得到当地认可，开始参与伊犁草地生态修复示范项目，改善牧业村土地盐碱化状况，探索"生态+产业"乡村振兴之路。

团队研发出一项新的生态修复技术：首先使用生态界面，为修复先锋植物提供良好根系发育空间，像一层"生态皮肤"；再进行生物多样性环境本底检测，制成"即插即用"的产品化微生物包埋块，活化改良盐碱土壤；然后基于盐碱植物种质资源库，通过特异性驯化，配合自主研发的丸粒化种子保护技术，增加物种环境抗逆性，提升萌发存活率。通俗地讲，就是以当地农业纤维性废弃物为主要原料制作一层"大地皮肤"，里面有适合生长的植物种子和环境调节剂，将"皮肤"覆盖在生态受损区域后可以重新长出植物，并逐渐与原来地表融为一体。120天后，技术团队在伊犁种出了第一批高耐盐牧草——苏丹草。相比传统技术，新的技术体系至少缩短一半修复周期，降低 20% 的修复成本，修复过程不产生任何破坏性，增收幅度达到 300%，能够满足农民增收和维护成本的需求。

在团队的指导下，项目区已经开始尝试种植薰衣草。目前，在全国范围内进行 2700 亩的治理和产业打造，每千亩可带动就业近 50 人，亩均增收约 2500 元，年人均增收 2.5 万元，打造了乡村振兴的一种新模式。据测算，伊犁项目模式在西北地区有 10 万亩可推广面积。至今，"生态界面修复系统"技术已经成功运用于新疆伊犁盐碱地修复、河北草地修复、平湖海岸带修复和上海、江苏城市河道与湿地公园建设等。过去的盐碱地如今种出了苏丹草、苜蓿草，全国累计完成 429 万平方米生态修复，间接带动近 3000 人就业。

来源：

记者余闯，通讯员朱文佳、陆诗依：《"科学绿化"助力生态修复产业振兴》，《中国教育报》（2021-11-03）。

【点评】"生态治理革新者——可持续生态治理综合方案"项目以生态修复、科学绿化为切入点，通过科技创新实现了对盐碱地的高效生态恢复，构建了可持续的生态治理综合方案。项目体现了很好的产业带动能力，对解决当地农牧民就业增收、推动乡村振兴事业的发展起到了非常大的作用。项目体现了产业振兴和绿色发展的特点，探索出乡村振兴的新模式，实现了经济效益和社会效益的双赢。项目模式可复制、可推广，且应用潜力巨大，为绿水青山转变为金山银山提供了有效支撑。

【案例四：珍蚌珍美（南昌大学）】

珍珠蚌+鲢鱼、珍珠蚌+鳙鱼、珍珠蚌+甲鱼……这可不是什么美食菜谱，而是南昌大学"珍蚌珍美——生态治水新模式，乡村振兴新动力"项目的治水模式。在第七届中国国际"互联网+"大学生创新创业大赛青年红色筑梦之旅赛道中，该项目夺得创意组金奖。

清澈见底的鱼缸内，珍珠蚌和各种鱼类和谐相处，这项生态治水技术吸引了众多参展人员的关注；一旁的展台上，色泽光亮、精美时尚的各式珍珠饰品更是吸"睛"无数。

一蚌两用，这是一个既美丽又净水的项目。项目能以鱼肥水、以水生藻、以藻养蚌，珍珠蚌吃掉污染水质的藻类等微生物，水生物种和珍珠蚌构成和谐共生的生态系统。用生态的方式来治理生态，让水更清、河更美。投放到污染水源内的珍珠蚌，还能产出珠圆玉润、光芒闪耀的珍珠。小小一只蚌，既净化水质又带来可观的经济效益。

可别小看项目团队所选用的珍珠蚌，它是整个项目技术的核心——国家水产新品种——池蝶蚌"鄱珠 1 号"。"鄱珠 1 号是团队自主培育的国家水产新品种，是名副其实的产珠大王。"项目团队教师胡蓓娟告诉记者，池蝶蚌原产日本，学校技术团队将其引进后，用 20 年的接续技术攻关，培育出了这种病害少、滤水效率高、产珠品质优的"鄱珠 1 号"。团队不但培育出新品种，还有 2 项技术获得江西省科技进步奖，并且申请了多项专利。因为有长达 20 年水质治理的资料、数据和经验，团队还开发了一套 AI 系统，能有效预测水体的富氧变化。"我们不但能治理水，还能根据不同情况下的水体，量身定制生态治理方案，用新的理念防治水质污染。"话语里充满着自豪感。

20 年来，一批批教师、学生加入这个项目团队，充分发挥科技创新的优势，攻克了一个个科技难关。年轻的队员在老师的带领下，长年扎根乡村，开展科学研究、技术培训，解决农户的各种养殖问题。团队足迹遍布江西、重庆、天津等省市，助力南丰县、万年县、都昌县成为产业特色县。项目一头连着教育教学和生产实践，一头连着项目培育和成果，大家虽然非常辛苦，但是乐在其中。

如今，项目在全国已累计推广 30 万亩，覆盖 5 个省份 2 个直辖市；项目治理水域总面积超过 1 万亩，建立了 5 个项目示范基地，带动就业 6000 余人。

来源：

记者李芳：《珍珠蚌里的生态经济》，《江西日报》，2021-10-28。

【点评】"珍蚌珍美"项目团队自主培育国家水产新品种池蝶蚌"鄱珠 1 号"，将其病害少、滤水效率高、产珠品质优的特性与水产养殖行业的水质净化场景相结合，不仅产生了优良的生态效应，还带动了相关产业的发展，助力了乡村振兴。围绕核心功能，团队还根据不同情况下的水体量身定制生态治理方案，让项目具有更广泛的适用范围，打造出一个可复制、可推广的项目模式，取得了明显的推广效果。项目以生态振兴带动产业振兴，激发乡村振兴的活力，切实解决了农民的生态产业问题，也促进了经济增长，很好地实现了经济效益和社会效益的双赢，是"传承红色基因，实现科技助农，构建和谐生态"的典范案例。

【案例五："秋丰白玉"——新型杂交航天蚕引领蚕桑产业振兴（江苏科技大学）】

团队基于战略合作单位国家级蚕桑科研单位中国农业科学院蚕业研究所，在全球最大的不可再生蚕种质基因库中进行了耐氟性状的调查，经过两代科学家接力攻关，育成耐氟抗逆性强、茧丝质优良、适合夏秋季使用的优质蚕种"秋丰白玉"。目前团队依托世界领先的杂交蚕种驯养培育技术，在蚕桑重点县镇建立工作站，为养蚕散户提供对接口和抗氟病的"秋丰白玉"，同时为当地蚕农提供技术指导，解决了蚕种粗放式养殖下对氟的免疫；在广西和贵州蚕种养殖区的中试证明，新型杂交蚕种的收茧量和产丝量都高于当地现用各类蚕品；通过精准驯养技术解决了蚕农养殖全周期中遇到的致病率高、生丝量少等困境，先后制定了 11 套蚕桑养殖标准并通过了农业农村部认证，填补了国内家蚕驯养培育标准空白。通过以 50 元/kg 的价格收购蚕农蚕丝（以及其他蚕衍生品）实现农民增收，通过蚕种联盟 B 端需求确保蚕农销售渠道，在实现项目团队经济价值的同时，助力乡村振兴，推动广西、贵州等地蚕桑产业多元化和高效发展。

现阶段项目已在多地顺利开展，其中在百色市建立三个示范点，发展 800 户合作社员，年产蚕茧 12 批共 61000 公斤，实现年增收 300 多万元。新型蚕种"秋丰白玉"被选为载人航天飞船"天宫二号"的航天实验品种，并被指定为国家蚕品种试验对照品种。其公益模式被收录在中国志愿服务项目优秀案例库中，并获中国第三届志愿服务项目大赛金奖，以及"全国十佳路演项目""中国第四届志愿服务项目大赛全国品牌示范项目"称号。截至 2019 年，团队研发的优质耐氟蚕品种"秋丰白玉"在国内推广 2644.5 万盒，输出国外 435.46 万盒，产生经济效益 71.54 亿元，并帮助广西、贵州等地 3 万余户蚕农亩产增收 35% 以上，覆盖贫困户 5000 余家。在浙江省的推广量达到 47.335 万张，占全省总量的 90.39%，尤其是在嘉兴、湖州等氟化物污染严重的重点蚕区，"秋丰白玉"耐氟品种的推广基本达到全覆盖，已经为浙江省带来 22 亿元的经济利润。广西壮族自治区通过引进农科院蚕研所的系列蚕药及蚕病防治技术，将当地蚕病发病率从 12.5% 降低至 8%，部分蚕区如环江等县效果尤为突出，平均蚕病发病率降低 6%，平均每张增产蚕茧 5～6 公斤，增收约 100 元。目前已经为当地蚕农累计增产蚕茧 449 万吨，总增收效益 11 亿元。

来源：

《"研"途人物丨白致远：因志愿定致远》（2023-05-24），微信公众号：江苏科技大学研究生。

【点评】"'秋丰白玉'——新型杂交航天蚕引领蚕桑产业振兴"项目基于江苏科技大学和国家级蚕桑科研单位中国农业科学院蚕业研究所的平台资源，通过科研成果的具体转化，助推乡村振兴，在优良蚕种的培育和推广、新型养蚕以及蚕病防治技术的实施等方面进行了突破。项目在多个区域有力地推动了养蚕业的提质增效，扩大了养殖规模，提高了蚕农收入，有效助力国内养蚕业的良性发展，体现了巨大的经济效益和社会效益。

第五节　第八届大赛"青年红色筑梦之旅"活动

一、第八届大赛"青年红色筑梦之旅"活动解读

本届大赛"红旅"活动的主题是"红色青春筑梦创业人生，绿色发展助力乡村振兴"。活动的主要目标为：深入贯彻落实习近平总书记给"青年红色筑梦之旅"活动参赛大学生的重要回信精神，围绕迎接党的二十大胜利召开，将思政教育、专业教育与创新创业教育相结合，传承红色基因，坚定理想信念，全面推进课程思政，涵养青年学生家国情怀；以新工科、新医科、新农科、新文科助力"新农村、新农业、新农民、新生态"建设，引导师生扎根基层创新创业，推动乡村振兴取得新进展、农业农村现代化迈出新步伐。

（一）要求解读

中国共产党第二十次全国代表大会在 2022 年 10 月胜利召开。本年度举办的第八届中国国际"互联网+"大学生创新创业大赛的"青年红色筑梦之旅"赛道的主线及目标与此紧密联系，具体包括：深入贯彻落实习近平总书记给"青年红色筑梦之旅"活动参赛大学生的重要回信精神，围绕迎接党的二十大胜利召开，将思政教育、专业教育与创新创业教育相结合，传承红色基因，坚定理想信念，全面推进课程思政，涵养青年学生家国情怀。

当年的中央一号文件在 2 月 22 日下发，其中的主要任务是：推动乡村振兴取得新进展，农业农村现代化迈出新步伐。同时，围绕高校"新工科""新农科""新医科""新文科"的"四新"建设大背景与国家乡村振兴战略和任务的深入，大赛目标定为：以新工科、新医科、新农科、新文科助力"新农村、新农业、新农民、新生态"建设，引导师生扎根基层创新创业，推动乡村振兴取得新进展、农业农村现代化迈出新步伐。

本届大赛的"红旅"赛道继续把学习贯彻及深入落实习近平总书记的重要回信精神作为核心任务，更大范围、更高层次、更有温度、更深程度地开展"青年红色筑梦之旅"活动。

本届大赛的"红旅"赛道的目标涵盖农业农村和社会治理两个板块内容，聚焦解决农业农村和城乡社区发展面临的主要问题，助力乡村振兴和社区治理。在乡村振兴部分，聚焦"新农村、新农业、新农民、新生态"建设，围绕乡村"产业振兴、人才振兴、文化振兴、生态振兴、组织振兴"的相关要求，在社区治理方面，引导师生扎根基层创新创业，了解实际情况，解决实际问题，创造社会效益。

在项目组别的规定上，延续了上一届三个组别的形式：公益组、创意组和创业组。但创意组的具体项目主体形式没有限制，可以是公益运营模式，也可以用商业手段运营。更加强调参赛项目基于专业和学科背景或相关资源，解决农业农村和城乡社区发展面临的主要问题。在体现清晰目标导向的前提下，体现了更多的灵活性。

相比于上一届公益组的具体要求"参赛项目以社会价值为导向，在公益服务领域具有较好的创意、具有产品或服务模式的创业计划和实践"，本届大赛公益组的要求调整为："参赛项目不以营利为目标，积极弘扬公益精神，在公益服务领域具有较好的创意、产品或服务模式的创业计划和实践。"更加突出不以营利为目标的公益性，积极弘扬公益精神，引导青年学子服务社会、投身公益、厚植家国情怀，成为社会主义事业合格建设者和可靠接班人。

在思政教育的目标任务上，围绕迎接党的二十大胜利召开，将思政教育、专业教育与创新创业教育相结合，传承红色基因，坚定理想信念，全面推进课程思政，涵养青年学生家国情怀。把立德树人的根本任务深入贯彻落实到创新创业教育与实践的各个环节。

具体要求的核心要点如下。

（1）活动目标。深入贯彻落实习近平总书记给"青年红色筑梦之旅"活动参赛大学生的重要回信精神，围绕迎接党的二十大胜利召开，将思政教育、专业教育与创新创业教育相结合，传承红色基因，坚定理想信念，全面推进课程思政，涵养青年学生家国情怀；以新工科、新医科、新农科、新文科助力"新农村、新农业、新农民、新生态"建设，引导师生扎根基层创新创业，推动乡村振兴取得新进展、农业农村现代化迈出新步伐。

（2）服务领域。解决农业农村和城乡社区发展面临的主要问题，助力乡村振兴和社区治理。

（3）项目要求。在推进农业农村、城乡社区经济社会发展等方面具有创新性、实效性和可持续性。公益类项目以社会价值为导向，体现公益价值。创意组和创业组参赛项目的目标都在于解决农业农村和城乡社区发展面临的主要问题、助力乡村振兴和社区治理，实现经济价值和社会价值。创业组要求基于企业运营模式来具体展开，与上一届大赛相比有一定调整。创意组对于具体的运营模式没有限制，体现了一定的灵活性，更多的是考查项目与团队的专业和学科背景以及与相关资源的关联度。

（4）组别分类：公益组、创意组、创业组。①公益组。参赛项目以社会价值为导向，在公益服务领域具有较好的创意、具有产品或服务模式的创业计划和实践。参赛申报主体为独立的公益项目或者社会组织，注册或未注册成立的公益机构（或社会组织）的项目均可参赛。②创意组。参赛项目基于专业和学科背景或相关资源，解决农业农村和城乡社区发展面临的主要问题，助力乡村振兴和社区治理，推动实现经济价值和社会价值。要求参赛项目在大赛通知下发之日前尚未完成工商等各类登记注册。③创业组。参赛项目以商业手段解决农业农村和城乡社区发展面临的主要问题、助力乡村振兴和社区治理，实现经济价值和社会价值，推动共同富裕。参赛项目在大赛通知下发之日前已完成工商等各类登记注册，学生须为法定代表人。项目的股权结构中，企业法定代表人的股权不得少于 10%，参赛成员股权合计不得少于 1/3。

（二）国赛金奖项目情况

第八届大赛的"红旅"活动共产生了 55 个国金项目，其中 36 个属于农业农村领域，其余 19 个属于社区治理及公益服务领域。这些优秀项目从党史教育、国情思政、创新创业、乡村振兴、红色筑梦等方面切入，充分扎根中国大地，了解国情民情，通过创业实践使思想得到升华、能力和素质得到提升，在创新创业的火热实践中成就一番事业，把青春梦创新创业梦融入伟大的中国梦，为推进乡村振兴、促进共同富裕贡献出青春力量。下面是四个富有代表性的优秀项目案例。

"渔"杰冰清——护江使者振兴先锋（南京农业大学）

江阴市冰清养殖有限公司成立于 2021 年，主营"冰清"牌河豚、鲥鱼和刀鱼，并已逐步形成以"长江三鲜"为特色，集观光、休闲、生态、科普于一体，具有农家特色、现代气息的水产综合示范基地。公司是农业农村部健康养殖示范场、国家科普示范基地、南京农业大学无锡渔业学院生产实习基地。公司目前已成功掌握河豚、鲥鱼、刀鱼等名特优鱼类领先的繁殖养殖技术，成为水产行业绿色、生态、健康、优质的生鲜标杆。公司以"传承水清岸绿，帮助业兴人和，带动江宽水阔"为使命，以"保护母亲河，拯救长江濒危鱼类，带领农户共同富裕"为己任，积极创建长江特种水产品"育繁推"一体化、"产加销"一条龙的全产业链运营模式，致力于发展成为一家专注绿色与品质、主打健康养殖与生态修复的高科技渔业企业，争做新时代行业模范和振兴先锋。

来源：

《四强出炉！"互联网+"冠军争夺赛就在明天》（2022-07-18），微信公众号：南京农业大学。

丝路衣"尚"——新时代民族特色服饰织造者（苏州大学）

苏州大学纺织与服装工程学院 8 位师生组成"苏纺援疆实践团"，长途跋涉 4000 余公里，走访巴楚、库车、库尔勒、叶城、伊宁、阿瓦提等地近 20 家公司和政府部门，利用自身专业优势，助力新疆纺织服装行业转型升级，为 11 家纺织公司和 3 家职业技术学校送去了知识和技术。团队创新将非遗技艺融入现代婚纱设计，创立了集设计、生产、销售于一体的新疆本土婚纱品牌——德鲁纳。目前公司拥有 1000 平米工厂、2000 平米展厅，并已推出 508 款婚纱、137 款西装、52 款礼服，其中 154 款婚纱融入了民族元素。婚纱产品不但在中国广受欢迎，还走出国门、远销海外。团队勇敢追梦、反哺家乡的创业故事也在 2021 年、2022 年连续两次被央视专题报道近 30 分钟。

来源：

《点赞！这位苏大学子登上〈人民日报〉》（2023-05-22），微信公众号：苏州大学。

黔程无忧——扶智教育助力乡村旅游的智慧发展之路（天津大学）

黔中大地山好水美，风物宜人。当地正在培育特色旅游乡村，促进群众增收致富。然而，这些村寨地处少数民族地区，留守妇女和老人居多，缺乏开展旅游服务的经验和技能，这成为当地开发旅游业的一大阻碍。通过多种渠道了解到当地的这一困境后，天津大学"黔程无忧"实践队于今年暑假来到贵州省山区开展暑期社会实践。师生们走进大山，对贵州省石阡、从江、玉屏等 6 个县区逐一实地走访调研。通过分析数据、构建模型，大家决定通过夜校教学赋能乡村旅游发展，用一盏盏"小夜灯"照亮大山深处的致富路。学生们接连利用当地"楼上古寨夜校""贵运社区夜校"等平台开展了 5 批次夜校课程。夜校为期两周，开设基础文化、旅游服务、技能提升和民俗文化等四大类课程。

同时，团队自主开发了面对乡村旅游的智能平台，涵盖旅游领域的"吃住行娱购"一站式服务，实现了乡村百姓在家门口就能就业。经过五年的探索，形成了"黔程无忧"乡村旅游发展模式，并进一步在贵州省内外进行项目拓展。五年来，项目累计招募 16 所院校志愿者 5668 人次，志愿时长累计超过 15 万小时。获《人民日报》、CCTV 等全国 50 余家主流媒体的报道 300 余次，获得"全国优秀西部计划志愿者"等荣誉 80 余项。

来源：

《小智报喜 | 金奖！智算学子在第八届"互联网+"大赛中取得突破》（2022-11-22），微信公众号：TJU 智能与计算学部学生中心。

红医摇篮——源自红军的人民医疗团（中国医科大学）

项目队员们攻坚克难、甘于奉献、敢于担当、乐于付出，从医院管理、人才培养、学科建设等方面开展精准医疗帮扶工作的同时，继承红医优良传统，发扬"红医精神"；创新"以校包院"+"以院包科"的精准帮扶模式，深入落实"师带徒"的"治疗组"式帮扶机制，变"输血"为"造血"，为受援地打造"带不走的医疗队"，留下永不褪色的旗帜。

六年来，医疗队精专帮扶、精心付出，践行医者的初心使命，守望人民群众的健康，恪守医者天职，牢记援疆使命，紧紧围绕中国医科大学塔城医院的发展规划制订、人才培养、重点学科建设、现代医院管理体系建设等方面进行重点帮扶，受援地医院卫生健康服务能力和水平显著提升，基层医疗服务能力、水平明显进步，偏远地区看病贵、看病难、转诊慢等情况得到了有效缓解，"互联网+"医联体运作方式日趋成熟，多学科专家跨区域合作、边疆异地联合活动日益密切。

来源：

（1）《全国唯一！最佳公益！金奖！"互联网+"中国医科大学斩获新突破！》（2022-11-24），微信公众号：中国医科大学。

（2）《中国医科大学：不忘初心使命打造西北"红医摇篮"》（2022-08-24），金台资讯。

本届大赛在农业农村领域产生了 37 个国赛金奖，具体如表 3-8 所示。

表 3-8　农业农村领域的国金项目

序号	参赛项目	学校	项目主要侧重点	内容
1	智农疆棉——科技捍卫新疆棉，打赢国际"贸易战"	北京科技大学	产业振兴	新疆棉花产业链
2	护花使者——鲜花品质守护者	中国农业大学	产业振兴	鲜花采后运销保鲜
3	黔程无忧——扶智教育助力乡村旅游的智慧发展之路	天津大学	产业振兴+人才振兴	乡村旅游开发+教育扶持
4	樱为侬——车厘子新型栽培模式一体化服务	上海交通大学	产业振兴	车厘子产业链
5	牛角瓜——助力西南地区振兴的"瓜坚强"	苏州大学	产业振兴	牛角瓜产业链
6	黄金桂——打造金箔产业振兴新范式	南京理工大学	产业振兴	金箔
7	果然莓好	南京林业大学	产业振兴	黑莓产业链
8	厚土金田——双碳新模式助力土壤提质增效	南京林业大学	产业振兴	优质生物炭基肥
9	"渔"杰冰清——护江使者振兴先锋	南京农业大学	产业振兴	长江特种鱼类繁养
10	益土缘——土壤修复行业的领航者	南京师范大学	生态振兴	土壤修复
11	智茶科技——名优茶智能采摘机器人技术领域开拓者	浙江理工大学	产业振兴	智慧采茶机器人
12	如果心选——利他共生的果业新生态的构建者	杭州师范大学	产业振兴	农产品品牌打造和推广
13	共同富郁——千年温郁金全新换代·引领乡村振兴共同富裕	杭州师范大学	产业振兴	温郁金优种培育
14	手有鱼香——全国首创香鱼规模化繁育	宁波大学	产业振兴	香鱼生态养殖产业
15	逐梦青农人——黄淮海小麦提质增效公益服务团	安徽农业大学	产业振兴+人才振兴	小麦赤霉病问题的突破+新农人培养
16	尾矿制砂——科技赋能矿区乡村振兴	江西理工大学	生态振兴	铜尾矿变废为宝+环境治理
17	华晶优质稻——全球领先的高抗优质稻助力乡村振兴	江西农业大学	产业振兴	高抗优质稻产业

序号	参赛项目	学校	项目主要侧重点	内容
18	麦麦相承——小麦健康的守护神	山东农业大学	产业振兴	抗赤霉病小麦的产业推广
19	以螨治虫：果蔬地下害虫生物防治引领者	山东农业大学	绿色振兴	以螨治虫，推进绿色农业的发展
20	山农酥梨——优质晚熟梨新品种推广助力乡村振兴	山东农业大学	产业振兴	优质"山农酥"梨的产业推广
21	林下赋能，道地药材健康产业助力乡村振兴	华中科技大学	产业振兴	中药材产业优质发展
22	智惠农耀——开创国内绿色农药创制 CR0 服务，助力农业绿色振兴发展	华中师范大学	产业振兴+生态振兴	绿色农药自主创制
23	智渔时代"兴"有鱼力，使命必达	中山大学	产业振兴	黄立鱼产业链
24	构建"碳中和新乡村"，共育生态资源资产化的"绿金山"	华南理工大学	绿色振兴	碳中和新乡村/绿色农村发展
25	南香堂——中国药用沉香领跑者	广东轻工职业技术学院	产业振兴	沉香产业链
26	硅根结蒂——新型生物硅肥开拓者	重庆大学	产业振兴+生态振兴	土壤改良/农业增产增效
27	姜来可期——高品质菜姜托起农民致富梦	重庆文理学院	产业振兴	高品质菜姜新品种产业
28	牧童游乡村旅游网乡村振兴的践行者	重庆理工大学	产业振兴+文化振兴	乡村旅游产业+乡村文化传播
29	一言为"嚏"——捍卫国家粮食安全，农业创新药"异哩虫嚅嚏"的探索与应用	贵州大学	产业振兴+绿色振兴	水稻的绿色高效新农药+绿色生态
30	蛋为人鲜——引领鸡蛋全产业链升级变革	西北大学	产业振兴	鸡蛋产业链的提升和变革
31	驭光益农——西北黄土地的净水者	西安交通大学	绿色振兴	水资源匮乏、生态环境脆弱问题的解决
32	共赴牧业——奶山羊智慧养殖开创者	西安电子科技大学	产业振兴	奶山羊的智慧养殖

序号	参赛项目	学校	项目主要侧重点	内容
33	迅建科技——装配美丽乡村，打造中国现代农居新标杆	西安建筑科技大学	生态振兴	绿色装配式结构成套技术/美丽乡村、特色小镇的建设
34	京硒子——富硒特色农业的引领者	中国农业大学	产业振兴	富硒农业
35	猪源动力——世界机器人化克隆先行者，中国乡村产业振兴"猪"动力	南开大学	产业振兴	全流程机器人自动化"孕育"克隆猪技术
36	枣愈健康——深挖红枣深加工潜能，打造乡村振兴推进器	西安交通大学	产业振兴	红枣产业

这些优秀项目围绕推动乡村振兴取得新进展、农业农村现代化迈出新步伐充分展开，从不同的方向找到切入口，在"新农村、新农业、新农民、新生态"的建设中创造出价值和效益。项目的落地和实施实现了经济效益和社会效益的双赢，为推动共同富裕贡献出青春力量。

其中大部分项目都是以产业振兴作为目标来赋能乡村振兴和农业农村现代化发展的，包括以某种作物或者农产品为切入点，以科技创新结合模式创新的方式来解决育种、种植、养殖、加工、销售等一个或者多个环节的问题，推动产业提质增效，助力乡村振兴和农业农村现代化发展。相关的农产品包括棉花、黑莓、车厘子、温郁金、红枣、鸡蛋、菜姜等多个品种。新农技和新农具的创新与应用也体现在一些优秀项目中，包括采茶机器人、全流程机器人在克隆猪上的应用等，使整个产业链发生革命性变化。

在生态振兴和可持续发展方面，本届"红旅"活动产生的优秀项目，不少是以生物防治技术的创新、生物农药的研发、抗病品种的培育等作为切入点产生成效的，有效降低了传统农药和化肥的使用，在保护土壤质量的同时，明显提升了作物的品质安全，更好地保证了食品安全。另外，一些项目以农村污水处理、土壤修复等作为切入点，在解决农村生态问题的同时，又在产业振兴、质量兴农方面产生有价值的成效，促进了产业循环与协调发展。本届大赛还出现了高效处理、变废为宝、促进农村生态环境改善，解决当地农民就业的优秀项目。

一些代表未来新农村建设和发展方向的理念以及科技产品也在优秀项目中呈现，如"碳中和新乡村"理念以及具体项目实践，绿色可装配式建筑在建设美丽乡村、打造中国现代农居方面的示范性作用等，体现了项目的创新与"美丽乡村""绿色乡村"建设的有效结合。

在文化振兴和人才振兴方面，一些优秀项目（如"牧童游乡村旅游网"项目），围绕新农村、新农业、新农民打造乡村文化，推动乡村文旅产业发展，同时赋能产业振兴和文化振兴。在推动乡村旅游发展的同时，把对当地农民的扶智教育作为一个重要的板块，两者相互联动，推动当地乡村旅游产业发展（如"黔程无忧"项目）。

社区治理及公益服务类 19 个国金项目具体如表 3-9 所示。

表 3-9　社区治理及公益服务类国金项目

序号	项目名称	学校	内容
1	大猫谷：三江源的第一次拥"豹"	北京大学	野生动物生态保护
2	宇宙八音盒	清华大学	地球可持续性发展
3	红医摇篮——源自红军的人民医疗团	中国医科大学	边疆医疗支援
4	源虻未来——餐厨垃圾全量资源化领跑者	南京大学	餐厨垃圾的高效绿色处理，助力"无废城市"建设
5	昆虫工场助力碳中和：面向未来的循环经济小氿园	浙江大学	易腐垃圾深度资源化利用，助力循环经济
6	视界科技——以数字化重构盲文信息获取底层逻辑	浙江大学	视障群体的科技智能帮扶
7	聆听心声——新生儿先天性心脏病一体化筛查的AI专家	浙江大学	先天性心脏病的准确筛查
8	生命相髓赋能中国造血干细胞捐献推广公益新模式	温州医科大学	骨髓捐赠事业的推动
9	海瓯翼行——成功讲好中国故事，海外传播第一民聚力	温州大学	中国形象的国际传播
10	启明智能助盲信息辅具——让"视"界充满AI	华中科技大学	科技助盲
11	AI宝贝：让寻亲不再孤单	华中科技大学	图像高超分辨率修复技术赋能寻亲
12	声海——讲好家国故事，"话"出湾区青年同心圆	暨南大学	家国故事传播，传播中国好声音
13	声律启蒙，启迪"心"声——AI工具辅助疗愈自闭症儿童引领者	西南大学	孤独症儿童科技辅助
14	Ai笑少年——青少年正畸点亮乡村微笑	四川大学	基层青少年口腔正畸
15	癌早知——"三早"肿瘤防治新模式赋能乡村医疗振兴路	四川大学	农村肿瘤防治全周期智慧管理
16	一根红绳——中国视障青少年燃梦计划发起者	贵州师范学院	视障青少年的辅助教学
17	智行无碍	苏州大学	出行障碍人群的科技帮扶
18	丝路衣"尚"——新时代民族特色服饰织造者	苏州大学	纺织服装行业转型升级+人才培育
19	天使之翼——十年高原之旅助力新生态	西北工业大学	高原的环境巡护以及生态监测

从 19 个社区治理领域的国金项目中可以看出，野生动物保护、边疆地区医疗支援、垃圾高效绿色处理、特殊群体的帮扶和关爱、骨髓捐赠、中国形象的国际传播等多种类型项目百

花齐放，在解决各类社会实际问题、弘扬公益精神方面，取得了明显的成效。

项目体现了基于多学科交叉的技术和产品创新，在解决社会各类问题以及公益创业中得到了应用并创造了价值。例如，AI 等技术在寻亲、先心病诊断、孤独症治疗、口腔正畸等场景的应用，创新性技术在易腐垃圾和餐厨垃圾处理上的应用等。

二、第八届大赛"青年红色筑梦之旅"活动优秀案例展现

【案例一：智渔时代——"兴"有鱼力，使命必达（中山大学）】

"智渔时代"项目团队的学生主要来自海洋科学学院、管理学院、软件工程学院和岭南学院，项目指导老师为卢建国副教授、孟峥老师、任荣伟教授、肖力老师和王旭老师。为深入贯彻落实习近平总书记给"青年红色筑梦之旅"活动参赛大学生的重要回信精神，该项目团队自 2019 年以来，扎根"中国黄立鱼之乡"珠海市金湾区红旗镇，走进农村、走近渔民，深入基层一线开展大量调研和实验，基于海洋生物的专业背景和核心科技，潜心攻克黄立鱼鱼苗和养殖难题，通过科技创新为广大渔民解决急难愁盼问题，解决农业农村发展面临的核心问题，助力珠海金湾区黄立鱼特色产业发展，帮助渔户们增产增收，助力"新农村、新农业、新农民、新生态"建设，助力乡村振兴，在创新创业中增长智慧才干，在艰苦奋斗中锤炼意志品质，把激昂的青春梦融入伟大的中国梦。

黄立鱼口感细嫩，历史悠久，是粤港澳大湾区"菜篮子工程"的主打农产品。被誉为"中国黄立鱼之乡"的珠海市金湾区为黄立鱼的生长提供了得天独厚的区位优势，但养殖周期长、鱼苗繁育难、优质种苗缺等，最终导致成本高收益低，渔民的养殖收益难以保障，金湾区特色农业产业得不到长足发展。为改变这一现状，智渔时代团队近年来扎根金湾区红旗镇，跑遍黄立鱼栖息地，精心挑选种鱼，摸索繁育条件，研发出以基因编辑为核心的生长更快、体型更大的优质鱼苗。首先，团队利用高效海鱼 DGCC 基因编辑系统，筛选出雄性性别决定基因，让黄立鱼直接跨越性逆转过程，斩断了周期长的根源，基因编辑也让雌鱼雄鱼在第一年同步性成熟，将育种周期缩短一半。其次，团队力争通过精子冻存技术打破黄立鱼生长季节限制，实现鱼苗全年繁育，使黄立鱼成为国内首个投入产业的基因编辑鱼类。最后，团队使用基因组选育技术筛选优良性状，解决了种质差问题。项目团队至今已在基地完成 3 批次大规模繁育，最近一次超 2000 万尾，折算覆盖鱼塘 2500 亩。团队全程监控鱼苗的养殖情况，前后完成了一千多亩鱼塘的病害防治和 15 期农技培训，带领渔户同养鱼、共丰收，从 2019 至今，小小黄立鱼在团队的推动下闯出了大名堂。金湾区红旗镇大林社区因黄立鱼养殖获评全国"一村一品"专业村和"亿元村"，成为振兴养殖的典范。"学习强国"、广东卫视等多家权威媒体对团队项目进行了报道，项目在助力金湾区特色产业振兴、帮渔户增产增收上产生了成效，产生了广泛的社会影响。以珠海市金湾区红旗镇为中心，实现"育繁推一体化"，致力于以科技助力农民增收，以产业带动乡村振兴，"智渔时代"团队将继续努力，在未来将持续为乡村振兴注入新动能，以智渔带动乡村振兴，优种引领海鱼未来！

来源：

《中大红旅首金！海洋科学学院学生创业团队斩获第八届中国国际"互联网+"大学生创新创业大赛金奖》（2022-11-16），微信公众号：中山大学海洋科学。

【点评】"智渔时代——'兴'有鱼力，使命必达"项目利用基因编辑、精子冻存、基因组选育等技术解决了黄立鱼育种周年长、生长季节限制以及种质差等问题，有效地推动了黄立鱼养殖行业的发展。项目体现了多学科交叉的特色，体现了新工科与新农科的学科融合，以科技助力农民增收。项目的实施推动了"一村一品"专业村和"亿元村"的打造，为乡村振兴树立了典范，可复制、可推广。

【案例二：共赴牧业——奶山羊智慧养殖开创者（西安电子科技大学）】

"共赴牧业"项目围绕蒲城县奶山羊产业发展的迫切需要，以人工智能技术为依托，融合物联网、大数据等技术，从2018年开始在陕西省蒲城县桥陵镇、苏坊镇探索奶山羊养殖产业转型升级方式。目前已建成蒲城县奶山羊产业智慧养殖数据中心，建（改）造3座标准化智慧羊舍，探索出了可复制的奶山羊智慧养殖模式，形成了依托于规模化奶山羊养殖的全产业循环经济链。

项目针对奶山羊养殖过程的三大痛点问题——"易生病养不好""效率低规模小""凭经验养得糙"，攻关四大关键技术，形成奶山羊智慧养殖模式。一是通过皮下植入芯片和布设装置打卡机的智慧羊栏，实现对奶山羊日常饮食及身体状况的全方位观测，出现异常会通过手机APP向用户推送预警。二是基于智能物联网技术，通过手机对羊舍环境进行实时监控，实现自动添食、补水、刮粪、通风等功能，显示单位劳动力饲养量。三是研制基于电导率和pH值的羊奶在线检测桶，在挤奶过程中实现对羊奶质量的检测，避免产出浪费。四是利用RGBD相机和红外线监测设备对奶山羊身高、体长进行监测，为羊生长发育状况提供科学依据。五是建立人工智能大数据平台，采用本地加云端的部署方式进行信息收集和数据分析，建立奶山羊族谱信息库和生长数据信息库，促进奶山羊良品筛选。

团队在各级党组织、地方政府及学校等单位的鼎力协助下，创新"三有"奶山羊养殖模式，即"建设有道，养殖有方，致富有路"。以桥陵镇和苏坊镇党定村作为试点，建立标准化、可复制的智慧羊舍BIM模型；推广使用"奶山羊智慧养殖及管理平台"解决养殖过程"病羊难查""病奶难测""安全难保"等问题；积极协调奶企以不低于市场价的标准全量收购羊奶，确保村民养得好、卖得俏。项目实施以来，蒲城县标准化"智慧养殖小区"奶山羊存栏量、产奶量等均大幅增长，为持续壮大村集体经济、扩大奶山羊产业规模和辐射带动群众增收致富提供了有力支持。项目得到了CCTV-4、《中国教育报》等主流媒体的报道，入选教育部直属高校精准帮扶典型项目，并获得了"技术方案成熟可靠，设备系统低值易用，有力支持乡村振兴事业发展"的高度评价。

来源：

（1）《金奖！西电学子第八届"互联网+"大赛连续8年获国赛金奖》（2022-11-21），微信公众号：西电招生办。

（2）《传统产业植入"智慧芯"，奶山羊变"金山羊"》，《乳业时报》，2023-04-12。

【点评】"共赴牧业——奶山羊智慧养殖开创者"基于奶山羊养殖行业的痛点，以人工智能技术为依托，通过构建奶山羊产业智慧养殖数据中心，建（改）造标准化可复制的智慧羊舍等，探索出了奶山羊智慧养殖模式，并形成了规模化奶山羊养殖的全产业循环经济链，为持续扩大奶山羊产业规模和辐射带动群众增收致富提供了有力支持，推动了乡村振兴事业的发展。

项目体现了新工科领域的创新成果在新农村、新农业、新农民领域的应用价值，体现了学校将红色基因、专业教育、产业发展、社会服务、科学研究融入育人育才全过程的育人模式，更好地鼓励和引导师生"把论文写在祖国大地上"，在服务社会的广阔天地中感受国情民情，增强推动人工智能健康发展的责任感、使命感。

【案例三：尾矿制砂——科技赋能矿区乡村振兴（江西理工大学）】

历时六年，江西理工大学战略金属高效回收与综合利用团队与江西省建筑材料工业科学研究设计院、江西铜业股份有限公司城门山铜矿等单位合作突破技术难题，将铜尾矿变废为宝，产出可替代被誉为"水中软黄金"——河砂的硅质原料，并成功制备出蒸压加气混凝土。产品在相关企业应用后，缓解了尾矿堆存、河砂过度开采带来的环境和社会问题。

目前，该团队拥有铜尾矿"电控浮选脱硫—分质提硅"制备硅质原料及"纳米晶核诱导"制备蒸压加气混凝土两大核心技术，获得2021年度江西省科技进步一等奖。

河砂是重要的建筑原料。团队核心成员严华山中学时期目睹河砂过度开采破坏生态的情景，在2016年一次实验中，他发现铜尾矿富含二氧化硅，与河砂的主要成分一致，于是萌生了一个大胆的想法："如果能利用铜尾矿替代河砂作为建筑原料，既能缓解河砂开采造成的生态环境问题，又能避免尾矿堆存带来的环境污染和安全隐患。"带着这一想法，经过大量调研后，他发现要想实现铜尾矿"点石成金"，用铜尾矿替代河砂建材利用还面临"硫高硅低"和"强度不足"两大难题。为进一步推动生态环境建设，将论文写在祖国大地上，战略金属高效回收与综合利用团队毅然踏上艰辛的科研攻关之路。

研发期间，团队不可避免地遇到瓶颈——浮选脱硫后尾矿脱水困难。为跨越这道技术"大坎"，团队成员每天伴晨曦而来、踏星辉而归，翻阅一篇篇文献，一遍又一遍重复进行实验，一次又一次分析数据，无一人喊苦，无一人退缩，最终发现利用分级脱水就能有效解决尾矿脱水难题，增强了团队信心。

在利用"电控浮选脱硫—分质提硅"技术将铜尾矿制备成可替代河砂的硅质原料基础上，该团队联合江西省建筑材料工业科学研究设计院开辟了铜尾矿建材利用新途径，成功研发铜尾矿硅质原料"纳米晶核诱导"制备蒸压加气混凝土技术，可大幅减少河砂开采。

随后该团队不断与企业沟通交流，不断完善技术，最终在江西铜业股份有限公司城门山铜矿和江西万铜环保材料有限公司落地，保证了矿山的绿色可持续发展，现已处理铜尾矿179.8万吨，获得硫精矿3.4万吨，累计生产硅质原料108万吨，可制备A3.5B06级蒸压加气混凝土，实现铜尾矿通过一条绿色产业链制造建筑材料，推动矿山行业绿色转型升级，同时也带动了周边居民就业。

科技创新，服务发展。江西理工大学战略金属高效回收与综合利用团队把理论融入实践，把作品写在祖国大地，把挑战贯穿始终，让发展实绩更有质感、社会答卷更有温度，奏响"科技先行，强国有我"的时代强音。

来源：

《六年攻关！江西一高校实现铜尾矿变废为宝》（2022-07-11），凤凰网江西频道。

【点评】"尾矿制砂—科技赋能矿区乡村振兴"项目以铜尾矿变废为宝为切入点，通过科研团队攻坚克难，突破了核心技术，产出被誉为"水中软黄金"——河砂的硅质原料，制备出蒸压加气混凝土，并在相关企业成功应用，创新性地打造了一条实现铜尾矿高效转化利用的绿色产业链，推动了行业的变革以及提质增效。项目的实施，一方面缓解了尾矿堆存和河砂过度开采带来的环境和社会问题，另一方面避免了铜矿关停导致的周边居民失业问题。在为相关制造行业提供助力的同时，项目在农业农村领域也很好地解决了尾矿堆积、大气污染等环境问题，赋能生态振兴，并有效解决了矿山周边农民群体的就业增收问题。整个项目以新工科领域的科技创新成果助力"新农村、新农业、新农民、新生态"建设，体现了经济效益和社会效益的双丰收。

【案例四：视界科技——以数字化重构盲文信息获取底层逻辑（浙江大学）】

视界科技团队针对盲人群体所面临的教育、就业及公共服务等痛点，开创性地研发盲文数字化智能设备，涵盖盲人教育、阅读、无障碍化公共服务三大核心应用场景，以新技术赋能视障人群，弥合数字鸿沟，助力视障人群共同富裕。

视界科技创业项目本身是希望去解决社会上的真问题、真需求。起初，项目成员关注到一则盲人新闻，讲述的是一个盲童因为手没有触觉，只能通过嘴唇来触读盲文。新闻上的照片对大家有很大的触动，所以团队下定决心要做一款真正能够帮助视障人群的产品。于是，团队成员开始搜集资料，了解视障人群，挖掘其痛点与需求。他们终于找到了自己的思路——通过盲文数字化手段弥合数字鸿沟，解决视障人群目前所面临的信息获取存在壁垒这一痛点，帮助他们实现精神层面的共富。

研发盲文数字化智能设备的重中之重在于技术。为了突破技术难题，成员们经常讨论到深夜，研究了许多相关的论文，不断发散思维，最终创新性地利用弱磁悬浮电磁驱动的原理，研发出全球首创电磁驱动密集区域内点阵刺激技术，实现在一块指甲盖大小范围内 6 个密集点的独立驱动和盲文快速动态显示，将传统纸质化盲文转换成数字化动态盲文。值得一提的是，团队还研发了自己的自然语言处理算法，可以完成快捷的中英盲文转换，而其他的多语言版本目前也在开发当中。另外，团队还通过独创的视觉、听觉和触觉信息同步技术，做到明盲双视，既可以让使用者听到声音、摸到盲文，也可以看到文字。

团队的研发并没有停留在技术层面，在证明可行性后，他们开始设计工艺、制造样机，给客户进行试用，发现问题并解决问题，不断迭代产品。目前产品已迭代到第三代，而且已在 21 个省市 67 家盲校和盲文图书馆获得推广，获得了一致好评。

视界科技的核心产品为智能盲文学习机、盲文阅读机和盲人数字化无障碍终端，采用全球首创的电磁驱动密集区域内点阵刺激技术，国内领先的汉盲、英盲转换技术和独创的视觉、听觉和触觉信息同步技术，使产品使用者能够同步"看到文字、听到语音、摸到盲文"，具有高刷新率、高可靠性、高性价比等优点。

视界科技学习机面向盲校、盲人图书馆等 B 端市场，能够帮助视障人士快速、便捷、高效地掌握盲文，提高教育水平；阅读机面向盲人个体，能够帮助视障人士减少阅读障碍、获得广阔资源；盲人数字化无障碍终端面向各级政府、银行、医院，能够解决视障人群在公共服务领域面临的诸多不便，带领千万视障人群享受共同富裕成果，推动社会整体文明水平的提升。

来源：

李香伶、陈映嫔：《何以科技向善？这两支队伍这样做》（2023-03-17），http://www.zju.edu.cn/2023/0317/c75048a2729796/page.htm。

【点评】视障群体在国内数量庞大，帮助他们获取信息资源，从而更好融入社会，提升相应的幸福感和获得感，对于构建和谐社会、创建美好家园具有非常重要的价值和意义。"视界科技——以数字化重构盲文信息获取底层逻辑"以盲文数字化智能设备的研发和应用作为突破点，以新技术赋能视障人群，弥合数字鸿沟，助力视障人群共同富裕，体现了很好的社会效益，已惠及大量视障人群。

【案例五：生命相髓——赋能中国造血干细胞捐献推广公益新模式（温州医科大学）】

"生命相髓"是温州医科大学于2005年建立的一个拯救生命、传播爱和希望的公益项目。该项目以医学生为主体，以专业背景为依托，构建"慈善机构+企业+医院+高校"的实践模式，并通过定点宣传招募、全程陪护捐献者等方式为更多的白血病患者送去生的希望。

2014年，在"生命相髓"公益项目的基础上，学校经温州市民政局审批成立了非营利性质社会组织——"温州市生命相髓造血干细胞捐献宣传公益中心"，2015年分别成功申报中国红十字青少年社会实践项目和情暖浙江省红十字志愿服务项目，2016年项目成功斩获第三届中国青年志愿服务项目大赛金奖。

2016年10月23日，依托"温州市生命相髓造血干细胞捐献宣传公益中心"，温州市红十字会批准成立"红十字·生命相髓志愿者服务队"并举行授牌仪式。新成立的"红十字·生命相髓志愿者服务队"将开展系列活动，致力于宣传造血干细胞的志愿捐献，打开人们的心扉，让造血干细胞的志愿捐献精神深入人心。到目前为止，中心共实现3000多人入库，约占温州市造血干细胞入库人数的60%；实现11例成功献髓，占温州总数的40%左右，累计关爱白血病患者97 000多小时。

"生命相髓"公益活动，由温医大学生在2005年发起，是2012年浙江省的十大校园文化品牌项目。10余年间，为帮助更多等待救助的生命，项目坚持每年招募志愿者，并进行造血干细胞捐献知识宣讲、心理辅导、千里运髓等系列活动。志愿者足迹遍及山西、四川、浙江等8个省，运行至今，共组织2730人成功加入中华骨髓库。

来源：

（1）林明：《生命相髓为爱而生——温州市造血干细胞捐献志愿服务公益项目》获中国青年志愿者服务项目大赛金奖[OL].[2017-1-5].https://www.hscd.org/archives/1023.html。

（2）《喜报 | 学院项目首次夺得"互联网+"大赛全国金奖获历史性突破》（2022-11-22），微信公众号：温医大公卫之窗。

【点评】"生命相髓——赋能中国造血干细胞捐献推广公益新模式"项目围绕造血干细胞捐赠事业，以公益组织的形式持续多年开展相关公益事业。项目依托温州医科大学的专业背景及相关医院资源，创新性地构建"慈善机构+企业+医院+高校"的运营模式，在造血干细胞捐赠领域有效地链接了各方资源，赋能中国造血干细胞捐献事业。同时，通过公益宣讲、知识普及等方式有效纠正了公众对造血干细胞捐献的错误认知，有效提高造血干细胞的捐献率，在全社会形成支持造血干细胞捐献的浓厚氛围。项目历经多年，始终初心不改、踔厉奋发，有力推动了造血干细胞捐赠事业的发展，也让多名患者成功地延续了宝贵的生命，弘扬了公益精神，践行了社会主义核心价值观。

第六节 第九届大赛"青年红色筑梦之旅"活动

一、第九届大赛"青年红色筑梦之旅"活动解读

本届大赛"红旅"活动的主题是"强国有我新征程，乘风破浪向未来"。活动的主要目标为：紧扣学习贯彻习近平新时代中国特色社会主义思想主题教育，不断拓展"青年红色筑梦之旅"活动的时代内涵，引导广大青年学生"上山下乡出海"，乘风破浪向未来。通过扎实开展"青年红色筑梦之旅"活动，推动习近平新时代中国特色社会主义思想入眼、入耳、入脑、入心，使广大青年学生深刻理解"两个确立"、坚决做到"两个维护"，坚定不移听党话、跟党走，厚植家国情怀，成为社会主义合格建设者和可靠接班人，为全面建设社会主义现代化国家贡献青春力量。

第九届大赛的"红旅"赛道继续把学习贯彻及深入落实习近平总书记的重要回信精神作为核心任务，更大范围、更高层次、更有温度、更深程度地开展"青年红色筑梦之旅"活动。

（一）要求解读

2022年10月党的二十大胜利召开，描绘了我国全面建设社会主义现代化国家的宏伟蓝图。习近平总书记在大会上作了题为《高举中国特色社会主义伟大旗帜 为全面建设社会主义现代化国家而团结奋斗》的报告。大会的主题是：高举中国特色社会主义伟大旗帜，全面贯彻新时代中国特色社会主义思想，弘扬伟大建党精神，自信自强、守正创新，踔厉奋发、勇毅前行，为全面建设社会主义现代化国家、全面推进中华民族伟大复兴而团结奋斗。

党的二十大科学谋划了未来一个时期党和国家事业发展的目标任务和大政方针，擘画了以中国式现代化全面推进中华民族伟大复兴的宏伟蓝图，明确提出："从现在起，中国共产党的中心任务就是团结带领全国各族人民全面建成社会主义现代化强国、实现第二个百年奋斗目标，以中国式现代化全面推进中华民族伟大复兴。"

中共中央2023年4月发出的《关于印发〈习近平新时代中国特色社会主义思想学习纲要（2023年版）〉的通知》明确指出：党的十八大以来，以习近平同志为主要代表的中国共产党

人，坚持把马克思主义基本原理同中国具体实际相结合、同中华优秀传统文化相结合，科学回答了新时代坚持和发展什么样的中国特色社会主义、怎样坚持和发展中国特色社会主义等重大时代课题，创立了习近平新时代中国特色社会主义思想。习近平新时代中国特色社会主义思想是当代中国马克思主义、二十一世纪马克思主义，是中华文化和中国精神的时代精华，实现了马克思主义中国化时代化新的飞跃。党确立习近平同志党中央的核心、全党的核心地位，确立习近平新时代中国特色社会主义思想的指导地位，是党在新时代取得的重大政治成果，反映了全党全军全国各族人民的共同心愿，对新时代党和国家事业发展、对推进中华民族伟大复兴历史进程具有决定性意义。

2023 年是全面贯彻党的二十大精神的开局之年，深入学习宣传贯彻党的二十大精神、全面贯彻习近平新时代中国特色社会主义思想成为当下最重要的任务。在本年度举办的第九届中国国际"互联网+"大学生创新创业大赛的"青年红色筑梦之旅"赛道的主题和目标与此密切结合，在紧扣学习贯彻习近平新时代中国特色社会主义思想主题教育的基础上，紧扣时代脉搏，不断拓展"青年红色筑梦之旅"活动的时代内涵。

本届"红旅"活动以"强国有我新征程、乘风破浪向未来"为主题，鼓励广大青年学子在"筑梦之旅"中，勇于追梦、敢于创新、善于实践，不断挑战自我。引导广大青年学生"上山下乡出海"，了解民情、知晓民意，在实践中锤炼意志、培养能力、增长才干。正如习近平总书记所指出的："希望广大青年用脚步丈量祖国大地，用眼睛发现中国精神，用耳朵倾听人民呼声，用内心感应时代脉搏，把对祖国血浓于水、与人民同呼吸共命运的情感贯穿学业全过程、融汇在事业追求中。"

围绕紧扣学习贯彻习近平新时代中国特色社会主义思想主题教育，本届"红旅"活动的目标具体还包括：通过扎实开展"青年红色筑梦之旅"活动，推动习近平新时代中国特色社会主义思想入眼、入耳、入脑、入心，使广大青年学生深刻理解"两个确立"、坚决做到"两个维护"，坚定不移听党话、跟党走，厚植家国情怀，成为社会主义合格建设者和可靠接班人，为全面建设社会主义现代化国家贡献青春力量。作为全国最大思政课的"红旅"活动，在新时代抓住教育"培养什么人、怎样培养人、为谁培养人"的根本问题，把立德树人根本任务在新时代新征程持续深入贯彻落实到创新创业教育与实践的各个环节。

党的二十大报告中明确指出，要全面推进乡村振兴，加快建设农业强国，扎实推动乡村产业、人才、文化、生态、组织振兴。2023 年 1 月 2 日下发的本年度中央一号文件《中共中央、国务院关于做好 2023 年全面推进乡村振兴重点工作的意见》明确要求：坚持农业农村优先发展，坚持城乡融合发展，强化科技创新和制度创新，坚决守牢确保粮食安全、防止规模性返贫等底线，扎实推进乡村发展、乡村建设、乡村治理等重点工作，加快建设农业强国，建设宜居宜业和美乡村，为全面建设社会主义现代化国家开好局起好步打下坚实基础。

在此背景下，本次"红旅"活动明确要求各地聚焦"新农村、新农业、新农民、新生态"建设，围绕乡村"产业振兴、人才振兴、文化振兴、生态振兴、组织振兴"，结合地方实际需求，制订本地 2023 年"青年红色筑梦之旅"活动方案。并且，在具体活动的组织工作中，要关注农业农村绿色发展，挖掘乡村多元价值。

乡村振兴作为党和国家当前和今后相当长一个时期的一项重大发展战略，是建立在对乡村一系列基本价值认知和认同的基础上的。为顺应全面推进乡村振兴新要求，有效挖掘乡村多元价值便成为一个非常重要的环节。无论是作为亿万农民栖息地体现出来的生活价值，作为农业生产基地和食物供给之源体现出来的经济价值，在保护耕地、维系生物多样性和可持续发展方面体现出来的生态价值，作为民俗传承地所体现出来的文化价值，在乡村旅游和城乡交流方面体现出来的旅游价值，还是在国家基层治理方面作为治理稳定器体现出来的社会价值等，都体现了乡村振兴的必要性、重要性、紧迫性，是实现乡村振兴的有利条件。充分认识乡村的多元价值，对于推进农业农村现代化、实现乡村振兴、建设现代农业强国、实现中华民族伟大复兴有着非常重大的意义。

从参赛组别和赛道的要求来看，本届大赛的"红旅"赛道要求与上一届基本一致。目标依然涵盖农业农村和社会治理两个板块的内容，聚焦解决农业农村和城乡社区发展面临的主要问题。要求参赛项目团队要积极深入基层，利用专业知识开展创新创业，助力乡村振兴。高校要通过大学生创新创业训练计划项目、创新创业专项经费、校地协同等多种形式，努力实现项目长期对接，助力实现巩固拓展脱贫攻坚成果同乡村振兴有效衔接。

在项目组别的规定上，延续了上一届的三个组别：公益组、创意组和创业组，具体的要求、内容与上一届大赛保持一致。创意组的具体项目中没有明确要求必须通过以商业手段解决相关领域的问题，更多强调的是参赛项目基于专业和学科背景或相关资源，解决农业农村和城乡社区发展面临的主要问题，在体现清晰目标导向的前提下体现更多的灵活性。在公益组层面仍然着重要求参赛项目不以营利为目的，积极弘扬公益精神。

具体要求的核心要点总结如下。

（1）活动目标。紧扣学习贯彻习近平新时代中国特色社会主义思想主题教育，不断拓展"青年红色筑梦之旅"活动的时代内涵，引导广大青年学生"上山下乡出海"，乘风破浪向未来。扎实开展"青年红色筑梦之旅"活动，推动习近平新时代中国特色社会主义思想入眼、入耳、入脑、入心；使广大青年学生深刻理解"两个确立"，坚决做到"两个维护"，坚定不移听党话、跟党走，厚植家国情怀，成为社会主义合格建设者和可靠接班人，为全面建设社会主义现代化国家贡献青春力量。

（2）服务领域。解决农业农村和城乡社区经济社会发展面临的主要问题，助力乡村振兴和社区治理。

（3）项目要求。在推进农业农村、城乡社区经济社会发展等方面具有创新性、实效性和可持续性；推动经济价值和社会价值的共同发展。公益类项目以社会价值为导向，体现公益价值。在整个创业实践过程中，认真学习深刻领会习近平新时代中国特色社会主义思想，厚植家国情怀，成长为社会主义合格建设者和可靠接班人。

（4）组别分类。公益组、创意组、创业组。① 公益组。参赛项目不以营利为目的，积极弘扬公益精神，在公益服务领域具有较好的创意、具有产品或服务模式的创业计划和实践。参赛申报主体为独立的公益项目或者社会组织，注册或未注册成立的公益机构（或社会组织）的项目均可参赛。② 创意组。参赛项目基于专业和学科背景或相关资源，解决农业农村和城乡社区发展面临的主要问题，助力乡村振兴和社区治理，推动实现经济价值和社会价值。参赛项目在大赛通知下发之日前尚未完成工商等各类登记注册。③ 创业组。参赛项目以商业手段解决农业农村和城乡社区发展面临的主要问题，助力乡村振兴和社区治理，实现经济价值和社会价值，推动共同富裕。参赛项目在大赛通知下发之日前已完成工商等各类登记注册，学生须为法定代表人。项目的股权结构中，企业法定代表人的股权不得少于10%，参赛成员股权合计不得少于1/3。

（二）国赛金奖项目情况

第九届大赛的"红旅"活动共产生了 64 个国金项目，其中 44 个属于农业农村领域，其余 20 个属于社区治理及公益服务领域。项目从党史教育、国情思政、创新创业、乡村振兴、红色筑梦等方面切入，上山下乡出海，深入乡村、深入基层、跋山涉水、乘风破浪，围绕不同区域和行业发展以及不同群体所遇到的问题，扎根中国大地，了解国情民情，结合自身的学科专业，通过创业实践解决实际问题，促进区域和行业发展，创造相应的经济价值和社会价值。

通过参加"红旅"活动，青年学子不仅实现了自我价值的提升，而且在实践中深化了对国情、民情的认识，增强了社会责任感和历史使命感。在此过程中，青年学子得到了思想的升华、能力和素质的提升，在创新创业的火热实践中成就一番事业，把青春梦、创新创业梦融入伟大的中国梦，厚植家国情怀，致力成为社会主义合格建设者和可靠接班人，为全面建设社会主义现代化国家贡献青春力量。

下面是四个具有代表性的优秀项目案例。

山海健康——中国乡村少儿体育培训·赛事·测评智慧化公益服务先锋者（上海体育大学）

上海体育大学体育公益服务"山海健康"项目，关注乡村少儿身心健康问题，持续面向乡村 4～12 岁少年儿童提供以校园 IP 赛事运营为核心的体育培训、赛事、测评智慧化服务，通过以赛促练、以赛促评的方式，精准解决乡村学校体育领域"专业教学难""学校师资缺""学生运动少"等难题。本项目基于学校指导、协会支持、企业合作、基金运营等有效推进，师生深入一线，不断创新，其中"山海健康杯城乡少儿体育公益系列赛事"更以运动挑战、才艺展示、科学讲座、公益募捐、定向捐赠的方式为乡村学校体育发展精准助力。项目发起的"记录你的每一步公益测评""体育网络课堂公益服务"等模式被国家体育总局、全国体育运动学校联合会等单位点赞，并被央视网、中央广播电视总台、上海教育电视台、《文汇报》等媒体深入报道。

来源：

《历史突破！上海体育大学在中国国际大学生创新大赛（2023）上取得 1 金 3 铜》（2023-12-08），微信公众号：上海体育大学。

科技小院——科技精准服务乡村振兴的中国方案（中国农业大学）

为解决我国农业发展过程中科技创新与生产需求、研究生培养与社会需求、科研人员与农民的脱节问题，中国农业大学张福锁院士带领团队来到河北省曲周县，深入农村和农业生产一线，建立了"科技小院"，以技术创新和应用模式创新为核心，搭建政产学研用"五位一体"的综合服务平台，通过"赋智、赋值、赋权、赋能"四联动，实现专家与农民、技术与产业"零距离"，助推农业增产、农民增收，打造产业兴旺、生态宜居、乡风文明的新农村，精准助推乡村振兴。

在科技小院项目的具体实践中，有效探索出了一种科技创新、社会服务和人才培养"三位一体"的新模式，推动教书与育人、田间与课堂、理论与实践、科研与推广、创新与服务更紧密地结合。

来源：

《"双一流"高校第六、北京高校第一：我校 5 个国创大赛项目全获金奖》（2023 年 12 月 08 日），中国农业大学新闻网（https://news.cau.edu.cn/zhxwnew/4d90f70258d54460be69904670ba175a.htm）。

国渔牧——疫苗创制助力海水养殖绿色转型（华东理工大学）

中国水产养殖目前产量占全球 70%，然而，随着海水养殖业的不断发展，高密度、高产量加之水污染等因素，各种病害问题日益突出。据统计，每年海水养殖鱼类病害的发病率达 50% 以上，损失率在 30% 左右，每年因养殖病害导致的直接经济损失超过百亿，更影响到数百万名从业人员，成为限制海水养殖业健康发展的重要瓶颈。

"国渔牧"团队针对严重危害我国海水鱼类健康养殖的重大细菌性病害，通过设计创新、产品创新和应用体系创新，建立渔用活疫苗理性设计与创制技术并制定应用行业标准，在获批 2 项疫苗国家一类新兽药证书（均为国际首创）的基础上，联合接种技术入选 2023 年国家农业主推技术，以创新科技助力水产养殖业绿色健康发展和赋能乡村振兴的国家战略，以"青春力量"践行"国之大者、纵志于渔、牧天地'粮'心"的创新创业初心。

同时，团队培养了近百名鱼用疫苗工程领域各级人才，成为国内外知名的鱼类疫苗工程创新团队，负责建设国家海水鱼体系疾病防控功能研究室、上海海洋动物疫苗工程中心、农业农村部水生动物疫病专业实验室和鱼用疫苗首批 GCP 临床基地等，打造"产学研用推"一体化产业创新链条，极大地推动了中国海水养殖鱼类免疫防治体系的构建。

来源：

（1）《国渔牧——疫苗创制助力海水养殖绿色转型》（2023-08-29），微信公众号：创梦华理。

（2）《喜报！我院项目斩获中国国际大学生创新大赛金奖》（2023-12-10），微信公众号：华理生工园。

诵经典言家国——民族地区青少年经典诵读公益服务引领者（中国传媒大学）

"诵经典·言家国——民族地区青少年经典诵读公益服务引领者"项目得到国家社会科学基金重大课题"百年中国播音史"重点支持，由教育部戏剧与影视学类专业教学指导委员会副主任委员鲁景超教授、教育部原语言文字应用管理司原司长担任顾问，院长喻梅教授、吴洁茹副教授、博士后王航讲师担任指导老师，2022 级博士生李馨瑶担任项目负责人。

团队集结北京大学、北京师范大学、南开大学等高校播音主持艺术学、新闻学、系统科学、经济学、政治学、哲学等专业的本硕博学生，以国家一流本科专业及"新文科"建设成果为依托，发挥专业优势和学科交叉特色，引领民族地区青少年会诵读、爱诵读，通过诵读中华优秀经典认识社会、热爱国家，增进文化认同，铸牢中华民族共同体意识，推动中华优秀传统文化创造性转化、创新性发展，为民族地区青少年提供专业的经典诵读公益服务。

多年间，"诵经典·言家国"团队深入边远偏僻的民族地区开展调查研究和公益活动，走过内蒙古锡林郭勒盟太仆寺旗、兴安盟科右前旗，云南省保山市，贵州省遵义市、仁怀市，湖南省湘西土家族苗族自治州，河北省承德市等地中小学，为民族地区青少年提供最专业的经典诵读公益服务，助力他们提升语言能力、了解中华文明、增强民族自信、厚植家国情怀。

团队实践覆盖 200 余所民族地区中小学超 100 000 人次学生，获得新华网、人民网、CCTV 新闻频道、少儿频道、农业频道等 77 家国家级、省级媒体超百次报道，点击量超 1.3 亿次。

来源：

（1）《喜报 | 中国传媒大学播音主持艺术学院"诵经典·言家国"团队荣获中国国际大学生创新大赛（2023）全国金奖》（2023-12-13），微信公众号：中国传媒大学播音主持艺术学院。

（2）《中国国际大学生创新大赛金奖项目："诵经典·言家国"项目访谈》（2023-12-28），微信公众号：中传创客圈。

第九届大赛的"红旅"活动共产生了 64 个国金项目，其中 44 个属于农业农村领域，具体如表 3-10 所示。

表 3-10　农业农村领域国金项目

序号	参赛项目	学校	项目主要侧重点	内容
1	科技小院——科技精准服务乡村振兴的中国方案	中国农业大学	多维度赋能乡村振兴	技术创新和模式创新构建政产学研用"五位一体"综合服务平台，多维度赋能乡村振兴
2	苜玉春丰——打造饲草种植新模式，夯实饲料粮安全根基	中国农业大学	产业振兴	苜蓿种植模式的创新及拓展
3	西部原生植物护肤品创新原料开拓者	南开大学	产业振兴	道地植物产业链上的创新和整合，助力农民增收与乡村振兴
4	农益复兴"边修复增汇、边增加产量"超级微藻肥料引领者	天津大学	生态振兴+产业振兴	农田土壤修复与农作物增产技术体系的推广及应用
5	阜平第一"椿"——打造中国乡村振兴的阜平样板	河北农业大学	产业振兴	香椿种植的推广及产业链拓展
6	"菇"往"金"来——野生菌驯化撑起致富伞	国家开放大学山西分部	产业振兴	野生菌驯化种植技术及模式创新赋能乡村产业振兴
7	爱参宝——海参绿色养殖的引领者	大连理工大学	产业振兴	海参绿色养殖赋能行业创新
8	以稻治盐，丰收满仓——全球领先盐碱地稻田治理的播种者	哈尔滨工业大学	产业振兴+生态振兴	耐盐碱杂交水稻的选育及推广，赋能产业振兴及盐碱地治理

序号	参赛项目	学校	项目主要侧重点	内容
9	国渔牧——疫苗创制助力海水养殖绿色转型	华东理工大学	产业振兴	鱼用疫苗助力海水产养殖业绿色健康发展，赋能乡村振兴
10	沙地绿颜——砒砂岩抗蚀促生综合治理首创者	东南大学	生态振兴+产业振兴	聚焦水土流失和荒漠化问题，实现侵蚀治理和生态修复的兼顾，打造生态治理和经济产业协同发展新模式
11	源水清——金属玻璃绿色治水助力乡村振兴	南京理工大学	生态振兴	金属玻璃技术创新实现农村养殖废水零排放，开启生态养殖、绿色净水新纪元
12	小叶子变钱袋子	南京林业大学	产业振兴	青钱柳产业的变革和提升
13	一叶金楸——鹅掌楸单细胞繁育及产业化助力林农增收	南京林业大学	产业振兴	鹅掌楸繁育技术的革新及产业化拓展
14	竹富乡村——竹板基材创新竹农增收福音	南京林业大学	产业振兴	竹材加工技术突破助力助农致富增收
15	种繁业茂——国家唯一条斑紫菜新品种繁推先锋	常熟理工学院	产业振兴	条斑紫菜新品种繁育体系的创新技术推广，助力渔民增收、产业增效及乡村振兴
16	小檬侠——粒粒鲜果构建茶饮果业新生态	扬州工业职业技术学院	产业振兴	饮品鲜果供应链的构建，构建茶饮果业新业态，带动果农增收
17	科利尔技术——乡镇垃圾中转站渗滤液智能无膜处理方案提供商	杭州电子科技大学	生态振兴	乡村垃圾中转站渗滤液处理技术创新，以生态改善赋能乡村振兴
18	花耀金山——爬雪山重走长征路，新科技助力玫瑰共致富	浙江工业大学	产业振兴	玫瑰精油提炼产业难题的突破，促进行业升级，推动乡村共同富裕
19	金果子——四十年传承小小山核桃，让数万农民鼓起腰包	浙江农林大学	产业振兴	山核桃深加工技术的创新，及品牌运营市场拓展赋能产业振兴，服务乡村振兴
20	灵丰垦荒"牛"——唤醒空心村撂荒地的共富先行者	浙江农林大学	生态振兴	土壤快速改良难题攻克助力撂荒耕地治理，构建撂荒地治理新模式

序号	参赛项目	学校	项目主要侧重点	内容
21	稻香蟹美——全球首创海水蟹与海水稻共生模式	宁波大学	产业振兴	海水蟹与海水稻共生模式的首创，打造乡村振兴新模式，助力农户致富
22	与栀共富——温栀子全产业链升级变革的缔造者	宁波大学科学技术学院	产业振兴	温栀子有效成分深加工赋能全产业链升级变革，助力乡村振兴
23	盐碱易改——荒地变良田，增粮保国安	山东大学	生态振兴	技术创新助力盐碱地土壤性质改善，实现作物增产。以生态振兴带动产业振兴
24	清废先锋——村镇固废高效处理处置赋能乡村生态振兴	中国石油大学(华东)	生态振兴	村镇固废就地就近高效处理，提升资源化利用程度，赋能美丽乡村建设
25	豆启东方——稳粮扩豆保安全，为华夏大豆插上耐盐之翼	山东农业大学	产业振兴	耐盐碱大豆的育种及种植推广，振兴大豆产业，助力国家粮油安全保障
26	落地生花——突破性高油酸花生新品种助力乡村振兴	山东农业大学	产业振兴	高油酸花生新品种的种植与推广，推进花生产业发展
27	突破"苹"颈——克服苹果重茬障碍，助力苹果产业高质量发展	山东农业大学	产业振兴	苹果重茬障碍问题的攻坚克难，提升苹果种植产业的发展，助力乡村振兴
28	比"益"双"肥"——高效液体螯合肥助力农业绿色升级	青岛大学	产业振兴+生态振兴	糖醇螯合肥技术助力农业绿色升级
29	宏瑞特——果脯出海拔头筹，助农兴产争上游	国家开放大学青岛分部	产业振兴	果脯深加工拉动产业发展，致力于带动果农脱贫致富
30	采方本草——中国"食养膏方"产业的践行者	河南科技大学	产业振兴	药食同源产业链的创新和突破，拉动道地药材的种植和销售，赋能乡村振兴与产业发展。

序号	参赛项目	学校	项目主要侧重点	内容
31	"壳"起未来——科技生态地膜治理农田白色污染的先行者	湖北工业大学	生态振兴	科技生态地膜治理的技术革新，推动乡村生态振兴
32	精益求"精"——科技赋能黄精育苗引领乡村致富路	湖南中医药大学	产业振兴	科技赋能黄精育苗，引领乡村致富路
33	腾"椒"起凤——中国种苗女性企业家的乡村振兴之路	国家开放大学湖南分部	产业振兴	辣椒种植技术的创新技术推广，推动乡村振兴及农业农村的现代化发展
34	角肽——让乡村的羽毛飞上天	华南理工大学	产业振兴	废羽降解技术突破助力羽毛粉产业链发展，振兴鸡羽加工产业，助力产业升级
35	重获新生——养殖塘修复助力乡村振兴	海南大学	产业振兴	养殖塘修复助力乡村振兴
36	富农有葛——创制鲜食葛根种质"芯片"，打造乡村共同富裕"葛"引擎	西南大学	产业振兴	葛根种植技术创新赋能乡村振兴
37	智农慧眼——以智能植保无人机装备开启中国数字农业新格局	成都大学	产业振兴	智能植保无人机装备创新，有效赋能农户实现高效的植保作业及降本增效，促进乡村振兴和数字农业的发展
38	燃梦少年——三百万粉丝草根球星中国乡村体育赛事开拓者	贵州师范学院	文化振兴	乡村体育赛事运营体系的探索及发展，助推乡村振兴
39	"兴"花怒放——以多肉产学研融通模式助力乡村振兴	云南大学	产业振兴	多肉植物种植模式和技术的创新，拉动产业链发展，助力乡村振兴
40	乡音——让艺术成为改变乡村的新引擎	云南大学	文化振兴	以云南少数民族音乐创作为切入点，通过音乐与艺术赋能乡村文旅产业发展，促进乡村振兴
41	枣圆育润+新型红枣防裂技术赋能乡村产业振兴	西安交通大学	产业振兴	红枣防裂技术的创新和突破，有效降低裂果发生率，促进枣农增收，助力乡村振兴

序号	参赛项目	学校	项目主要侧重点	内容
42	守望乡竹——让竹农搭上竹产业链高值化变革的"竹"梦快车	陕西科技大学	产业振兴	竹产业链高值化变革,增加竹农收入,赋能乡村振兴
43	新秾科技——基于光谱农业的乡村振兴领航者	西北农林科技大学	产业振兴	光谱技术与数字农业的结合,有效实现病虫害的早防早治,构建富农新模式
44	抚沙为茵,点沙成金——助力打造荒漠化生态治理新路径	杨凌职业技术学院	产业振兴+生态振兴	种养殖技术与治沙的有效结合,构建"治沙-用沙-富沙"的沙区生态治理新模式,有效实现产业振兴与生态振兴的结合

本届大赛"红旅"活动农业农村领域的优秀项目参与成员,深入乡土,"自找苦吃",把课堂学习和乡村实践紧密结合起来,厚植爱农情怀,练就兴农本领,在乡村振兴的大舞台上建功立业。围绕扎实推进乡村发展、乡村建设、乡村治理等重点工作,加快建设农业强国,建设宜居宜业和美乡村充分展开创业实践。各项目通过不同的切入点挖掘乡村多元价值,聚焦"新农村、新农业、新农民、新生态"的建设,在农业农村绿色发展、产业振兴、乡村文化的挖掘和弘扬等方面创造出价值和效益,多维度赋能乡村振兴,为推进农业农村现代化、促进共同富裕贡献青春力量。以中国农业大学为例,其结合技术创新和模式创新构建政产学研用"五位一体"综合服务平台,多维度赋能乡村振兴,构建可落地、可推广、可示范的典型助农模式。

这些优秀项目大部分是以产业振兴为目标来赋能农民增收、产业增效和乡村振兴的。如以某种作物或者农产品为切入点,以技术创新、产品创新结合模式创新等多种创新的方式来解决育种及繁育、种植、养殖、加工、农产品品牌运营及销售、供应链构建等一个或者多个环节的问题,推动各产业提质增效,助力农业农村现代化的发展。相关农产品包括野生菌、葛根、香椿、辣椒、黄精、耐盐碱大豆、高油酸花生、山核桃、玫瑰、条斑紫菜等多个品类。创新方式多元,充分体现了各学校的专业和学科特色。

新农技和新农具的创新及应用在一些优秀项目中也有体现,包括通过光谱技术与数字农业结合,有效实现病虫害的早防早治;通过智能植保无人机装备创新,有效赋能农户实现高效的植保作业及降本增效等。这些项目通过技术和产品创新,因地制宜落地推广,有效推进了乡村振兴,构建了富农新模式。

在乡村生态振兴和可持续发展方面,本届"红旅"活动产生的优秀项目,具体涵盖金属玻璃技术创新、实现农村养殖废水零排放、乡村垃圾中转站渗滤液处理技术创新、快速改良土壤助力撂荒耕地治理、技术创新助力盐碱地土壤性质改善、村镇固废就地就近高效处理、科技生态地膜治理等多个技术领域和应用场景。项目实践围绕农业废水、土壤改良、生活垃圾处理等方面的问题充分展开,有效保护了土壤质量,明显提升了农作物的种植规模,更好地保证了食品安全。在解决农村生态问题的同时，在产业振兴、质量兴农方面产生了较大的成效，促进产业循环与协调发展，为建设宜居宜业、和美乡村创造了价值。

在文化振兴和人才振兴方面，一些优秀项目案例围绕新农村、新农业、新农民领域，因地制宜，充分挖掘当地乡村多元价值，通过打造乡村文化，推动乡村文旅产业发展，赋能产业振兴和文化振兴，促进乡村人才的培养和发展。

例如，贵州师范学院"燃梦少年——三百万粉丝草根球星中国乡村体育赛事开拓者"项目致力于乡村体育赛事运营体系的探索与发展，助推乡村振兴，为打造"村BA"的品牌和模式进行了有效赋能。云南大学"乡音——让艺术成为改变乡村的新引擎"项目以云南少数民族音乐创为切入点，用音乐与艺术赋能乡村文旅产业发展，促进乡村振兴。

社区治理及公益服务类20个国金项目具体如表3-11所示。

表3-11　社区治理及公益服务类国金项目

序号	项目名称	学校	内容概括
1	点渣成金:老工业城市减污降碳新产业，渣-棉-胶引领冶金再转型	北京科技大学	工业废渣综合利用，变废为宝，赋能减污降碳
2	净解之材——助力"双碳"的国内顶尖可降解技术	北京工商大学	技术创新助推绿色循环供应链，助力可降解塑料行业的环保化、绿色化转型
3	清废兴源——城乡有机循环建设者	中国农业大学	城乡有机废弃物快速高效处理及变废为宝
4	诵经典·言家国——民族地区青少年经典诵读公益服务引领者	中国传媒大学	民族地区青少年经典诵读公益服务
5	爱传递·再生电脑教室助力乡村少儿跨越数字鸿沟	天津大学	电脑设备的再生利用，推进城乡之间的资源共享
6	荷红苇绿——雄安新区白洋淀生态综合治理·公益纪实	河北大学	白洋淀生态环境修复及雄安新区生态环境建设
7	小爱助残——心智障碍家庭创业帮扶开拓者	长春中医药大学	心智障碍者家庭联合创业就业平台
8	白袍红心——全球首个全健康指数筑牢新时代乡村医疗"长城"	上海交通大学	博士生医疗服务团53年坚守，持续致力于乡村基层公共卫生事业
9	CareRare罕见病快速筛查及预防方案	华东师范大学	罕见病快速筛查及预防
10	山海健康——中国乡村少儿体育培训·赛事·测评智慧化公益服务先锋者	上海体育大学	关注乡村少儿身心健康，助力乡村学校少儿体育发展

序号	项目名称	学校	内容概括
11	地智环保——土壤地下水智慧监管领跑者	南京大学	土壤地下水的智能监控预警
12	金陵龙灯——点亮非遗龙狮新航途	南京理工大学	非遗龙狮产业链的革新助力推动全民健身战略
13	一江碧水伴笑颜——长江江豚的守望者	江苏科技大学	长江江豚全流域保护的科学研究、政策推动及科学普及的整体推进
14	肺腑智言——乡村肺部疾病分级诊疗方案引领者	宁波大学	深耕乡村慢性肺部疾病分级诊疗方案,助力基层医疗水平全面提升
15	红土中的革命——赤泥路用赋能乡村振兴	山东大学	赤泥的大宗量、高附加值、绿色资源化利用,助力国内环境治理,土地解放,解决民生难题,推动城乡共繁荣,赋能绿色新基建
16	融爱未来——孤独症儿童融合教育创领者	山东师范大学	孤独症儿童融合教育的整体帮扶
17	薪传时光:数字公益传播赋能社会治理创新	暨南大学	以创意公益传播直击社会痛点,赋能数字社会治理,展现突出的公益成效
18	红岩知己——中国"红岩精神"传承模式的领航者	西南大学	红岩精神的全体系传承和传播
19	"译心一意"无障碍手语公益服务领航者	重庆师范大学	无障碍手语翻译服务的提供及能力培训,赋能国家信息无障碍环境建设
20	健居高原——青藏高原固防兴边的宜居环境缔造者	西安建筑科技大学	技术创新助力高原宜居环境营造的全产业链技术体系构建,为藏区群众创建雪域高原创业宜居宜业美丽家园

　　20个社区治理领域的国金项目包括红色精神的传播和弘扬、特定群体的关爱和帮扶、乡村基层公共卫生的治理、中国传统非遗文化的传播、高原艰苦地区宜居宜业环境的构建等多种类型的项目。这些项目围绕解决各类社会实际问题以及农业农村和城乡社区发展面临的主要问题充分展开,在助力乡村振兴和社区治理、推动实现经济价值和社会价值上取得了明显的成效。其中公益类项目在弘扬公益精神方面起到了很好的示范引领作用。

　　其中不少优秀项目体现了多学科交叉的技术和产品创新特点,在解决社会各类问题以及公益创业中得到了良好的应用并创造了价值。例如，乡村慢性肺部疾病的分级诊疗、罕见病的快速筛查及预防、无障碍手语翻译的高效提供等方面。另外，还包括城乡有机废弃物快速高效处理及变废为宝，赤泥的大宗量、高附加值、绿色资源化利用等项目，通过技术创新和科技成果的有效转化和落地，在不同领域解决了相应的社会问题。科研创新成果与创新创业实践的较好结合，创造出了明显的社会效益和经济效益，学生也在"红旅"课堂中涵育了家国情怀和公益精神。

二、第九届大赛"青年红色筑梦之旅"活动优秀案例展现

【案例一：新秾科技——基于光谱农业的乡村振兴领航者（西北农林科技大学）】

来自西北农林科技大学的新秾科技项目团队利用高光谱成像技术，结合物联网与农业大数据分析，对农田作物生长状况进行诊断。主要是以作物信息采集、数据分析为基础，针对性地给农田作物提供病虫害预警、防治配方、水肥管理方案等专业化服务。其愿景为："以科技之'光'照亮我国乡村振兴之路"。

2015 年 3 月—2018 年 3 月，团队对陕西、新疆、甘肃等 6 省进行了关于病虫害情况的调研。结果显示，每年因病虫害导致农业公司、合作社及相关农户由富变负的情况占调研总数的 40%。2017 年，项目负责人在读硕士期间开始接触智慧农业方向。2018 年开始聚焦到智慧农业中的一个分支领域——光谱农业，并对此产生极大的兴趣。2019 年，父母响应政府号召种植蔬菜大棚，但仅在第二年便在病虫害防治的过程中意外中毒。那时他便思考：如果有病虫害预警及早期防控技术，也许家庭的悲剧便不会出现了。于是，项目负责人立志通过自己所学利用高光谱技术将农田的病虫害早期预警及早期防控应用到农业产业上来，以防这样的悲剧再次出现。

2018 年，团队着手建立不同经济作物的病虫害光谱数据库，至今已有 5 年多的时间。团队已经完成了 37 种常见经济作物的病虫害光谱数据库，平均每种作物可以预警约 30 种的病虫害，建立了全国唯一的"37-30-95"农业高光谱数据库。同时，成立了"新秾科技助农团"，将光谱预警技术成功应用到合阳县方寨村樱桃产业的发展上，并取得了方寨村委会、樱桃合作社及广大果农的一致认可与好评。

团队目前为合阳县方寨村樱桃产业前后累计服务 150 余次，超过 200 名本科生、研究生参与本服务项目的实践。目前方寨村年轻人返乡就业率高达 80%，平均每亩每年的樱桃产值在 1.5 万～2 万元。2022 年的 3～7 月份，团队利用自身技术解决了困扰方寨樱桃产业多年的果蝇防治效果不佳的难题，为其新增樱桃产量 76.5 万公斤，新增产值约 1530 万元。2022 年，方寨村樱桃产业顺利突破"亿元"，团队受到教育部的表彰。

通过在方寨村的实践，团队创立了一套高校、公司、助农团三位一体的富农模式，可以快速有效地推进项目的实施，并将该模式迅速复制。团队共计进行了 300 多场新型职业农民培训，形成 100 多个一对多的技术帮扶小组，覆盖 32 个合作社及 2500 多户果农，相关事迹被陕西学联、新华社等 20 余家主流媒体报道。

2023 年 3 月至今，公司直接带动就业岗位共计 9 个，通过项目间接带动就业岗位 55 个，平均为果农增收 1 万元/年/亩。同时，整合西北农林大学、福建农林大学、沈阳农业大学等 6

个顶级科研院所共建大学生就业创业实践基地，举办"创业沙龙""灵感火花"等活动100余场，吸引数万名本科生、研究生参加，形成了良好的大学生创新创业环境，带给大学生更多创新创业培训及思维训练机会。团队还在合阳县方寨村、延安市安塞区等建立"新秾科技"技术服务示范站14个，联合当地农业专家开展300多次新型职业农民培训，共计挖掘优秀人才100余人，大力培养"新农科人才"，打造了一套成型的当地人才当地"百炼成钢"模式，使当地人才拥有尽可能多的发展空间；同时，联合各高校培养本科生200多人、研究生45人，保送至国内外名校13人，其中直博北京大学1人，直博浙江大学7人。打通产教协同路径，培养拔尖型"技术型人才"120余人，获国际、国内顶尖赛事荣誉40余项。

来源：

《我校在中国国际大学生创新大赛（2023）中斩获金奖！》（2023-12-07），微信公众号：西农团委。

【点评】项目以高光谱成像技术结合物联网与农业大数据分析技术的创新作为突破点，以病虫害预警、防治配方、水肥管理方案等方面的专业化服务形成一个整体的解决方案。团队创立了一套切实可行的"高校+公司+助农团"三位一体协作模式，快速有效地推进项目的实施，形成一个可复制、可推广、可示范的富农模式。从最终项目实施的情况看，项目体现了很好的实效性，为实现乡村产业振兴、带动乡村就业、吸引更多年轻人返乡就业作出了贡献，产生了巨大的价值。

同时，项目依托"985"高校西北农林科技大学在农业领域的优势学科资源和平台，围绕项目运营与模式拓展，在各地大力培养"新农科人才"，成功探索出产教协同的路径，培养拔尖型"技术型人才"。项目充分体现了学校在教育、科技、人才三位一体统筹推进，以及"四新"建设方面取得的成效。

【案例二：沙地绿颜——砒砂岩抗蚀促生综合治理首创者（东南大学）】

我国是荒漠化面积最大、受影响人口最多、风沙危害最严重的国家之一。据统计，2022年我国荒漠化面积达27%，水土流失面积占37%，年经济损失超1.25万亿元。作为黄河粗泥沙的主要来源区，黄河流域砒砂岩区是我国乃至世界上侵蚀最为剧烈且最难治理的地区之一，也是黄河下游"地上悬河"的粗泥沙来源核心区，被中外专家称为"世界水土流失之最"和"地球生态癌症"。长期以来，砒砂岩区被列为国家生态环境建设和水土流失治理重点区。

传统的治理方式主要为工程措施、生物措施及植物柔性坝治理措施，但都很难兼顾侵蚀治理与生态修复。实现侵蚀防治与生态效益的有效结合，在减少侵蚀的同时，又能促进植物恢复，是该领域亟待解决的技术难题。为解决上述问题，研究团队通过"十二五"科技支撑计划项目、国家重点研发计划项目、国家自然科学基金项目等，率先提出"材料—工程—生物"的综合治理理念，提出了"新材料""新技术""新模式"的"三新"解决方案，发明了改性亲水性聚氨酯（W-OH）材料，首创了系列可持续水土保持与生态修复关键技术及成套施工装备，突破了侵蚀治理和生态修复难以兼顾的技术瓶颈。针对当地需求打造了生态治理与经济产业协同发展的新模式，提供经济果林的配置方案，实现农民增产增收，助力乡村振兴。

此外，项目成员在梁止水老师的指导下，多次深入内蒙古等地进行实践调研，参与现场劳动实践。该项目曾荣获第六届中国青年志愿服务项目大赛金奖、江苏省高等学校劳动教育优秀实践项目一等奖等多项荣誉。以青春之名造万千绿荫，惠中国百姓，领军全国生态文明发展，为建设美丽乡村而不懈奋斗。

来源：

（1）《土木工程学院在中国国际大学生创新大赛（2023）全国总决赛中斩获佳绩》（2023-12-10），微信公众号：东南土木。

（2）《5 金！东大学子在这一顶级赛事"闯"出精彩、"创"出未来！》（2023-12-11），微信公众号：青年东大说。

【点评】项目团队以黄河流域砒砂岩区这个在侵蚀治理领域最难啃的骨头为切入点，以理念创新作为突破口，在科技创新方面攻坚克难，首创了系列可持续水土保持与生态修复关键技术及成套施工设备，实现了侵蚀治理与生态修复的兼顾。针对当地需求因地制宜打造了生态治理与经济产业协同发展的新模式，有效助力了产业振兴，赋能美丽乡村建设及农民增产增收。

本项目依托东南大学土木工程学院世界一流学科、国家重点学科建设等优势，针对国家发展所面临的重要问题，体现了巨大的社会效益和环保价值。在整个项目的实践过程中，团队成员在指导老师的带领下深耕一线，在实践中探索，在实践中解决问题，得到了长足的成长，充分体现了学校在教育、科技、人才"三位一体"统筹推进，以及"四新"建设方面取得的具体成效。

【案例三：燃梦少年——三百万粉丝草根球星中国乡村体育赛事开拓者（贵州师范学院）】

燃梦少年团队自2018年起，一直走在致力于乡村体育赛事发展的路上。通过6年发展，赋能3000多篮球爱好者，创办燃梦训练营，成立燃梦联盟，构建1+10媒体矩阵，探索出一套"1+4"的中国乡村体育赛事运营体系。燃梦少年团队汇集多学科的优秀成员，结合流量优势开展乡村体育赛事，面向消费者、企业、政府提供赛事组织、赛事策划两类服务。以乡村体育赛事为载体，助推乡村振兴。

燃梦少年致力成为全国首个助推乡村体育赛事发展的大学生团队，以乡村体育赛事为载体，致力于乡村振兴。团队以赛事为核心，推出房车杯、村赛、地区杯、燃梦杯四大进阶赛事，打造"体育赛事+乡村旅游+传统文化+全民健身"多元融合发展的品牌体育赛事活动，历经六年，已经在黔西南、黔东南等西南地区承办了173场乡村篮球赛事，筑梦乡村青少年3000多人进入专业体育机构，全网累计收获300万粉丝关注，曝光量超55.7亿次，助力56个乡村经济增收，推动农特产品销售500余万，项目累计营业收入583万元，预计2027年可实现年营收2600万元。

燃梦少年雏形为贵州师范学院燃梦工作室，致力于整合乡村体育资源，以赛兴村。2021年1月21日，石学念因在摆摊看店时打篮球而在网络上走红。中国之声、《人民日报》等国家级媒体相继宣传报道，获得了网友的点赞。通过策划赛事经验的积累和全网的自媒体流量高地，团队在2022年7月26日成立了贵州体育文化发展有限公司。

项目六年来一直以乡村体育赛事为载体，助力乡村振兴。推动各级政府主办乡村篮球赛事，提供赛事策划、执行、协办等一站式服务，以"赛"为核心建立燃梦进阶赛，促进乡村体育发展布局优化；团队构建独有赛事自媒体运营体系，打造"个人 IP+品牌"自媒体流量高地，探索出赛事"直播+农产品"带货的流量变现新模式，以体育赋能农业发展；拓宽体育赛事发展渠道，团队申请成立燃梦联盟，吸纳当地会员企业 32 家；创新推出燃梦房车杯，在车后增设篮球筐，打破乡村场地限制，即停即赛，即赛即推，持续推动乡村体育活动丰富开展。

截至目前，团队已累计为 6 县 23 个村举办乡村体育赛事，为 47 个学校和村集体留下崭新球场，实现赛事举办后全村人均收入同比增长 30%，团队还得到了国务委员、国务院党组成员的亲切关怀，与 50 余位体育界及自媒体达人联动，全网曝光率超 8 亿次，抖音话题互动量达 3.6 亿次。以赛事为抓手进军乡村大体育市场，从贵州出发，现已复制推广。项目的长期目标是把这种模式推广到全国，帮助农村实现大幅度的经济增收。

来源：

（1）《双金闪耀天津卫 我校在中国国际大学生创新大赛中获佳绩‼》（2023-12-09），微信公众号：贵州师范大学。

（2）《创业新星计划｜燃梦少年——三百万粉丝草根球星》（2023-10-12），微信公众号：中国高校创新创业教育联盟。

【点评】"红旅"赛道的创意组和创业组在创新维度有如下要求：鼓励院校科研成果和文创成果在乡村或社区进行产业转化落地与实践应用。项目六年来一直以乡村体育赛事为载体，有效助力乡村振兴。在运营模式上，本项目构建 1+10 媒体矩阵，探索出一套"1+4"的中国乡村体育赛事运营体系；打造"个人 IP+品牌"自媒体流量高地，探索出赛事"直播+农产品"带货的流量变现新模式，以体育赋能农业发展；拓宽体育赛事发展渠道，不仅探索了一种大众体育运动发展模式，还探索了一种做旺文旅消费、促进文旅深度融合和高质量发展的新方式。

项目以"村 BA"作为主要切入点，以"人民对美好生活的向往"为发力点，打造旅游核心吸引物和超级文旅 IP，使当地居民、各类服务主体与外来游客成为一个共享快乐、共创价值的共同体，并形成了一个可复制、可推广、可示范的模式，持续在产业振兴、文化振兴、人才振兴、组织振兴等多个方面和维度赋能乡村振兴。

"村 BA"是现代与传统的完美融合，已成为促进沟通交流、展示地方特色、传承弘扬民族民俗文化的欢乐赛事，成为展示中国魅力、吸引全球关注喜爱的重要平台。

【案例四：一江碧水伴笑颜——长江江豚的守望者（江苏科技大学）】

2016 年 9 月，江苏科技大学学子积极响应党和国家"长江大保护"号召，以长江江豚保护为核心，开启了"守护一江碧水，守望美丽中国"的实践历程。团队致力于恢复长江江豚种群和改善栖息地生态环境，增强全社会的保护意识，营造"长江大保护"社会氛围，并为长江江豚保护与研究事业培养了一批优秀的志愿者和接班人。七年来，团队带领志愿者编写教材、建设平台、广泛宣传、举办夏令营和冬令营、开展科学考察、进航船、进社区、进学校、进企业、进保护区，开展江豚保护科普宣教和科学研究，共开展江豚保护主题活动 300余场，足迹覆盖 5 省 20 市，累计行程达 10 万公里。团队于 2021 年正式注册成立全国首家大学生江豚保护社会团体——镇江市京口区江豚保护协会。近两年获得多项国家级、省级荣誉，事迹被各级媒体多次报道。

长江江豚是我国特有的珍稀水生哺乳动物、国家一级重点保护野生动物，是长江生态系统健康状况的重要指示物种，是长江大保护的"代言人"，其种群状况直接反映长江生态系统的健康水平。保护江豚，既维护了长江生物多样性和完整性，也为长江生态安全和可持续发展筑牢了坚实防线。然而，江豚目前濒危，仅存1200余头。

2012年，团队负责人叶雷凯通过新闻关注到洞庭湖江豚死亡事件，为江豚的濒危状况感到震惊。为了参与江豚保护工作，他决心报考武汉的高校。自2015年起，本科4年里，他以志愿者身份在我国江豚研究和保护中心——武汉中科院水生所参与江豚人工饲养与繁育等研究和保护工作，累计达1000余小时，周末、寒暑假等课余时间几乎都在陪伴江豚中度过。2016年，在镇江豚类保护区开展江豚科考时，叶雷凯与江苏科技大学江豚保护志愿者结缘，共同组建了江科大长江江豚保护实践团。为了继续追寻"江豚保护梦"，本科毕业后，他以专业第一名的成绩考入江苏科技大学读研究生，继续立足所学专业，和团队一起在江豚保护的道路上砥砺前行。

团队主编的全国第一本江豚科普教材《我们的江豚，我们的长江》，由吉林出版集团出版，《光明日报》进行了专题报道；参编全国第一本面向中小学的江豚与长江生物多样性保护教育读本《守望长江微笑》，由江苏凤凰科学技术出版社出版；参编《南京常见水生野生动物识别手册》，由南京大学出版社出版；自主研发面向大中小学、社会公众等不同人群的教学资源库，为科普教育提供了强有力的资源支撑。

团队依托互联网平台开发了"江豚保护志愿者联盟"微信小程序，打造江豚保护线上活动阵地，2022年全年共开展20期线上科普公开课，累计3万人次观看学习；组建全国首个江豚科普宣讲团，带动长江流域内外7省14所高校联合开展江豚保护，共培养科普团讲师600余名，目前各科普宣讲团已在所在地的学校、社区开展江豚保护宣讲120余场，进一步扩大了江豚保护宣传的覆盖面和影响力；主办全国大学生江豚保护夏、冬令营15期，近百所高校600余名大学生参与，获得了社会的广泛认可，对推进江豚保护、长江生态保护，以及提升大学生综合素质均产生了积极影响。

学校大力支持团队工作，推动长江江豚保护进课堂、进人才培养方案，在全国高校中首开江豚保护课程"长江豚类与长江生物多样性"，播撒保护江豚的种子，为培养一代代江豚保护志愿者奠定了坚实的基础。

镇江豚类保护区位于长江最下游，被称为江豚保护的最后一道防线。团队立足镇江豚类保护区，辐射鄱阳湖、洞庭湖等多个保护区，发挥生物、环境、化学等专业特长，开展江豚科学考察和栖息地监测，统计江豚数量、开展水质分析，编写系列研究报告，为野外江豚种群的保护提供科学依据。根据农业农村部统一部署，团队成员参加了2022年全国长江江豚科学考察，考察结果汇总为科考报告的一部分，为下一步国家制订保护计划提供了重要参考。

团队发起成立了镇江市江豚保护实践基地，与所在市渔政、海事等6个政府部门共同开展江豚栖息地水上巡护，及时发现并防止危害江豚的行为，为江豚创造良好的生存环境；为镇江市润州区和平路街道新金江社区护渔队打造"渔民驿站"和"渔政协助巡护镇江示范点"，带动退捕渔民就业，开展岸线巡护、渔业资源调查和增殖放流，促进长江鱼类资源和江豚食物资源恢复。

2022 年年初，镇江、南京、马鞍山三市开展江豚保护跨省协同立法，这是全国首次打破地域界限、以制度规范单一物种保护。团队作为镇江唯一社会组织全程深入参与了立法实地考察调研、草案审议等工作，推动了全国首部地方"长江江豚保护法"的诞生。

在中宣部、中央电视台共同举办的"看中国"项目中，团队成员作为中方组织人员，带领外国学生前往洞庭湖拍摄江豚纪录片，让世界看到江豚的微笑，团队的故事更是在 2022 年世界湿地大会上亮相。团队负责人叶雷凯的微博"江豚凯凯"共发布了 1000 余条江豚保护相关微博，被中共江苏省委网信办评为"江苏十佳网络公益项目"。

团队将持续增强长江江豚和长江生态保护的吸引力和凝聚力，为我国长江江豚、长江生态环境、长江生物多样性保护事业不断添砖加瓦，为美丽中国建设贡献智慧和力量。

来源：

（1）《十佳研究生团队|江苏科技大学长江江豚保护实践团：一江碧水伴笑颜》（2023-07-13），微信公众号：最美教育人。

（2）《一江碧水伴笑颜——江苏科技大学长江江豚保护实践团队》（2023-08-10），微信公众号：青春江科大。

【点评】本项目围绕江豚保护和长江生态保护砥砺前行，依托自身发起成立的全国首家大学生江豚保护社会团体——镇江市京口区江豚保护协会，有效链接政府部门、社会力量、科研院所等各方资源，从科学普及、科学研究、政策推动、生态补偿等多方面持续拓展，形成了全方位的价值和成果，包括立法的推动与法规的最终颁布与实施、科普传播覆盖更多群体、打造江豚及长江生态保护体系等。项目形成了一个可持续、可复制、可推广的发展模式，从镇江延伸到长江江豚栖息地沿线，创造了相当大的社会价值和生态价值，弘扬了公益精神，产生了巨大的社会影响力。

整个项目把素质教育和专业教育、科研工作等充分结合，对推进江豚保护、长江生态保护，以及提高大学生综合素质均产生了积极影响。项目的萌芽以及成长过程，始终贯穿项目负责人的初心情怀与使命担当。该项目为我国长江江豚、长江生态环境、长江生物多样性保护事业，以及美丽中国建设等贡献了智慧和力量，体现了青年一代的担当，是一个优秀的"红旅"公益项目。

【案例五：红岩知己——中国"红岩精神"传承模式的领航者（西南大学）】

一部小说，一首歌曲，一个地方，红岩精神影响了一代代青年。

红岩精神是中国共产党领导人民在抗日战争时期和解放战争时期，在国民党政权统治中心重庆进行斗争实践过程中锤炼、培育和凝结而成的，是最富有巴渝地域特色的红色文化。伟大的革命斗争实践赋予了红岩精神丰富的思想内涵，主要体现在坚如磐石的理想信念、和衷共济的爱国情怀、艰苦卓绝的凛然斗志、百折不挠的浩然正气。红岩精神是中国共产党人精神谱系中第一批伟大精神，准确把握红岩精神的科学内涵，将红岩精神蕴涵的思想力量、信仰力量、道德力量等转化为全面建设社会主义现代化国家的奋进动力，具有重要的实践意义。

习近平总书记多次强调，重庆作为一座英雄的城市，凝结出了红岩精神。团队把聚焦红岩精神青年化传承、让每一位中国青年都成为红岩知己作为自己的初心和使命。团队拥有"挖研传用"四步走的核心模式："4+3+3 递进式挖掘"的递进式挖掘：以寻访、考证、整理、呈现的递进式挖掘模式，对红岩革命文物、红岩口述史、红岩家信进行挖掘，共整理红岩革命文物等 2800 余件。"1 核 4 维"资源库：以"红岩精神青年化传承"为引领，打造"一核四维"红岩资源库；累计发表 C 刊文章 39 篇，形成 5 大红岩青年读本、42 份资政报告以及 100 余个红岩音视频节目。"3 力 3 化"传播矩阵：以榜样引领力、可视传播力、靶向定位力，推动中小学榜样化、社区情景化、高校课程化的传播矩阵。五维场景：以育人总目标为引领，通过整理、制库、活化、推出四大模式形成五维活用场景。形成上中下游贯通式一体化的传承模式，达到了可复制、可推广的落地效果。在资金上，团队通过社会捐助和政府资助的注血与自我造血，保证项目的资金可持续。项目团队是全国首个大学生传承红岩精神的民间非营利性组织，组织架构清晰，项目成员来自北京大学、四川大学等高校，学科交叉，本硕博贯通，以奥运冠军赵帅等组成理事会，以红岩研究专家朱军、白显良组成导师团队，为项目保驾护航。团队邀请中国文艺志愿者协会副主席李丹阳为志愿者总干事，招募服务制度明晰。团队获得了教育部、团中央、重庆市等 50 余项奖项，并获得《人民日报》《光明日报》等媒体共 500 余次报道，获得各界名人名家的广泛好评。

来源：

（1）《喜讯 | 学院"红岩知己"项目在中国国际大学生创新大赛（2023）中斩获全国金奖》（2023-12-27），微信公众号：西南大学马克思主义学院。

（2）《中国国际大学生创新大赛（2023）国赛获奖案例——红岩知己——中国"红岩精神"传承模式的领航者（新文科）》（2023-12-29），微信公众号：中关村加一人才中心。

【点评】红岩精神是中国共产党人精神谱系的重要组成部分，是党的奋斗史上的宝贵精神财富，是推动党和国家事业发展、推动实现中华民族伟大复兴历史进程的强大精神力量，具有深远的历史意义和巨大的时代价值。围绕红岩精神的传承，项目创立了公益组织，形成了"挖研用"四步走的核心模式，在内容素材挖掘上通过"4+3+3 递进式挖掘"的模式创新，以"红岩精神青年化传承"为引领，形成了丰富立体的"1 核 4 维"红岩资源库。在此基础上，项目以育人总目标为引领，通过整理、制库、活化、推出四大模式形成五维活用场景，形成了上中下游贯通式一体化的传承模式，覆盖面最广，影响力最大，传承效果最佳。

"青年红色筑梦之旅"活动六年总结

第七节

六年来，已有 177 万个创新创业团队、813 万名大学生参加"青年红色筑梦之旅"活动。"青年红色筑梦之旅"活动认真贯彻落实习近平总书记的重要回信精神，不断深入开展，将红色筑梦的旗帜插遍祖国大地，引导广大青年学生传承红色基因、锤炼意志品质，扎根中国大地、了解国情民情。努力践行习近平总书记"青年一代有理想、有追求、有担当，实现中华民族伟大复兴就有源源不断的青春力量"的谆谆嘱托。

"红旅"活动有力地促进了思政教育、专业教育和创新创业教育的深度融合。青年学子们走进革命老区、贫困地区、城乡社区，共上一堂融党史教育课、国情思政课、创新创业课、乡村振兴课、红色筑梦课为一体的中国金课，用专业知识和创新创业成果为脱贫攻坚和乡村振兴贡献青春力量。至第八届大赛举办时，累计已经有 98 万个创新创业项目精准对接农户 255 万余户、企业 6.1 万余家，签订合作协议 7 万余项，取得了良好的经济和社会效益。

过去六年，"红旅"活动的服务领域、聚焦区域、项目要求，以及"红旅"赛道主要目标中体现出来的一些关键时政元素，如表 3-12 所示。

表 3-12 过去六年"红旅"活动总结表

	服务领域	聚焦区域	项目要求	核心时政元素
第四届	用创新创业成果服务乡村振兴战略、助力精准扶贫	革命老区，城乡社区	创新性、推广性和实效性	
第五届	助力精准扶贫、乡村振兴和社区治理	革命老区、贫困地区和城乡社区	创新性、实效性和可持续性	
第六届	解决农业农村和城乡社区发展的痛点问题、助力精准扶贫和乡村振兴	革命老区、贫困地区和城乡社区，尤其是 52 个未摘帽贫困县	创新性、实效性和可持续性	脱贫攻坚
第七届	聚焦革命老区，开展公益创业，引导师生服务乡村振兴	革命老区、贫困地区、城乡社区	创新性、实效性和可持续性	建党百年
第八届	引导师生扎根基层创新创业，推动乡村振兴取得新进展、农业农村现代化迈出新步伐	农业农村、城乡社区	创新性、实效性和可持续性	迎接党的二十大胜利召开
第九届	紧扣学习贯彻习近平新时代中国特色社会主义思想主题教育，不断拓展"青年红色筑梦之旅"活动的时代内涵，引导广大青年学生"上山下乡出海"，乘风破浪向未来	农业农村、城乡社区	创新性、实效性和可持续性	贯彻落实党的二十大精神，"三位一体"统筹推进教育、科技、人才工作

过去六年"红旅"活动体现了如下特点。

一、思创融合，时政导向

正如当时教育部高等教育司司长在 2022 年 8 月所说，"红旅"活动一是走出了一条人才培养范式改革的新路，将高校的思政教育、专业教育和创新创业教育深度融合，将大学生的创新创业实践与精准扶贫脱贫、乡村振兴紧密结合，组织和引导学生在"红旅"活动实践中增长见识、磨炼意志，同时将他们所学的专业知识及时转化为人民群众的切实需要，树立了新的人才培养观、新的教学质量观，引领了高等教育人才培养理念和实践的深刻变革。

"红旅"活动是一堂融党史教育课、国情思政课、创新创业课、乡村振兴课、红色筑梦课为一体的极具特色和标志意义的"中国金课"，在"落实立德树人根本任务"方面体现出越来越重要的作用。近年来，各届"红旅"活动赛道的主要目标，都体现了当年的时政要点。

2020 年是全面建成小康社会目标的实现之年，也是全面打赢脱贫攻坚战的收官之年。年初在脱贫攻坚决战决胜关键时刻，国务院扶贫开发领导小组对 2019 年年底未摘帽的 52 个贫困县实施挂牌督战，吹响攻克脱贫攻坚最后的冲锋号。围绕这个党和国家的核心任务，本届大赛"青年红色筑梦之旅"活动全面聚焦 52 个未脱贫摘帽贫困县的实际需求，引导广大青年学生扎根中国大地、了解国情民情，用创新创业实践助力精准扶贫脱贫，推动高校的智力、技术和项目资源在贫困地区落地生根，帮助百姓脱贫致富，带动当地经济社会发展。

2021 最重要的一件时政大事就是全国人民欢庆中国共产党的百年华诞。在 2021 年的"红旅"活动启动仪式上，教育部部长表示，本次活动是教育系统献礼建党百年的系列重要活动之一。希望同学们学好党史、明理增信，在学党史、悟思想的过程中传承基因、赓续传统、坚定信念、淬炼思想、磨砺本领；要扎根实践，服务基层，走进革命老区、偏远山区和城乡社区，将专业知识与创新创业相结合，带动一批乡村创新创业项目，催生出更多小微供应链，激活乡村发展内生动力；要学真本领，堪当大任，把个人理想与党和国家的前途命运紧密结合，以聪明才智贡献国家，以开拓进取服务社会，让青春在为祖国、为民族、为人民、为人类的不懈奋斗中绽放绚丽之花。

2022 年，全国上下迎来了中国共产党的二十大胜利召开，当年中央的一号文件也明确了本年度农业农村工作的主线，就是推动乡村振兴取得新进展、农业农村现代化迈出新步伐。当年举办的第八届大赛的"红旅"活动赛道也充分融合了时政要素。在 2022 年 8 月 15 日的教育部新闻发布会上，高教司司长介绍，第八届大赛"红旅"活动围绕迎接党的二十大，传承红色基因，坚定理想信念，全面推进课程思政。此外，当年度大赛更加注重发挥高校"新工科、新医科、新农科、新文科"的引领作用，用"四新"为"红旅"赋能，重点围绕乡村"产业振兴、人才振兴、文化振兴、生态振兴、组织振兴"要求，聚焦"新农村、新农业、新农民、新生态"建设，引导师生扎根基层创新创业，关注农业农村绿色发展，挖掘乡村多元价值，推动乡村振兴取得新进展。

2023 年是全面贯彻党的二十大精神的开局之年，在本年度举办的第九届中国国际"互联网+"大学生创新创业大赛的"青年红色筑梦之旅"赛道，紧扣学习贯彻习近平新时代中国特色社会主义思想主题教育，不断拓展"青年红色筑梦之旅"活动的时代内涵。鼓励广大青年学子们在"筑梦之旅"中勇于追梦、敢于创新、善于实践，不断挑战自我。引导广大青年学生"上山下乡出海"，了解民情、知晓民意，在实践中锤炼意志、培养能力、增长才干。通过扎实开展"青年红色筑梦之旅"活动，推动习近平新时代中国特色社会主义思想入眼、入耳、入脑、入心，使广大青年学生深刻理解"两个确立"、坚决做到"两个维护"，坚定不移听党话、跟党走，厚植家国情怀，成为社会主义合格建设者和可靠接班人，为全面建设社会主义现代化国家贡献青春力量。

二、紧扣大局、贴近民生

"明确新时代我国社会主要矛盾是人民日益增长的美好生活需要和不平衡不充分的发展之间的矛盾，必须坚持以人民为中心的发展思想，发展全过程人民民主，推动人的全面发展、全体人民共同富裕取得更为明显的实质性进展。"党的十九届六中全会通过的《中共中央关于党的百年奋斗重大成就和历史经验的决议》，以"十个明确"对习近平新时代中国特色社会主义思想的核心内涵进行了概括。其中"人民"二字，重若千钧。

让人民生活幸福是习近平总书记心中的"国之大者"。以习近平同志为核心的党中央着眼于新时代社会主要矛盾的变化，指明了解决当代中国发展主要问题的根本着力点，为推进高质量发展、创造高品质生活、不断满足人民对美好生活的向往提供了重要遵循。

在党的执政理念的指引下，"青年红色筑梦之旅"活动紧扣创新驱动发展、乡村振兴等国家战略，组织广大青年学生积极开展创新创业实践活动，通过创新引领创业、创业带动就业，促进地方经济健康绿色发展。从第四届到第九届大赛"红旅"赛道主要目标的变化可以看出主要的着力方向，从纯粹的乡村振兴、精准扶贫，到农业农村与城乡社区的完整覆盖，充分体现了实现"人民对美好生活的向往"的目标。立足大局，我们大学生群体应通过"扎根中国大地、了解国情民情"，贴近民生，找准相应项目的切入点，并在创业实践的历程中"艰难困苦、玉汝于成"，最终体现出对祖国、对人民的责任与担当。

"红旅"活动六年来涌现了众多优秀项目。乡村振兴涉农类项目，围绕"产业兴旺、生态宜居、乡风文明、治理有效、生活富裕"的总目标，从产业振兴、人才振兴、生态振兴、文化振兴以及组织振兴的一个或者多个点切入，取得了实效。社会治理类项目类型越来越丰富，社区治理、医疗帮扶、居民养老、儿童关爱、历史人文、理论宣讲、动物保护、动物保护等多种类型的项目百花齐放。

三、红色传承，学以致用

截至 2023 年 6 月，已有 177 万个创新创业团队、813 万名大学生参加"青年红色筑梦之旅"活动。他们走进革命老区、贫困地区和城乡社区，接受思想洗礼、锤炼意志品质，同上一堂"红色大课"，同上一堂最大、最有温度的国情思政课。中国国际"互联网+"大学生创新创业大赛和"青年红色筑梦之旅"活动有力推动了高校人才培养范式变革。

在红色传承方面，将思想政治教育与创新创业教育相融合。各地各高校组织开展了内涵丰富、形式多样的活动，引导广大青年学生走进革命老区亲身实践体验，从心灵深处感悟和领会红色精神。通过参与"红旅"大课，青年学生激励自己不断前行，让自己心中燃烧的青春梦想变成服务乡村振兴、服务国家创新发展的美好现实。六年来，"红旅"培育了一大批信念坚定敢闯会创的时代新人。通过"红旅"活动引导高校大学生深入广袤农村、基层一线，结合自身专业优势，沉浸式、针对性地开展帮扶工作，在涵养家国情怀的同时，开展创新创业实践，切实提升大学生的创新创业能力。

在学以致用方面，将专业教育与创新创业教育相融合。"青年红色筑梦之旅"活动组织了理工、农林、医学、师范、法律、人文社科等各专业大学生，充分结合各高校在"四新"建设中所涌现出来的科技成果，以"科技中国小分队""健康中国小分队""幸福中国小分队""教育中国小分队”"法治中国小分队”"形象中国小分队”"政策宣讲小分队”等形式，走进贫困地区、城乡社区，充分运用所学专业知识，在现代创意农业、美丽乡村建设、健康脱贫攻坚、红色文化传播、弱势群体扶助、乡村振兴等领域作出了贡献。

在"青年红色筑梦之旅"活动不断深入开展的六年多时间，一大批"红旅"赛道中涌现出来的创新创业成功案例，为思想政治教育提供了大量鲜活的素材。"红旅"活动有助于激发大学生的爱国热情，增强大学生的民族自豪感和认同感，有助于增强思想政治教育的感染力和说服力，具有非常好的引领示范作用，有助于青年大学生更加坚定理想信念，扎根中国大地，在创新创业中增长智慧才干，在艰苦奋斗中锤炼意志品质，用创新创业的生动实践汇聚起民族复兴的强大力量。

第四章

"青年红色筑梦之旅" 项目要素

第一节 "青年红色筑梦之旅" 活动各组别项目评审要点分析

本章中相关要求和评分标准的说明，均参照第九届大赛"青年红色筑梦之旅"赛道的具体要求。

一、公益组的要求及评分标准

（一）组别要求

参赛项目不以营利为目标，积极弘扬公益精神，在公益服务领域具有较好的创意、产品或服务模式的创业计划和实践。

参赛申报主体为独立的公益项目或社会组织，注册或未注册成立的公益机构（或社会组织）的项目均可参赛。

（二）评分标准

评审要点	评审内容	分值
教育维度	1. 项目应弘扬正确的价值观，体现家国情怀，恪守伦理规范，有助于培育创新创业精神。 2. 项目体现团队扎根中国大地了解国情民情，遵循发现问题、分析问题、解决问题的逻辑，将所学专业知识、技能和方法用于解决各类社会问题，展现创新创业教育对创业者基本素养和认知的塑造力和提升创业者综合能力的效力。 3. 项目充分体现团队解决复杂问题的综合能力和高级思维，体现项目成长对团队成员创新创业精神、意识、能力的锻炼和提升作用。	30

评审要点	评审内容	分值
教育维度	4. 项目充分体现院校在"三位一体"统筹推进教育、科技、人才工作，扎实推进新工科、新医科、新农科、新文科建设方面取得的成果；项目充分体现专业教育、思政教育、创新创业教育的有机融合；体现院校在项目的培育、孵化等方面的支持情况	30
公益维度	1. 项目以社会价值为导向，以谋求公共利益为目的，以解决社会问题为使命，不以营利为目标，有一定公益成果。 2. 在公益服务领域具有较好的创意、产品或者服务模式的创业计划和实践，追求社会效益的最大化	10
团队维度	1. 团队的组成原则与过程是否科学合理；团队是否具有从事公益创业所需的知识、技术和经验；是否有明确的使命愿景。 2. 团队的组织构架、人员配置、分工协作、能力结构、专业结构、合作机制、激励制度等的合理性情况；团队外部服务支撑体系完备（如志愿者团队等）、具有一定规模、实施有效管理使其发挥重要作用的情况。 3. 团队与项目关系的真实性、紧密性情况；对项目的各项投入情况；团队的延续性或接替性情况。 4. 支撑项目发展的合作伙伴等外部资源的使用以及与项目关系的情况	20
发展维度	1. 项目通过吸纳捐赠、获取政府资助、自营收等方式确保持续生存能力情况。 2. 团队基于一定的产品、服务、模式，通过高效管理、资源整合、活动策划等运营手段，确保项目影响力与实效性。 3. 项目对促进就业、教育、医疗、养老、环境保护与生态建设等方面的效果。 4. 项目的模式可复制、可推广，具有示范效应。 5. 项目对带动大学生到农村、城乡社区从事社会服务就业创业的情况	20
创新维度	1. 团队能够基于科学严谨的创新过程，遵循创新规律，运用各类创新的理念和范式，解决社会实际需求问题。 2. 项目能够从产品创新、服务创新等方面着手开展公益创业实践，并产生一定数量和质量的创新成果。 3. 鼓励将高校科研成果运用到公益创业中，以解决相应的社会问题	20
必要条件	参加由学校、省市或全国组织的"青年红色筑梦之旅"活动	

二、创意组的要求及评分标准

（一）组别要求

参赛项目基于专业和学科背景或相关资源，解决农业农村和城乡社区发展面临的主要问题，助力乡村振兴和社区治理，推动经济价值和社会价值的共同发展。

参赛项目在大赛通知下发之日前尚未完成工商等各类登记注册。

（二）评分标准

评审要点	评审内容	分值
教育维度	1. 项目应弘扬正确的价值观，体现家国情怀，恪守伦理规范，有助于培育创新创业精神。 2. 项目体现团队扎根中国大地了解国情民情，遵循发现问题、分析问题、解决问题的逻辑，用所学专业知识、技能和方法助力乡村振兴和农业农村现代化、城乡社区发展，展现创新创业教育对创业者基本素养和认知的塑造力和提高创业者综合能力的效力。 3. 项目充分体现团队解决复杂问题的综合能力和高级思维，体现项目成长对团队成员创新创业精神、意识、能力的锻炼和提升作用。 4. 项目能充分体现院校在"三位一体"统筹推进教育、科技、人才工作，扎实推进新工科、新医科、新农科、新文科建设方面取得的成果；项目充分体现专业教育、思政教育、创新创业教育的有机融合；体现院校在项目的培育、孵化等方面的支持情况	30
团队维度	1. 团队的组成原则与过程是否科学合理；团队是否具有支撑项目成长的知识、技术和经验；是否有明确的使命、愿景。 2. 团队的组织构架、人员配置、分工协作、能力结构、专业结构、合作机制、激励制度等的合理性情况。 3. 团队与项目关系的真实性、紧密性情况；对项目的各项投入情况；创立创业企业的可能性情况。 4. 支撑项目发展的合作伙伴等外部资源的使用以及与项目关系的情况	20
发展维度	1. 充分了解乡村振兴、农业农村现代化、城乡社区发展的内容和要求，了解其中的痛点、难点，进而形成对所要解决问题完备的认知。 2. 在服务乡村振兴、农业农村现代化、城乡社区发展等方面有较好的创意、产品或服务模式，追求经济效益和社会效益的平衡。 3. 项目对推动乡村振兴、农业农村现代化、城乡社区发展等方面的贡献度。 4. 项目的持续生存能力，模式可复制、可推广，具有示范效应等	20
创新维度	1. 团队能够基于科学严谨的创新过程，遵循创新规律，运用各类创新的理念和范式，解决乡村振兴、农业农村现代化、城乡社区发展中遇到的各类问题。 2. 项目能够从产品创新、服务创新等方面着手开展创新创业实践，并产生一定数量和质量的创新成果。 3. 鼓励院校科研成果和文创成果在乡村或社区进行产业转化落地与实践应用。 4. 鼓励组织模式或商业模式创新，鼓励资源整合优化创新	20
社会价值维度	1. 项目直接提供就业岗位的数量和质量。 2. 项目间接带动就业的能力和规模。 3. 项目对社会文明、生态文明、民生福祉等方面的积极推动作用	10
必要条件	参加由学校、省市或全国组织的"青年红色筑梦之旅"活动	

三、创业组要求及评分标准

（一）组别要求

参赛项目以商业手段解决农业农村和城乡社区发展面临的主要问题、助力乡村振兴和社区治理，实现经济价值和社会价值的共同发展，推动共同富裕。

参赛项目在大赛通知下发之日前已完成工商等各类登记注册，学生须为法定代表人。项目的股权结构中，企业法定代表人的股权不得少于10%，参赛成员股权合计不得少于1/3。

（二）评分标准

评审要点	评审内容	分值
教育维度	1. 项目应弘扬正确的价值观，体现家国情怀，恪守伦理规范，有助于培育创新创业精神。 2. 项目体现团队扎根中国大地了解国情民情，遵循发现问题、分析问题、解决问题的逻辑，用所学专业知识、技能和方法助力乡村振兴和农业农村现代化实践，展现创新创业教育对创业者基本素养和认知的塑造力和提高创业者综合能力的效力。 3. 项目充分体现团队解决复杂问题的综合能力和高级思维，体现项目成长对团队成员创新创业精神、意识、能力的锻炼和提升作用。 4. 项目能充分体现院校在"三位一体"统筹推进教育、科技、人才工作，扎实推进新工科、新医科、新农科、新文科建设方面取得的成果；项目充分体现专业教育、思政教育、创新创业教育的有机融合；体现院校在项目的培育、孵化等方面的支持情况	20
团队维度	1. 团队的组成原则与过程是否科学合理，团队成员的教育和工作背景、创新能力、价值观念、分工协作和能力互补情况，是否有明确的使命、愿景； 2. 公司是否具有合理的组织构架、清晰的指挥链、科学的决策机制；是否有合理的岗位设置、分工协作、专业能力结构；是否有良好的内部沟通机制；是否有合理的股权结构、激励制度。 3. 团队对项目的各项投入情况及团队成员的稳定性情况。 4. 支撑公司发展的合作伙伴等外部资源的使用以及与公司关系的情况	20
发展维度	1. 充分了解乡村振兴、农业农村现代化、城乡社区发展的内容和要求，了解其中的痛点、难点，进而形成对所要解决问题完备的认知。 2. 在服务乡村振兴、农业农村现代化、城乡社区发展等方面有较好的创意、产品或服务模式，追求经济效益和社会效益的平衡。 3. 项目对推动乡村振兴、农业农村现代化、城乡社区发展等方面的贡献度。 4. 项目的持续生存能力，模式可复制、可推广，具有示范效应等	30

评审要点	评审内容	分值
创新维度	1. 团队能够基于科学严谨的创新过程，遵循创新规律，运用各类创新的理念和范式，解决乡村振兴、农业农村现代化、城乡社区发展中遇到的各类问题。 2. 项目能够从产品创新、服务创新等方面着手开展创新创业实践，并产生一定数量和质量的创新成果，获得相应的市场回报。 3. 鼓励院校科研成果和文创成果在乡村或社区进行产业转化落地与实践应用	20
社会价值维度	1. 项目直接提供就业岗位的数量和质量。 2. 项目间接带动就业的能力和规模。 3. 项目对社会文明、生态文明、民生福祉等方面的积极推动作用	10
必要条件	参加由学校、省市或全国组织的"青年红色筑梦之旅"活动	

四、各评审要素分析

（一）教育维度分析

2019 年 10 月 10 日，教育部高等教育司司长在教育部深化高校创新创业教育改革新闻发布会中提到，创新创业教育改革推动人才培养模式发生了两个转变：一是实现了从就业从业教育到创新创业教育的转变，以创新引领创业、以创业带动就业，形成高校毕业生更高质量创业就业的新局面；二是实现了人才培养机制的转变，通过创新创业教育，打破了学科专业、产业学校的壁垒，产生了令人欣喜的"破壁效应"，实现了多学科交叉融合、跨学科学习、校内外协同。

同年 11 月，他在四川大学作的题为《创新创业教育——人才培养范式的深刻变革》的报告中也明确指出，中国"互联网+"大学生创新创业大赛是我国深化创新创业教育改革的生动实践，本质是实践育人，是对高校人才培养范式深刻变革的检验。

围绕高校创新创业教育改革的方向，2020 年举办的第六届中国国际"互联网+"大学生创新创业大赛，第一次将"引领教育"作为一个分值为 10 分的评分要素。这体现了大赛对实践育人本质的明确定位及凸显。其具体要求如下。

（1）项目充分体现专业教育与创新创业教育的结合，体现团队成员所学专业知识和技能在项目和相关创新创业活动中的转化与应用。

（2）突出大赛的育人本质，充分体现项目成长对团队成员创新精神、创业意识和创新创业能力的锻炼和提升作用。

在 2021 年第七届中国国际"互联网+"大学生创新创业大赛上，"引领教育"评分要素的分值提高到了 15 分，内容也有了进一步的扩展。除了体现团队学生在创业实践中取得的收获外，还体现了院校相关的教育成效以及对项目的支持培育工作。具体要求如下。

（1）项目充分展示创业团队扎根中国大地、了解国情民情，运用创新思维和创业能力服务社会。

（2）项目充分体现专业教育与创新创业教育的有机融合，充分体现思政教育与创新创业教育的有机融合。项目突出大赛的育人本质，充分体现了项目成长对团队成员的社会责任感、创新精神、实践能力的锻炼和提升作用。

（3）项目体现了所在院校对项目发展的支持情况或项目与所在院校的互动、合作情况，团队创新创业、社会服务精神的正向带动和示范作用。

在 2022 年的第八届大赛中，该项评分要素的名称被调整为"教育维度"，公益组和创意组的分值增加到 30 分，创业组的分值增加到 20 分。具体内容涵盖对参赛学生团队在创新创业精神、创业及思想意识、创新创业能力的具体教育成效展现，学校专业及学科建设、创新创业教育、思政教育等方面改革实践以及项目培育孵化等方面做出的努力和成效。

在 2023 年的第九届大赛中，"教育维度"在各个赛道及组别的分值及评分标准，与第八届大赛基本相同，但是在第五点中加上了"项目能充分体现院校在'三位一体'统筹推进教育、科技、人才工作"的要求，这是围绕党的二十大报告提出的具体要求，以及本届大赛的主要目标进行的调整。

具体包括以下一些要点。

（1）如何培养创新创业精神。"项目应弘扬正确的价值观，体现家国情怀，恪守伦理规范，有助于培育创新创业精神。"该项评分标准体现了创新精神的培养方向。在树立和培养创新创业精神过程中，价值观导向是第一要务，需要体现家国情怀，恪守伦理规范，这样项目才能更好地体现思政教育的成果，最终把培育和践行社会主义核心价值观贯穿其中，体现预期的社会效益。

（2）如何培养创业意识以及锤炼创新创业能力。项目体现团队扎根中国大地、了解国情民情，遵循发现问题、分析问题、解决问题的逻辑，将所学专业知识、技能和方法应用于解决各类社会问题（公益组）/助力乡村振兴和农业农村现代化、城乡社区发展（创意组）/助力乡村振兴和农业农村现代化实践（创业组），展现创新创业教育对创业者基本素养和认知的塑造力、提高创业者综合能力的效力。把创业意识的培养作为起点，扎根中国大地、了解国情民情，从中国实践中来、到中国实践中去。具体的着力方向，包括乡村振兴和农业农村现代化、城乡社区发展，以及通过实践了解到的一些社会问题。

要将自身所学的专业知识、技能和方法与项目的实践相结合，包括娴熟掌握与应用创新创业所需知识（专业知识、商业知识、行业知识等）与技能（计划、组织、领导、控制、创新等），整体体现创新创业教育对创业者基本素养和认知的塑造力、提高创业者综合能力的效力；同时，充分体现团队解决复杂问题的综合能力，以及项目对团队成员创新创业精神、能力的锻炼和提升作用。

（3）如何体现学校的育人成效。第九届中国国际"互联网+"大学生创新创业大赛的核心任务包括贯彻落实党的二十大精神，"三位一体"统筹推进教育、科技、人才工作，把创新教育贯穿教育活动全过程，以创新之教育培养创造之人才，为全面建设社会主义现代化国家提供基础性、战略性支撑。本届大赛的任务为："以赛促教，探索人才培养新途径。全面提高人才自主培养质量，全面推进高校课程思政建设，深入推进新工科、新医科、新农科、新文科建设，不断深化创新创业教育改革，引领各类学校人才培养范式深刻变革，形成新的人才培养质量观和质量标准，切实提高学生的创新精神、创业意识和创新创业能力。"

"教育维度"的一个考核点是：项目能充分体现院校在"三位一体"统筹推进教育、科技、人才工作，扎实推进新工科、新医科、新农科、新文科建设方面取得的成果。项目一方面要体现学校在具体乡村振兴与社区治理方面的转化及落地应用情况，教育与项目培育体系的有效支撑情况，以及人才成长等方面的相关成果；另一方面要体现学校在"四新"建设方面的积累与成效，多学科交叉创新成果在项目中起到的作用，学生在"红旅"赛道创新创业教育实践中所取得的经济效益和社会效益。

"项目充分体现专业教育、思政教育、创新创业教育的有机融合，体现院校在项目的培育、孵化等方面的支持情况。"这主要是考查学校在创新创业教育、课程思政等方面的有机融合情况，以及项目培育孵化方面做出的努力和成效。

（二）团队维度分析

在团队维度方面，各组别的分值都是 20 分。具体内容和要求包括团队成员需要的知识技能结构、展开合作的模式、合作的紧密性和稳定性，以及外部资源如何助推项目的发展等四个部分。

（1）知识结构科学合理。整体考核团队的组成是否科学合理，是否有明确的使命、愿景。对于公益组，考核团队是否具有从事公益创业所需的知识、技术和经验；对于创意组，考核团队是否具有支撑项目成长的知识、技术和经验；对于创业组，考核团队成员的教育和工作背景、创新能力、价值观念、分工协作和能力互补情况。一个"红旅"项目包括产品服务、运营模式以及战略发展等多个部分，基于这样的模式和构架，需要多少数量和什么质量的团队人员来参与和支撑。团队维度首先要考虑相关知识技能结构是否科学合理，是否能满足项目当前以及未来一段时期发展的需要。

（2）组织架构合理健全。评分标准要求"团队的组织构架、人员配置、分工协作、能力结构、专业结构、合作机制、激励制度等的合理性情况"。其中创业组还包括"清晰的指挥链、科学的决策机制，是否有合理的岗位设置、分工协作、专业能力结构；是否有良好的内部沟通机制"等方面的要求。无论是公益组织、学生创业团队还是进行公司化运营的团队，要实现项目的良好运营，都需要把合适的人安排到合适的岗位上，并且基于合理健全的制度以及协调机制进行整体管理，最后形成良好的合力，推进项目的落地与发展，体现更大的效益。同时，也要考虑团队人员的配置以及组织架构，与项目当前的运营模式以及发展的预期目标的匹配度。

（3）团队合作紧密稳定。从一个项目的长远运营来看，团队的稳定性是核心。因此在团队维度上，如何体现团队合作的稳定性也是一个考核点。对于公益组，具体包括："团队与项目关系的真实性、紧密性情况；对项目的各项投入情况；团队的延续性或接替性情况。"对于创意组，具体包括："团队与项目的真实性、紧密性情况；对项目投入情况；创立创业企业的可能性情况。"对于创业组，具体包括："团队对项目的各项投入情况及团队成员的稳定性情况。"对于合作的紧密性和稳定性，一方面要考虑团队对项目既有的贡献，以及个人在项目中的具体定位；另一方面要考虑项目在持续运营过程中，团队成员对项目预期的价值和贡献，以及要在组织内部形成良好的发展机制。把团队的价值与个人的成长、价值充分结合，才能使团队合作紧密稳定。

（4）合作资源良好助力。这里考核的是：支撑项目或者企业发展的合作伙伴等外部资源的使用以及与项目关系的情况。无论是公益类项目还是商业运营类项目，要持续运营，要取得长足的发展，外部合作资源的助力都是必不可少的。项目要找准自身的定位，对项目的运营模式以及在产业链上的定位要有清晰的认知，如具体需要哪方面的合作资源，需要在哪些层面和方向给予支持，在合作的过程中如何形成一个良好的利益共同体。这些方面都是团队维度需要考虑的问题，也是项目发展中需要持续解决的关键问题。

其中，公益组别团队维度的要求在"团队的组织架构、人员配置、分工协作、能力结构、专业结构、合作机制、激励制度等的合理性情况"的基础上，还需要考虑"团队外部服务支撑体系完备（如志愿者团队等）、具有一定规模、实施有效管理使其发挥重要作用的情况"的要求。这对如何有效组建及管理外部团队、内外部形成有效合力，从而更好地支撑公益事业的开展提出了更为具体的要求，也为公益项目如何组建和管理团队提供了方向指引。

（三）发展维度分析

对于发展维度，公益组和创意组都是 20 分，而作为以创业企业作为参赛主体的创业组则是 30 分，更加注重具体的发展成效。发展维度更多地考虑具体项目的充分调研，对需要解决相关问题的痛点、难点、堵点、困点等进行准确了解。

对于项目的方向，创意组和创业组的着力方向更多的是服务乡村振兴、农业农村现代化、城乡社区发展等方面。而公益组项目立足于基层创业，解决各类社会问题，更侧重在促进就业、教育、医疗、养老、环境保护与生态建设等方面的价值和作用。

对项目的具体运营主要是考核可持续性、实效性以及可复制性几个方面。

（1）可持续性。在可持续性方面，公益组考核项目通过吸纳捐赠、获取政府资助、自营收入等方式确保持续生存能力情况。创意组和创业组更多地侧重项目的持续运营和生存能力，以及与商业模式的结合。

（2）实效性。实效性是从运营的成效以及在相关领域的贡献度来体现。创意组和创业组更多地是从模式可复制、可推广，具有示范效应等方面来考量。而公益组侧重实效性，通过团队基于一定的产品、服务、模式，通过高效管理、资源整合、活动策划等运营手段，确保项目影响力。"红旅"项目要考虑经济效益和社会效益的平衡，而不能一味地追求经济效益。

（3）可复制性。"模式可复制、可推广，具有示范效应"是对项目主要的考量点。项目模式的可复制性越强、成长的前景越广阔，则体现出来的可持续性以及实效性就越好，最终也会体现出更大的社会影响力。

（四）创新维度分析

在"红旅"赛道的三个组别上，创新维度都是 20 分，主要是考核创新的切入点、创新过程的科学严谨、创新成果的具体体现、创新价值的具体导向等方面。具体有如下几个要点。

（1）立足解决实际问题。团队能够基于科学严谨的创新过程，遵循创新规律，运用各类创新理念和范式，解决调研中发现的实际问题。这是进行创新工作的前提，体现其尊重规律、科学严谨的特性。

公益组着眼于解决社会实际需求。创意组和创业组则着眼于解决乡村振兴、农业农村现代化、城乡社区发展中遇到的各类问题。

（2）创新贯穿整个链条。在整个项目的运营过程中，创新不仅仅局限于产品或者技术创新，创新的链条还应覆盖整个项目的全部过程，包括从产品创新、服务创新等方面着手开展公益或创新创业实践，鼓励组织模式或商业模式创新，鼓励资源整合优化创新。

（3）创新价值回馈实践。基于国家近年来推进科技成果转化落地政策的不断深入，以及高校"四新"建设不断深入推进的背景，"红旅"赛道鼓励院校科研成果和文创成果在乡村或社区进行产业转化与落地应用，并产生一定数量和质量的创新成果。对于创业组项目，还要求具有一定的市场回报，即在创新驱动下，实现社会价值和经济价值的双丰收。

（五）公益维度/社会价值维度分析

在教育维度、发展维度、团队维度、创新维度之外，还有一个评分项，即评价项目对社会效益的贡献度。对于公益组来说，其考核指标是"公益维度"；对于创意组和创业组来说，其考核指标是"社会价值维度"。两者的分值均为 10 分。

（1）公益维度。第九届大赛公益维度的具体要求为：① 项目以社会价值为导向，以谋求公共利益为目的，以解决社会问题为使命，不以营利为目标，有一定公益成果。② 在公益服务领域具有较好的创意、产品或服务模式的创业计划和实践，追求社会效益的最大化。

评分要素关键点在于要求项目着眼于社会问题，不以营利为目的，追求社会效益最大化，彰显最大的社会影响力以及正能量的引领作用。

（2）社会价值维度。其由前面几届大赛中的"就业维度"或者"解决就业"评分项演化而来。一方面延续了对项目拉动解决就业方面贡献的考察，另一方面增加了"项目对社会文明、生态文明、民生福祉等方面的积极推动作用"的考察。"红旅"项目增加这方面的考察，是为了进一步促进参赛团队在具体的创业实践过程中，对社会文明、生态文明、民生福祉等方面的思考以及探索实践，厚植爱国主义情怀，把爱国情、强国志、报国行自觉融入坚持和发展中国特色社会主义事业、建设社会主义现代化强国、实现中华民族伟大复兴的奋斗中。

直接就业和间接就业方面的贡献要求，与前几届大赛保持一致。具体考察项目直接提供就业岗位的数量和质量，以及项目间接带动就业的能力和规模。更多的是引导项目通过创新驱动、模式引领，为拉动社会的整体就业作出更大的贡献。

第二节 "四新"建设与"红旅"项目的融合

一、"四新"建设与"红旅"项目的联系

在新一轮科技革命和产业变革的大背景下，我国社会经济的运行模式发生了根本性的改变，这对如何保持经济持续增长提出了更高要求。同时，国际格局正在深度调整，大国博弈

加剧，各国产业结构面临重构，世界进入以创新主导的发展时期。放眼未来，以科技创新驱动经济发展显得尤为迫切。在此背景下，培养具有社会责任感、创新精神和实践能力的时代新人成为必然。

2021年4月19日，习近平总书记在清华大学考察时指出："高等教育体系是一个有机整体，其内部各部分具有内在的相互依存关系。要用好学科交叉融合的'催化剂'，加强基础学科培养能力，打破学科专业壁垒，对现有学科专业体系进行调整升级，瞄准科技前沿和关键领域，推进新工科、新医科、新农科、新文科建设，加快培养紧缺人才。"这是习近平总书记对"四新"建设的重要指示，为高校的发展指明了道路和方向。

"四新"建设，主要是指新工科、新医科、新农科、新文科建设，其目的是进行人才培养模式改革，重点在专业建设。学科和专业体现了知识分类体系以及相应的制度安排，其建设的逻辑既遵循科学技术本身发展演化的规律，也体现了社会产业需求。新工科、新医科、新农科、新文科的共同之处在于都是以体现时代发展的新理念为指导，面向科技革命、扎根中国大地、推动学科和产业变革，从而促进经济发展和社会进步，面向未来发展需求培养优秀人才。

从内涵上来讲，"四新"的"新"不是"新老"和"新旧"的"新"，而是"创新"的"新"。具体来讲，新工科是"新的工科专业"＋"工科的新要求"＋"深度交叉再出新"。新医科作为构建健康中国的重要基础，着眼于实现从治疗为主到生命全周期、健康全过程的全覆盖，提升全民健康力。新农科要用现代科学技术改造升级涉农专业，助力打造天蓝水净、食品安全、生活恬静的美丽中国，并助力乡村振兴宏伟战略，全面实现"农业强，农村美，农民富"。新文科建设则要推动哲学社会科学与新科技革命交叉融合，培养新时代的哲学社会科学家，创造光耀时代、光耀世界的中华文化，用中国理论、中国范式、中国标准、中国自信讲好中国故事。

值得一提的是，四个学科之间不是泾渭分明的关系。融合和创新、多学科交叉是"四新"建设最基本的特征，更是当今时代发展的潮流。"四新"建设是我国顺应时代和应对世界百年未有之大变局，在高等教育内涵建设理念、内容、途径等方面进行的重大改革与创新。

自2016年以来，"四新"建设开始从前期模式探索走向范式变革，是引领中国高等教育改革创新的标志性举措。中国国际大学生创新大赛作为我国深化创新创业教育改革的生动实践，近年来在育人导向上，也越来越体现出"四新"的融合和创新、多学科交叉的重要特征。

在2021年的第七届大赛中，在"引领教育"的评分要素中体现了相关内容："项目充分体现多学科交叉、专创融合、产学研协同创新等发展模式。"其中充分体现了"四新"建设的要求，以及高校创新创业教育改革与"四新"建设充分结合、相向而行的特点和方向。

在第八届和第九届大赛中，大赛的主要任务之一"以赛促教，探索人才培养新途径"都有这样的要求：全面推进高校课程思政建设，深入推进新工科、新医科、新农科、新文科建设，不断深化创新创业教育改革，引领各类学校人才培养范式深刻变革，形成新的人才培养质量观和质量标准，切实增强学生的创新精神、创业意识，提高创新创业能力。无论是高教主赛道、"红旅"赛道还是产业赛道，其中的"教育维度"评分指标都要求项目能充分体现院校在新工科、新医科、新农科、新文科建设方面取得的成果。由此可见，高校的创新创业教育改革，与"四新"建设的发展方向结合得越来越紧密，而学科建设体现出来的成果，未来也会在包括中国国际大学生创新大赛在内的各种创新创业大赛中展现出来。

"四新"建设有深度融合科学、技术、产业、社会的优势，大赛在具体要求中对参赛项目基于不同的专业方向进行了定义和分类，具体如下。

（1）新工科类项目。大数据、云计算、人工智能、区块链、虚拟现实、智能制造、网络空间安全、机器人工程、工业自动化、新材料等领域，符合新工科建设理念和要求的项目。

（2）新医科类项目。现代医疗技术、智能医疗设备、新药研发、健康康养、食药保健、智能医学、生物技术、生物材料等领域，符合新医科建设理念和要求的项目。

（3）新农科类项目。现代种业、智慧农业、智能农机装备、农业大数据、食品营养、休闲农业、森林康养、生态修复、农业碳汇等领域，符合新农科建设理念和要求的项目。

（4）新文科类项目。文化教育、数字经济、金融科技、财经、法务、融媒体、翻译、旅游休闲、动漫、文创设计与开发、电子商务、物流、体育、非物质文化遗产保护、社会工作、家政服务、养老服务等领域，符合新文科建设理念和要求的项目。

从"复旦共识"拉开新工科发展的序幕，到教育部"六卓越一拔尖"计划 2.0 全面推进新工科、新医科、新农科、新文科建设，"四新"建设已经成为高校教学改革的重要工作。教育部高教司司长在 2022 年 8 月 15 日教育部在重庆召开的习近平总书记给"青年红色筑梦之旅"活动参赛大学生重要回信五周年座谈会上，针对"红旅"活动下一步的考虑有这样的阐述："我们将持续以'四新'建设为引领，通过'红旅'活动推动人才培养模式变革创新，同时以更多更高质量的'红旅'项目促进经济社会高质量发展。"

学校新工科、新农科、新文科、新医科建设的相关工作及项目，与思创融合、立德树人等方面结合，与"红旅"活动充分融合，有助于学校挖掘培养出优秀的"红旅"项目，有效赋能学校的思政教育、专业教育和创新创业教育。

二、多学科交叉视角和格局的培养

创新的动力首先来源于活跃的思想，活跃的思想来源于身体力行获取的丰富经验和深厚的理论土壤，创新的思想又离不开学科交叉。在学科领域不断细分的时代，单独一个人在某一领域取得突破变得越来越困难，很多重大科学突破来源于多个学科的交叉研究。世界历史上的三次工业革命极大地推动了人类社会的发展，动力之一是学科的不断细分和深入研究。在第四次工业革命的时代背景下，产业结构变化催生新的学科组织方式。当代社会重大科学技术突破越来越依赖不同学科之间的交叉融合，多学科交叉所形成的综合性、系统性、渗透性知识可以有效解决人类面临的新问题、新挑战。交叉学科不仅涵盖原有学科尚未涉及的知识领域，弥补原有知识体系的缺口，还是连接各学科知识的纽带，有助于推进学科的整体融合。

第四次工业革命可以视为人工智能、生命科学、物联网、机器人、新能源、智能制造等一系列创新所带来的物理空间、网络空间和生物空间的融合。以人工智能为例，研究和实现高级人工智能就要充分发挥多学科交叉的优势，从哲学、伦理学、心理学、认知科学、脑科学、神经科学、生命科学等到计算机科学、电子科学、机械、控制等工程技术学科，形成科学的理论和知识体系。近年来发展得如火如荼的新能源汽车产业，就是物理学与化学、材料、机械、电子等学科交叉融合的产物，交叉越细致的地方越容易产生创新理论和方法。且随着场景丰富性、产业多元化的发展，多学科交叉的视野会给我们带来更多的创新空间。创新源自团队的力量。多学科交叉需要更多不同学科的优秀人才聚集在一起，将各自领域最新的技术、思想不断交流碰撞，这样更容易产生创新的思想火花。把不同领域、不同学科、专业互补的人才组建多学科交叉的创新团队将是创新发展的趋势。随着"四新"建设的深入推进，各高校中跨学科、跨专业课程体系的融合创新也在不断进行，这有助于更好地培养出复合型创新人才。

在"红旅"活动中，通过"扎根中国大地，了解国情民情"，团队可以更多地了解国家与社会发展的具体实际问题。而多学科交叉的视野和格局，能更好帮助团队找到专业知识与创新创业的结合点，在现代农业发展、美丽乡村建设、弱势群体帮扶等各种领域作出实实在在的贡献，从而更好地把科研的根扎在泥土里，把论文写在祖国大地上。

三、各类型"四新"优秀案例展现

"新工科类"案例：智行无碍（第八届大赛"红旅"国金，苏州大学）

智行无碍旨在解决当下出行障碍人士的"出行难"问题。团队经过调研发现，关于无障碍信息目前存在两大痛点：一是无障碍设施维护低效，政府投入大量资金进行了无障碍环境建设，但设施存在被占用或早已被损坏等问题。二是设施与使用者信息不对称，即使无障碍设施众多，但出行障碍人群不了解无障碍设施的具体分布以及不知如何出行。

为了解决这个问题，项目团队开发了拥有无障碍导航功能的无障碍地图，目前拥有 App、小程序与 h5 网页端等多种形式，且手机 App 已经成功入驻各大手机应用商店，已累计助力出行障碍人士 8.9 万多人次。项目还与政府进行合作，开发了无障碍设施的大数据平台，为无障碍设施的管理提供数据。目前已经陆续打造了"江苏省无障碍地图""苏州市公交智慧无障碍导乘系统""张家港无障碍环境综合治理平台"等一系列样板案例。数据覆盖餐饮、购物、景点、酒店、休闲娱乐、医疗等场景，可实现人行道级别无障碍导航服务，并连接经信息无障碍改造的公共服务和智能化改造的无障碍设施，真正实现障碍人士"任意搜、随心逛、安心行"，为他们的出行和生活保驾护航。

项目负责人李麟青博士作为残障人士，实现了从受助者到助人者的角色转换。项目旨在帮助更多残障人士平等参与社会生活。项目构建无障碍数据管理平台，提升政府无障碍环境治理水平以及出行障碍人士对无障碍设施的信任度。同时，研发无障碍地图，帮助出行障碍人士规划一条畅行畅通的道路。在未来，团队将持续推进智慧无障碍生态建设，输出苏州模式，向外辐射，不断满足广大残障人士对美好生活的向往，为无障碍事业贡献中国智慧与中国方案！

来源：

（1）《喜报！我司创始人李麟青博士智行无碍项目荣获金奖》（2022-11-21），微信公众号：出行无障碍。

（2）《恭喜！李麟青博士的智行无碍项目荣获金奖》（2022-11-20），微信公众号：苏州残联。

【点评】项目的技术创新突破点，主要包括"新工科"学科范畴的大数据、云计算、计算机软件技术等。要解决的实际问题是残障人士的无障碍出行，让残障人士也能享受出行的安全感、公平感和幸福感。项目负责人作为残障人士，秉承创业初心，带领团队持续努力，实现了从受助者到助人者的角色转换，同时也为更多的残障人士带来福音。

"新农科类"项目：一言为"嗪"——捍卫国家粮食安全，农业创新药"异唑虫嘧啶"的探索与应用（第八届"红旅"国金项目，贵州大学）

该团队研发出的针对水稻害虫稻飞虱的绿色高效新农药——异唑虫嘧啶，拥有全新的结构、全新的作用机制，对蜜蜂等非靶标生物安全，绿色生态。针对我国乃至亚洲水稻生产中稻飞虱防治难、抗性重、缺乏有效防治药剂这一现实问题，2018 年，在中国工程院院士宋宝安、贵州大学教授宋润江等专家的指导下，贵州大学精细化研究中心成立团队，对介离子化合物作为潜在药物进行研发。经过长时间的研究分析和反复实验验证，团队研发出了具有自主知识产权的新型高效稻飞虱防治药剂——异唑虫嘧啶。当问及团队开展此项研究的出发点，团队成员马清清这样说："我国大部分地区主食以大米为主，稻飞虱对于水稻生产有极大影响，现有的针对稻飞虱的药都是进口的，我们想要创造有自主知识产权的药，填补国内这一领域成果的空白，我们中国人的饭碗一定要握在我们中国人自己的手里，要用中国人自己的技术守护中国人自己的粮食，这是我们做科研的初衷和目的。"

来源：

《获奖团队专访｜一言为"嗪"——第八届中国国际"互联网+"大学生创新创业大赛"青年红色筑梦之旅"金奖团队》（2022-12-05），微信公众号：贵研新声。

【点评】项目以农药研发作为切入点。农药学是一个综合性学科，是涉及农业、化学与生物学的交叉学科，充分体现多学科交叉的特点。其涉及诸多基础科学和应用科学，如化学、农学、工艺学、植物保护学、环境科学、卫生学、管理学、商品学和营销学等，甚至涉及国内外有关化工产品法规等。该学科的发展与农药新产品的出现密切相关，而农药的发展又与环境、生态以及人类健康密切相关。因此，项目对促进农业科技进步，保证农、林、牧、渔业的安全生产，改造人类生存环境等方面均有重要作用。

正如 2022 年 3 月 15 日《人民日报》社论所言，民以食为天，保障粮食安全的发条，必须拧得紧而又紧。中央一号文件对全力抓好粮食生产和重要农产品供给、守住保障国家粮食安全底线作出全面部署。心系"国之大者"，筑牢国家粮食安全防线，我们应对各种风险挑战的底气就会更足，奋进新征程的步履就会更加坚实。

"新医科类"项目：癌早知——"三早"肿瘤防治新模式赋能乡村医疗振兴路（第八届大赛"红旅"国金、四川大学）

本项目基于"我国农村癌症负担较高、早期精准诊断困难和规范化治疗普及率不足"等难点和痛点，汇聚了来自呼吸病学、消化病学、临床医学、计算机科学与技术、预防医学等多学科交叉的专业人才，探索出医疗与科技互为支撑的"三早"癌症全周期智慧管理模式，实现常见高发恶性肿瘤早发现、早诊断、早治疗，推动癌症防治关口前移，促进肿瘤诊疗同质化，赋能"健康中国 2030"。

癌症是威胁人类健康"头号杀手"，造成每年上千万人死亡，中国死亡病例居全球首位，晚期五年生存率不足 20%，农村癌症负担居高不下，根本原因是早期诊断困难和规范化治疗普及不够。

项目基于多模态多任务融合的深度神经网络技术等核心技术的创新，把胸腹部恶性肿瘤精准诊断的准确率提升到 96% 以上。在运营模式上，项目探索出"三早"癌症全周期智慧管理模式，实现常见高发恶性肿瘤早发现、早诊断、早治疗，推动肿瘤诊疗同质化，赋能乡村医疗振兴路，赋能"健康中国 2030"。

来源：

《8 金！川大师生在第八届"互联网+"大赛中再创佳绩！》（2022-11-14），微信公众号：四川大学。

【点评】从技术创新来看，项目与计算机科学技术密切相关，其具体的应用价值在癌症早期诊断方面。整个项目展现了多学科交叉、医工结合的特点，也深刻体现了四川大学"四新"建设与创新创业教学改革相结合的丰硕成果。以科技创新为引擎，结合学校以及学科资源，创新性地构建了一个可落地、可复制、可推广的公益运营模式，为越来越多的农村村民带来"华西品质"的癌症早查早筛早治疗服务，不仅为农民及其家庭带来更多的幸福感和获得感，而且节省了大量医疗支出，为"健康中国 2030"的伟大战略注入了青春的力量，用实际行动诠释新时代青年的责任与担当。

"新文科类"项目：文物方舟——科技赋能文物数字化保护领军者
（第七届大赛"红旅"国金、浙江大学）

在第七届中国国际"互联网+"大学生创新创业大赛成果展上，龙门石窟古阳洞北壁无名龛的佛像被"搬"到了展会现场。浙江大学文物方舟团队利用 3D 打印技术进行文物复制，使尘封了千年的佛像涅槃重生。"雄踞中轴镇末端，莲花盘坐目前端。"自此，端坐于塔窟中的佛像文物走下悬崖峭壁，走向大众。

是什么激发了团队的灵感，在文物数字化方面进行探索和深耕？故事还要从 1995 年讲起。

那一年，在与浙江大学老校长潘云鹤交流的过程中，项目指导老师常沙娜教授透露出了希望借助计算机辅助敦煌壁画保护的想法——像石窟寺这样位于户外且不可移动的文物常年受到风沙的侵蚀，加上光照、地震、战争或城市过度开发等因素影响，终究有一天会完全消失。但如果能借助数字化的手段，将该文物的所有信息保存进计算机，即使某一件文物的实体完全消失，我们仍可以根据留存的信息恢复出其原本的样貌。

1997 年 7 月，浙江大学建立了与敦煌研究院的合作关系，文物数字化项目的雏形就此形成。自此，该项目代代相传，延续至今，并借助技术的突破和政策的支持取得了令人瞩目的进展。时光变迁，初心不改。一代代深耕于文物数字化进展的浙大人坚持将它定位为公益化项目，不用作任何商业化用途。

采集数据信息、建立三维模型、完成 3D 打印——三个环节构成了数字化保护的核心。浙江大学文物方舟团队秉承精准数字化和严谨考古相结合的工作原则，深入研究二维图像拼接、三维扫描、摄影测量等数字化技术，研制开发针对性装备与信息处理软件系统，制定操作规范流程。

通过近 10 年的努力，团队完成 133 个数字化项目，走遍了 24 个省（区），跋涉 15 万公里，积累数据 250TB。团队累计发表论文 17 篇，共申请专利 10 项，获得软件著作权 13 项，并且成功实现了云冈三窟、云冈十二窟和龙门石窟古阳洞佛龛的等比例高保真复制。步履不停，创新不止，"文物方舟"始终在探索新技术的研发与运用。在 3D 打印技术逐渐趋于成熟的阶段，"文物方舟"将会更关注如何利用 VR、AR 技术搭建虚拟文物空间。在虚拟空间中，观众将能沉浸式观赏文物。

为什么要讲中国文物故事？怎么讲好中国文物故事？团队成员们交出了这样的答复："其实我们的理解是，我国的综合国力正在上升，要在世界上拿到文化话语权，就要让全世界的人去接受认可中华民族的文化。我们团队现在做的这个项目，可能就是讲好整个中国文物故事的基建。我们能从中华民族的历史当中提取到足够多有价值的信息元素，通过积极探索，让文物活起来、走出去。将来可能有一天，中华文化的元素会融入全世界各国人民的日常生活中。"

来源：

《文物方舟，诠释浙大人的情怀担当——让文物"活"起来，传承文化之光》（2021-11-04），微信公众号：浙江大学团委。

【点评】新文科建设的目的是推动哲学社会科学与新科技革命交叉融合，培养新时代的哲学社会科学家，创造光耀时代、光耀世界的中华文化，用中国理论、中国范式、中国标准、中国自信讲好中国故事。中国具有五千年悠久灿烂的历史文化，而文物承载着灿烂文明，传承着历史文化，是华夏先祖留给我们的宝贵遗产，凝聚着我们奋进新征程的精神力量，是我们讲好中国好故事的重要素材。"文物和文化遗产承载着中华民族的基因和血脉，是不可再生、不可替代的中华优秀文明资源。"2022 年 5 月 27 日，习近平总书记在中央政治局第三十九次集体学习时强调："要让更多文物和文化遗产活起来，营造传承中华文明的浓厚社会氛围。"

项目通过数字化赋能，以文物的"保存与传递"为切入点，体现出"新工科"和"新文科"的充分有机融合，同时通过科技创新让文物说话，把历史智慧告诉国人，激发民众的民族自豪感和自信心。

第三节 **"红旅"活动的三个核心要素**

"青年红色筑梦之旅"活动的三个组别，基本上围绕项目的创新性、实效性、可持续性三个方面来进行评价。这三个特性相互关联、相互支撑，构成一个紧密联系的有机整体。每个组别的侧重点存在一定的差异，这在评分标准中有所体现。公益组侧重对公益价值和社会效益方面的考量，而创意组和创业组侧重对经济价值和社会价值融合方面的考量。

对于一个成熟完善、可持续运营并有预期成长良好的"青年红色筑梦之旅"活动项目，可持续性是项目运营的根本前提，无论项目团队成员多么优秀，创新成果多么丰富，梦想多么远大，运营模式无法落地和发展，运营资金无法到位，运营团队无法合作，项目的可持续性都无法保证。无论是基于公益组织的运作模式，还是基于企业主体的商业运营模式，项目都必须具备这些条件：合理搭配、分工明确的团队，合理资金的支撑，基于被验证了的可落地的运营模式，创造出符合预期的价值和效益，持续稳健发展的潜力。

创新性是项目发展的核心驱动力，基于不同环节的创新可以贯穿在项目运营的整个链条。除了技术创新、产品创新、服务创新之外，还包括组织模式创新、商业模式创新、基于资源整合优化的合作模式创新等。

实效性是指项目具体运营所产生的效益，包括公益效益、社会效益和经济效益。从项目发展维度的评价角度看，可复制性是一个重要的方面。项目模式的可复制性越强，其可推广性也越强，示范价值也就越大。

基于当届"红旅"赛道的主题和目标，以及各组别项目的评分标准，"红旅"项目要体现相应的思政教育元素，也要体现项目的持续生存、持续运营、高度融合区域、产业转化落地与实践应用、模式可复制、产业可推广、成果可示范等要求。

一、创新性

（一）技术和产品创新

产品和技术创新是指在产品技术变化基础上进行的创新。产品和技术创新是一个全过程的概念，包括新产品和技术的研究开发过程，也包括新产品和技术在具体项目运营过程中的适配和优化过程。

产品和技术创新是企业技术创新中最重要、最基本的内容，是企业创新的基础。一个项目要对需要解决的问题和痛点有清晰的认知，并通过创新的手段，研究和开发合适的产品和服务来满足市场的需要以及目标群体需求，找到项目运营的切入点。在项目持续运营的过程中，必须根据市场和用户需求的变化对产品和服务进行不断研究开发，推陈出新，持续满足用户的需求，跟上时代的发展步伐。

服务也是产品的一种形式，传统的产品、服务创新方式，大多体现在产品或服务本身的扩展和优化上。而在新业态新场景下，产品和技术创新、服务创新的内在逻辑和发展过程也会发生变化。市场及行业对其产品和服务的视角已不再是单一的延伸，而是更立体化，产品与服务深度融合的趋势日益明显。

无论是乡村振兴类项目还是社区治理类项目，都充分体现了产品和技术的创新。乡村振兴类项目，围绕农业农村发展的痛点难点问题，基于农技、农具、种植、育种、污染治理等诸多方面的产品技术创新，创造了越来越多的价值和效益。这种类型的创新，从项目的技术成果来看，包括多种类型，如专利、论文、育种证明等。以第四届大赛"红旅"国金项目、来自天津商业大学的"野生黑枸杞全产业链综合扶贫项目"为例，该项目通过多年的奋斗，成功打造了集人工驯化、品种繁育、人工种植、生产加工于一体的黑枸杞全产业链。在获奖当年已拥有7项国家发明专利、3项产业化突破技术，涵盖了产业链的各个环节，同时成功培育出耐旱耐盐碱的"漠杞1号"和"漠杞2号"两个新品种。同样，在第七届大赛"红旅"

赛道的国金项目中，来自江苏农林职业技术学院的团队项目"金色庄园——用小草莓托起农民致富梦"，围绕种植技术的创新、标准化与规模化生产管理的创新，以及冷链运输的创新等，着力解决制约莓农的研、产、鲜、销四个方面的难题，开创草莓长途冷链物流的先河，对当地行业的发展、促进农民就业增收作出了巨大贡献。围绕相关技术创新，公司具有相关专利十余项，参与多项农业技术规程的起草工作。这些技术成果都在具体的生产实践中取得了良好的应用效果。

围绕 2022 年中央一号文件体现的农业农村工作的主要任务——推动乡村振兴取得新进展，农业农村现代化迈出新步伐，同时围绕高校"新工科""新农科""新医科""新文科"的"四新"建设大背景与国家乡村振兴战略及任务，第八届大赛对乡村振兴类项目的具体目标导向为：以新工科、新医科、新农科、新文科助力"新农村、新农业、新农民、新生态"建设，引导师生扎根基层创新创业，推动乡村振兴取得新进展、农业农村现代化迈出新步伐。基于这样的评价导向，第八届大赛中的一些优秀项目，结合学校的学科资源优势，体现了产品和技术创新，解决农业农村发展中遇到的具体痛点、难点问题，为国家乡村振兴事业奉献出青春力量。

而那些扎根基层创业、着眼于社区治理、聚焦解决各种社会问题的相关项目，同样也体现了产品与技术创新。如第六届"红旅"国金项目——贺州学院的"扶瑶织梦——瑶族扶贫之旅的先行者"项目，立足五岭瑶族贫困地区，依托学校平台资源以及团队学科特色，建立了"学校（设计研发中心）+基地（瑶绣传承基地）+瑶乡扶贫车间+绣娘"的文化扶贫模式，有力助推了瑶族贫困山区脱贫攻坚和乡村振兴。为了使项目发展获得重要支撑，团队拜访了 600 多位瑶乡绣娘，收集了 963 件（套）原生态瑶族服饰，绘制了 1254 种瑶族纹样，建立并持续扩展瑶族服饰 IP 数据库。

近年来，随着国内科技的不断发展，"四新"建设的成果不断凸显，参赛项目与数字经济、数字技术深度融合，体现了多学科交叉的特色。

第七届"红旅"国金项目——浙江大学"文物方舟——科技赋能文物数字化保护领军者"项目，借助计算机技术，融合考古、艺术、设计等多领域知识，让收藏在博物馆里的文物、陈列在广阔大地上的遗产"活"了起来，是新工科和新文科相互融合的优秀范例。

很多公益类项目也包含内容与服务体系创新。项目形成了一条鲜明的主线，主线下面有相应的内容体系支撑，结合不同的服务形式，形成了项目的整体运营模式，让项目最终能实现预期的目标和效益。以一些公益教育类型的项目为例，项目针对特定群体提供哪方面的教育公益服务、希望达到什么目标、体现怎样的意义和效益，这些就是项目的主线和任务。教育内容体系如何构建、教学形式如何结合教学目标以及教学内容来展开、如何实现预期的公益教学目标，这些就是项目能否落地执行的根本问题。此外，应深入考虑各方面资源的匹配问题，对项目模式进行提炼和优化，最终达到可复制、可推广的效果。

以第七届大赛"红旅"国金项目——南京大学的"大山里的孩子在编程——科技星火计划公益服务团"为例，项目开展以来，团队以全流程、全链条、全生态的志愿支教服务模式为乡村编程教育打开一扇窗，助力实现教育乡村振兴。一方面，大山里的孩子学会了编程思维，团队因地制宜，整理出了 672 节课程教案，整合校友资源捐赠数千套教具器材，指导云南双柏等地学生参加教育部白名单中的全国性青少年科技赛事。另一方面，团队也获得 30 项专利、

5 项软件著作权的知识产权。这些课程内容以及技术创新成果为团队运营打下了基础。在长期的探索与实践中，团队有效地解决了以往师资、课程、教材、教具、课堂、反馈等编程支教的难点问题，满足不同地区不同情况的特定需要，足迹遍及祖国 100 余个山村，服务超过万名西部儿童。

案例一：枣愈健康——深挖红枣深加工潜能，打造乡村振兴推进器
（第八届大赛"红旅"国金项目，西安交通大学）

本项目基于中国国家地理标志产品延川红枣，深入调研延川县当地红枣产业机遇和挑战，发现裂果发生率高达 70% 以上。

基于西安交通大学雄厚理工科背景和学科交叉优势，团队对传统提取技术进行优化，首次从裂枣中提取出一种全新结构的多糖，并命名为枣愈多糖，经验证具有独特的抑菌抗炎效果。团队研究证实该种多糖具备突出的抗菌抑炎与改善菌群的功能，并以第一完成人申请专利 11 项，发表 SCI 论文 3 篇，得到陕西省食药监局的认可，可广泛应用于食品、医药等多个领域。

本项目基于此重要科研成果，批量化提取枣愈多糖并成功开拓相关商业模式，使得毫无价值的裂枣资源化、产业化，实现枣农增收、产业升级，助力解决陕北裂枣问题。目前已注册陕西枣愈生物技术有限责任公司，签订融资意向 700 万元。预计当年将实现 200 万公斤裂枣的深加工，覆盖延川县 8 个村落，平均每户枣农年收入增加 30%。

来源：

《喜报：我院学子在第八届中国国际"互联网+"大学生创新创业大赛获得国家金奖》（2022-11-16），微信公众号：西安交通大学生命科学与技术学院。

【点评】该项目通过核心技术突破和应用，在深挖红枣加工潜能上体现出了很好的价值。对原先毫无价值并且给种植户带来经济损失的裂枣，实现资源再利用和产业化，变废为宝，给农民带来增收，并给产业升级带来了契机。

案例二：AI 宝贝：让寻亲不再孤单（第八届大赛"红旅"国金项目，华中科技大学）

AI 宝贝团队开创性地将图像修复技术应用到寻亲当中，研发了"AI 宝贝：应用于寻亲的图像高超分辨率修复系统"。系统形成一套图像修复人工智能算法，通过"全局修复""人脸增强""超分辨率重建"三大技术，解决寻亲照片中"人脸不够清晰"这一核心问题。经过该系统修复后，人像五官清晰度与图片分辨率均大幅提升，原本 20KB 左右的照片，经修复后可达 150MB。

在系统和产品创新成果的支撑下，团队与相关的寻亲公益组织进行具体对接，成功修复了该平台提供的走失儿童模糊照片，并以此设计成"爱心胶带"，印在"寻亲版"网页、共享单车吊牌、食品包装袋上，方便寻亲信息扩散。在已修复的 1000 多张照片中，有 6 人在照片修复后 1 个多月至 1 年多的时间里，回到家人身边，其中失踪时间最长的达 32 年。团队研发的寻亲胶带火爆全国，目前已协助公安机关成功寻回 9 名失踪多年的儿童，被央视、新华社、《人民日报》等权威媒体多次关注报道。

来源：

（1）《创·新｜AI宝贝——让寻亲不再孤单》（2023-07-10），微信公众号：华中科技大学研究生。

（2）《AI与爱，科技助力志愿服务》（2023-12-25），微信公众号：中国志愿。

【点评】基于图像修复技术进行创新的同时，项目关注社会热点问题，通过聚焦"寻亲"这个特定的应用场景，构建了可落地的运营模式，为科技注入了温度，为走失的孩子点亮了回家的路，为更多的家庭带来了温暖。

案例三：星船——唱响长征路上的英雄赞歌（第六届大赛"红旅"国金项目，兰州大学）

习近平总书记多次强调："要把红色资源利用好、把红色传统发扬好、把红色基因传承好。"自2017年6月开始，"星船"团队招募大量志愿者，在甘肃省范围内对18个红色革命纪念馆进行了实地调研，并为每一个纪念馆"量身打造"宣传推广曲。宣传曲将纪念馆的概况、感人革命事迹等作为明线，将建党百年来共产党人"不忘初心、牢记使命"团结带领人民奋斗取得的丰硕成果作为抒情暗线，同时巧妙融入领导人的重要讲话，谱入当下流行时尚风格的曲调，以MV短视频的形式在线下纪念馆和互联网线上同时传播。此举一来帮助纪念馆更好地讲述和传承长征故事、革命精神，大大激增前往纪念馆参观学习的客流量；二来以青年喜闻乐见的方式在高校内外传播，掀起了红色文化学习的浪潮。此外，团队又对实地调研中搜集的故事素材进行深入加工，创作了一系列内容精良、立意深远的长图漫画和动画作品，并产出了音乐教材、图鉴、学术调研集等各类实体成果；在当地举办各类线下展演，让网络文化走入线下生活，让红色基因深入田间地头和青年的心灵。

在此基础上，星船团队充分利用大数据，在理性分析的基础上，掌握数据分析、挖掘技术，熟练运用可视化工具，集合多方优势打造融合产品。一方面充分了解文字、图片、视频、H5等不同载体的传播优势，达到"一次采集，多种生成，多元发布"的效果，让内容以最适合的形式传递给受众；另一方面，利用数据分析工具，从中挖掘、提取有价值的信息，通过可视化技术呈现给受众，与计算机辅助报道、精确新闻等密切联系。在用歌曲提高知名度后，团队跟进创作微电影、动画、漫画等"音乐+"系列作品，并推动思政教育产品走入中小学校、乡村旅游景区、红色纪念馆，进而立足高校，面向社会全面宣传。最终，团队成为一股可持续性的传播力量。

来源：

《1金1银3铜！》（2020-11-20），微信公众号：兰州大学。

【点评】作品经历了从爱好变创作——用歌曲讲故事，到单一变融合——多形式促传播的过程，实现内容的构建以及体系化、立体化，最终通过高科技赋能、运营体系的搭建，以项目形式落地。整个项目通过内容创新与运营模式创新，打造了一个全新的数字推广模式，为传播红色精神、弘扬社会主义核心价值观贡献了力量。

（二）营销模式创新

公益项目的目的之一是更好地触动潜在的参与者，让每一个人都能低门槛、多样化地参与公益工作，进而形成独立的社交媒体传播模式，进一步提高营销主题活动中品牌的知名度。营销模式创新，旨在取得最佳的传播效果，产生最大的社会影响力。

在 2017 年，腾讯"1 元购画"活动刷爆了朋友圈。人们意识到，公益营销也可以在众多营销形式中脱颖而出。随着用户使用习惯的变化，社交平台和短视频营销方式让公益营销的路数开始多变。特别是在今天，公益营销更需要与年轻人建立起良好的沟通。

公益组织为各个参与主体提供了一个平台，让大家能贡献自己的力量，体现社会责任；另一方面，公益组织构建了一个具有"善的力量"的平台，各参与主体能充分参与并传播正能量。每一个微小的善行都能迸发出巨大能量，从而激发大家的荣誉感、凝聚力和参与热情，最终实现社会影响力和社会效益的最大化，构建起可持续公益的生态链。

案例：海瓯翼行——成功讲好中国故事，海外传播第一民聚力
（第八届大赛国金项目，温州大学）

该项目团队以温州大学人文学院学生为主导，由中美两国青年构成，致力于通过真实、有趣、生活化的内容，以外国青年的视角，讲述喜闻乐见的中国故事，向海外宣传真实、立体、全面的中国形象。项目根据工作、角色属性等做到台前、幕后分工合理化，确保项目运转高效化，持续有效发挥外国成员（海外传播官）传播优势，打造了创新创业项目国际合作新模式。四年间，项目遍及 24 个省市，联动 120 所高校，组建 300 多支拍客团队，制作 500 多期内容，复制、推广了项目模式，先后被人民网、新华社、《人民日报》等媒体报道 227 次并获多项荣誉，实现了"立足温州，服务全省，面向全国，传播全球"的目标。此外，项目立足学校优势，整合学校资源，打造海外传播官，推动中国文化跨"侨"出海。

项目负责人徐靓在温州大学就读期间积极参与留学生交流活动，在留学生圈产生了一定影响力。作为大学生创新创业联盟主席，徐靓立志于对外传播，并取得了一定的成绩，也在交流过程中了解到，外国人看中国的渠道受限、内容单一。在党的十九大报告中，习近平总书记指出："讲好中国故事，展现真实、立体、全面的中国，提高国家文化软实力。"这为项目指明了努力方向。2018 年，在市委宣传部和侨团的支持下，项目团队成立了温州海外传播中心，将传播中心作为实现资源，助力美丽温州城市建设，传播温州好声音的新起点、新方向、新平台。

从 2018 年开始，温州市海外传播中心摄制组与百位外籍主播，立足温州、面向浙江、辐射全国、放眼世界，用视频、图片、文字等记录生活，以最喜闻乐见的方式，展现可信、可亲、可敬的中国形象。海外传播中心由徐靓带领团队形成"1+2+X"的运行模式，建设 1 个人才文创家园、2 套媒体触达方式、X 系列传播品牌为主体的海外传播中心，基于营销模式和运营管理的创新，通过人才、渠道、内容三大模块联动赋能，进一步增强海外传播力量。人才文创家园以公益性外籍传播队伍组建为特色，旨在构建人才队伍，目前已有 2000 余位中国学生、1700 余位外国人参与其中，进行志愿服务以及相关活动，公益时长达 108 万小时。媒体矩阵平台以发布端"给"与媒体端"取"的双向模式为特色，旨在构建多渠道，实现媒体更

高的覆盖率。

目前项目在海内外各大媒体和网络平台投放，内容制作量达 2000 期，总传播量高达 1 亿次；X 系列传播品牌打造了更多内容，呈现了多样品类。传播内容获得 1000 万次评论，正向评价度高达 87.8%，更获得了温州市互联网研究学会的认可。相较于其他平台，项目模式在全国是首创，并且有高素质的外籍传播官团队、以"侨"为桥的海外触达力，以及内容免费无版权的优势。本项目不仅极具地方特色，体现了温州优异的资源禀赋和国际传播力，也契合国家对外宣传与海外形象塑造的方针政策。

来源：

《第八届"互联网+"大赛国赛金奖案例——海瓯翼行——成功"讲好中国故事"，海外传播第一民聚力》（2022-12-19），微信公众号：中关村加一人才中心。

【点评】项目通过营销模式的创新，实现了项目组织与各参与方共赢。项目运营实现良性循环，持续提升自身在行业中的竞争优势，不断提升社会影响力与社会价值，为新时代的青年讲好中国故事提供了良好的平台。

（三）组织协作/生产经营模式的创新

无论是企业还是公益组织，都需要考虑运营模式的清晰和优化，以及内外部资源的高效整合。

对于企业来说，商业模式本质上就是利益相关者之间的交易结构，体现了企业与企业之间、企业各部门之间，以及企业与顾客、与渠道之间等存在的各种各样的交易关系和联结方式。从展现的方式来看，商业模式解决的主要问题就是公司通过什么途径或方式来赚钱。当今，企业之间的竞争，本质上也是商业模式的竞争。因此，商业模式、经营模式的创新，对于项目发展的价值和作用，一点都不亚于纯粹的产品或者技术创新，甚至还起到决定性的作用。

公益组织要充分体现其公益属性，展现出公益价值与社会影响力。对公益组织而言，要构架一个平台并最终体现出最大的效益，需要注意以下几个方面：首先对受助对象好，这是公益的起点；其次对利益相关方好，包括捐助人、合作伙伴、政府等。本组织与他们之间如何通过一个合适的模式进行链接，形成一个有机的整体，在平台上充分体现共同的公益价值和目标，并给予相应的正反馈，最终助力社会的发展，这是做公益的终极目标。

无论是企业还是公益组织，在进行组织协作/生产经营模式创新时，要考虑的核心问题包括：与谁协同，各方的利益出发点在什么地方，与各利益相关方之间如何构架合作框架并且实现共赢，各方在项目中的角色如何定位以及权责利如何分配等。

案例一：大猫谷：三江源的第一次拥"豹"
（第八届大赛"红旅"国金、北京大学，公益组项目）

昂赛"大猫谷"是青藏高原上一片保存完整的野生动物栖息地，位于青海省玉树藏族自治州杂多县昂赛乡、三江源国家公园澜沧江源园区。"大猫谷"是野生动物的天堂，大型食肉动物如雪豹、金钱豹经常出没于此。而与这些珍稀动物共同活跃在这片土地上的，除了当地热情好客的牧民，还有另一群可爱的人——"大猫谷"团队，成员来自北京大学、山水自然保护中心等高校和机构。他们利用自己的专业知识，对雪豹等野生动物持续开展野生动物保护，力争实现生态保护与社区发展的双赢。

项目的特点为：科学、本土、公益、可持续、示范。其中"本土"就是以社区为主体。项目的名字之所以是"大猫谷：三江源的第一次拥豹"，是因为这是在三江源的第一个和雪豹有关系的自然体验项目，拿到了中国国家公园第一个特许经营资质。作为项目运营模式的创新，其最大的特点是以社区为主体，就是将主要的收益留在社区，然后社区一起来制定所有的管理规则，从而充分提升当地人的参与感和获得感。这样能够提升当地居民参与本地自然资源管理和保护的积极性。大猫谷项目的出发点是兼顾生态保护与社区发展，作为专业的研究者、保护工作者，项目团队实际上扮演着监督者的角色，时刻关注项目对生态保护的影响，无论是短期的还是长期的。

2017 年，项目团队与昂赛社区一起，开创了"大猫谷"自然体验项目，通过发展雪豹生态旅游实现乡村振兴，促进人与自然和谐相处。项目团队在昂赛乡培养了 21 户自然体验接待家庭，设计雪豹寻踪、观鸟之旅、徒步探秘、牧民生活体验、幽谷观星五种不同类型的体验线路，坚持生态保护优先、收入公平分配的制度设计。至今，"大猫谷"接待了来自世界各地的 169 支自然体验团队，共计 479 人次，为社区带来 173.72 万元的总收益。"大猫谷"开创了国家公园"全民共享、世代传承"的特许经营模式，获批成为中国国家公园第一个自然体验特许经营项目，入选联合国《生物多样性公约》第十五次缔约方大会"生物多样性 100+"全球特别推荐案例，被《人民日报》《光明日报》、新华社、中央电视台等国内外媒体报道数十次，对中国、全球开展以社区为主体的自然体验项目有重要的示范意义。

来源：

《走近"互联网＋"国赛入围团队 | 大猫谷：三江源的第一次拥"豹"》（2022-11-07），微信公众号：北大团委。

【点评】作为项目运营模式的创新，其最大的特点是以社区为主体。主要的着力点在于通过合适的机制使当地人很好地参与项目运营。项目将主要的收益留在社区，并通过社区一起来制定所有的管理规则，充分提升了当地人的参与感和获得感。当地居民与项目团队形成合力，更好地促进社区可持续发展和自然保护，凸显了项目"科学、本土、公益、可持续、示范"的特色定位。

案例二：动友公益，以"动"攻毒
（第六届大赛"红旅"国金，华南理工大学，公益组项目）

作为全国首个运动戒毒大学生公益组织，项目团队自 2017 年起，行程万里，进入广东省 28 个基层强戒所和 26 个戒毒社区对 16742 名戒毒人员进行社会调研。通过数据分析，团队发现"体质风险高"与"体制不畅通"是当前开展运动戒毒的主要瓶颈。"运动戒毒"是近年来司法部主推的戒毒新理念和新模式，围绕这种新的戒毒模式，动友公益团队在专家和老师的指导下开展了科学研究和实践尝试，取得了诸多研究成果，还打造了"动友公益，以动攻毒"公益服务品牌。

基于此，团队首创"2+3"运动戒毒公益模式，坚持线上线下相结合，四方共同参与。其中"2"指的是在两年强制隔离期通过精准测评与干预，增强戒毒人员体质；"3"指的是在三年社会监管期通过高校、司法部门、社区与企业组成的四元共治公益联盟，线上线下联动实现对戒毒人员的协同治理，撬动社会资源参与帮扶工作。

在该项目中，一套包含高校志愿者、戒毒所、禁毒社区等多元主体在内的可复制模式已经构建出来。该模式已经在广东省进行了初步推广，且取得了丰富的成果，拟在贵州省毕节戒毒所和南京开展试点工作。通过对7203名青少年戒毒人员进行长期公益帮扶，研究团队发现戒毒人员的身体健康、心理健康和社会适应力都有显著提高。

戒毒人员的一年复吸率从项目开展前的43.7%下降到27.3%。戒毒人员平均体质增长率高出7.81倍，尤其是受毒品损害最为严重的神经适能方面，更是高出11.28倍。经过干预后的男性健康情绪提升6.5倍，女性提升9.6倍。此外，戒毒对于受试者的社会适应和融入益处也开始慢慢显现，开展运动戒毒项目社区中人员就业率为63.60%，而未开展运动戒毒项目的就业率仅为43.70%。据统计，截至2020年在大赛获奖，该项目已经累计帮助126名"二进宫""三进宫"戒毒人员通过运动戒毒成功实现再就业。项目团队希望日后能够逐步将这一模式拓展至国内禁毒形势严峻的地区，构建地方高校与戒毒社区、戒毒所合作的方式进行运动帮扶，慢慢联合戒毒社区、企业实现四元共治的公益联盟，为构建和谐社会作出更大的贡献。

来源：

《"以动攻毒"华南理工大学探索运动戒毒新模式》（2020-12-10），微信公众号：华南理工体育在线。

【点评】在技术和产品创新的基础上，项目在模式创新上也进行了突破，构建出一个可落地、可复制、可推广的模式。在项目团队的技术和产品支持下，高校是戒毒志愿者的主要提供方，包括司法强制戒毒所在内的司法部门是涉毒及戒毒人员的监管机构，社区是基层组织，企业是戒毒人员的用人机构。"四方联动"中的四个参与主体，在项目中形成了合力，共同目标是让更多的涉毒人员尽快脱离毒瘾，回归社会，回归家庭，成为对社会有价值的人。

案例三：南香堂——中国药用沉香领跑者
（第八届大赛"红旅"国金，广东轻工职业技术学院）

本项目立足大学生返乡创业，于2017年成立广州市南香堂生物科技有限公司，致力于解决国内药用沉香市场需求旺盛却资源匮乏，传统结香技术落后，周期长、产量低、品质参差不齐，药用沉香行业产业化、规范化水平低，带动能力弱等问题，推动药用沉香产业化、现代化发展。本公司主要产品是药用沉香切片和饮片。公司2021年营收累计1.1个亿，药用沉香占比96%。

公司的运作模式是通过构建"公司+合作社+农户"（运营模式），实现集育苗、种植、生产、加工、销售于一体的全链条闭环运作。本公司的销售模式为线上加线下全场景销售，形成沉香产业化发展共同体。

公司自研了全国唯一通体结香沉香全链条溯源系统——每树系统，该系统保障了本公司产品的高品质。公司是通体结香技术全国唯一授权使用单位，该技术曾获得中国专利优秀奖、中医药国际贡献奖——科技进步二等奖。公司与中国医学科学院药用植物研究所共建茂名唯一的试验研究基地，共同申报科技部国家重点项目。公司带动沉香种植、加工、制药、直播等产业的发展，极大促进了广东乃至全国药用沉香现代化、产业化发展，助力乡村振兴。公司的模式已推广至云南、广西，种植面积超 1.1 万亩，产量超 130 多吨。公司带动广大香农通过直播带货，拓宽销售渠道，促进产业进一步发展。

公司自成立以来，已累计带动超 8000 多人就业，其中直接带动 1000 人就业，每户增收约 10.2 万元（社会价值维度）。该项目还与学校共办沉香技术专业班，定向培养沉香种植管理技术人员，并每年提供 30 个就业实习岗位，累计培养约 400 名沉香种植生产专业能手，吸引更多年轻人返乡就业创业，为家乡沉香产业发展提供人才支撑。

来源：
《第八届"互联网+"大赛国赛获奖案例——南香堂——中国药用沉香领跑者（新农科）》（2023-03-29），微信公众号：中关村加一人才中心。

【点评】产业带动型项目要体现出社会效益和经济效益。实现协同的重要基础就是运营模式的构建。本项目通过"公司+合作社+农户"模式，对各方在产业链的分工和定位进行了明确，农民和合作社主要在"种"这个环节发挥作用，企业在"育、产、销"环节发挥作用，实现"育、种、产、销"全链条闭环运作，最终实现多方共赢。这也是乡村振兴类项目的主要运营模式之一。

二、可持续性

（一）财务可持续性

任何组织的运营，任何业务与工作的开展，都离不开资金的支持。所以，公益项目首先要考虑的问题就是钱从哪里来、钱花到哪里去、钱花了后如何实现预期目标或者效益。

企业的商业运营方式，就是要通过市场不断赚取利润，确保企业运营的各种开销，然后维持企业的运转。对于公益组织，资金可以多种渠道获取，包括政府购买服务、基金会的支持、社会捐赠、自身造血、与其他公益组织的合作等方式。

1. 政府购买

政府购买服务，是指把政府直接提供的一部分公共服务事项交由社会力量去做，并由政府向其支付费用，而这些社会力量主要包括公益组织与公益类企业等。基于相关类型及服务名录，政府每年在购买服务上都会有相应的财政预算及资金投入，满足条件的公益组织可以去申请项目。而政府购买社会组织的服务，在一定程度上弥补了政府在公共服务上的短板。政府购买服务是公益组织的主要收入来源。

2. 行业资助

目前社会组织有三种主要类型：基金会、社会团体和民办非企业。其中基金会是指利用自然人、法人或者其他组织捐赠的财产，以从事公益事业为目的，按照相关法律条例的规定成立的非营利性法人。基金会分为面向公众募捐的基金会和不得面向公众募捐的基金会。公募基金会按照募捐的地域范围，分为全国性公募基金会和地方性公募基金会。根据中华人民共和国《基金会管理条例》的规定，基金会必须在民政部门登记方能合法运作，就其性质而言是一种民间非营利组织。资助型基金会，是通过资助其他民间组织运作项目的基金会，如河仁慈善基金会、南都公益基金会等。然而，基金会资助的领域和内容不同，对公益组织资助的比例和金额也会有不同的要求。

因此，公益组织需要与合适的基金会进行对接，得到他们的资金支持。一些还未成立公益组织的学生社团，在项目前期也可以通过对接和参与一些基金会或公益组织的项目，获得相应的运营经费。在"红旅"赛道涌现出来的很多优秀项目，前期都有相关的经历。

3. 社会捐赠

随着企业社会责任的增强，越来越多的企业不断以各种形式参与公益事业。很多大企业也设置了社会责任岗位，并且每年会给公益组织捐款捐物。这些都成为公益组织经费以及物资的有效来源。通过做公益事业，公益组织与企业可以在项目、技术、人才等方面进行全方位合作，实现共赢。

4. 自我造血

自身造血一直是公益组织所倡导的理念。虽然公益机构是非营利性组织，但公益组织可以通过提供收费服务和售卖产品等来获取利润，并将利润继续用于机构的公益项目，实现自我造血。

公益组织的经费管理和支出，围绕组织的使命责任、业务定位以及发展目标进行，同时也要在相关的管理法规以及制度的监管下严格执行，并接受公众监督。财务的可持续性最终体现为项目的稳健发展、社会效益和社会影响力的提升。

案例一：夕阳再晨——全国最大的青年社区治理公益组织
（第五届"红旅"国金项目，北京邮电大学）

基于北京邮电大学在信息科技方面的学科优势，项目通过为老年人提供新时代的信息与数字服务，为老人们沉寂的双眼打开了通往新世界的门户，帮助他们飞越因年迈而逐渐加高的沟通之墙，体验数字时代的中国梦。

项目的起源是在 2011 年 5 月的一天，正在读大三的项目负责人张佳鑫偶然在校园中看到了"希望工程激励行动·BC 计划"的宣传海报，并被其深深触动。"希望工程激励行动·BC计划"由中国青少年发展基金会和英国大使文化教育处联合发起，其目的是支持在校大学生持续开展社会公益服务，为社区带来有益改变，并通过项目实践帮助青年提高能力，使其成为有责任的行动者和公益文化的倡导者。

受此激励，张佳鑫发动包括舍友和同班同学在内的 13 名同学组成了"夕阳再晨"公益服务团队，并将服务对象定位为老年人。

在项目运营早期，团队的活动资金主要来源于各种比赛奖金以及义卖活动。从第一堂课只有五位老人参加，到此后的每堂课都爆满，张佳鑫和他的团队不断探索、积累经验，丰富服务内容。

经过两年的不断努力，到了 2013 年，"夕阳再晨"逐渐有了课程讲义和标准的教学 PPT，并得到学校和社会的广泛肯定，获得了"海淀区优秀十大服务明星""优秀十大服务团队""优秀十大服务项目奖"等奖项。

再经过两年的沉淀和拓展，到了 2015 年，"夕阳再晨"公益组织在北京市民政局注册，从一个志愿者组织转变成一个具有专业资质的民办非企业单位，由张佳鑫担任负责人。彼时，张佳鑫已是北京邮电大学的一名博士生。公益机构的正式成立意味着"夕阳再晨"不再是一个单纯的公益项目和学校的学生团体，而是一个有专业资质的民办非企业单位。成了机构以后，"夕阳再晨"可以承接政府购买服务以及各种公益项目，同时也能够在公益领域建立自己的影响力，这是"夕阳再晨"取得长足发展的里程碑。

作为一个公益组织，"夕阳再晨"的运作模式兼具公益性与创业性，机构先后获得北京市政府购买服务、北京市福彩金、北京市三社联动项目等政府资金支持，并不断得到企业及基金会的项目支持。

目前"夕阳再晨"已经构建了一整套课程体系，建立了规范的志愿服务队伍，扩大服务规模，提高质量，进入社区为老人群体提供科技助老服务。在此基础上，"夕阳再晨"还出版了系列丛书，被全国各地高校及公益组织志愿者用作科技助老工作的教材。通过内容和服务体系的创新不断扩大了组织的社会影响力，体现了更大的公益价值和社会效益。

【点评】"夕阳再晨"项目是一个大学生公益创业的典型案例。项目历经了从学校社团组织到专业化公益组织成长的过程。在项目成长的过程中，团队不忘初心、砥砺前行，最开始通过比赛奖金、有限的自我造血途径获取运营资金，让项目能不断朝着专业化、系统化的方向成长；最终实现专业化运营，为自身的发展搭建了更大的舞台，凝聚更多的资源，为科技助老事业提供更大赋能，造福更多的老年群体。

案例二：郭牌西瓜（第六届大赛"红旅"国金，山东理工大学）

2015 年，郭牌农业科技有限公司成立，已在山东潍坊、内蒙古巴彦淖尔、新疆昌吉、海南陵水、辽宁沈阳等地建有 5 个大规模精品西瓜培育基地。

2018 年，郭牌农业建立起标准化、系统化、信息化、品牌化的农产品生产销售模式，实施龙头带动，种植高品质、高附加值产品，先后申报发明专利 12 项。郭牌西瓜先后荣获"中国（寿光）国际蔬菜科技博览会"金奖、第 16 届绿色食品博览会金奖。

"郭牌西瓜"以科学技术为先导、以领先技术设备为支撑、以提升瓜农福祉为目标，建立起了标准化、系统化、信息化、品牌化的农产品生产销售模式，实现自身销售额的跨越式发展，并直接带动了瓜农的经济收入。项目实施后，郭牌农业科技有限公司 2019 年总产值达到 1.85 亿元。截至目前，直属基地面积发展到 10000 余亩，本地基地 2600 余亩，带动种植户 400 余户，户均收入 20 万元以上，带动就业 8000 余人。项目负责人由守昌从一个普通的打工人到潍坊市十大杰出创新青年，在创业风雨历程中，一路挥洒青春的汗水与热情，真实地演绎了一曲不懈寻梦、追求人生理想与价值的动人乐章。

【点评】作为一个以乡村振兴为切入点的"红旅"优秀项目，其积极探索帮扶致富的新路子，以实际行动惠及老百姓，践行社会主义核心价值观，充分体现了经济效益和社会效益的融合。企业的良好发展得益于财务上的充分保障。

（二）人员的可持续性

组织的运营，同样也离不开人员的参与。人员的可持续性包括项目团队人员的架构、招募、培育以及管理等几个环节，基于项目的主线以及运营架构，确定所需要的岗位与人数，开展相关的招募和甄选工作。人员到位后，结合项目以及受助群体的实际需求，通过专业化、系统化的培养，让他们胜任岗位工作。在日常工作的开展过程中，明确相应的责权利，进行相应的管理和监督，体现相关管理制度以及培训方案等，这些都是公益组织确保团队人员可持续性的具体举措。一般常见的组织架构，包括组织的核心管理团队、外围的志愿者团队，以及社工义工群体。整个公益组织是一个友爱、包容、互信的群体，也是学习型组织。

案例一：红医摇篮——源自红军的人民医疗团
（第八届大赛"红旅"国金，"最佳公益奖"项目，中国医科大学）

中国医科大学是中国共产党创建的第一所医科院校，也是唯一一所以学校名义走完红军二万五千里长征全程并在长征中继续办学的院校，其前身为 1931 年 11 月创建于江西瑞金的中国工农红军军医学校。这所院校发轫于井冈山，诞生于瑞金城，锤炼于长征路，成长于延河畔，活跃于东北战场，腾飞于辽沈大地。一代又一代"红医"在党的领导下，为革命战争和社会主义建设作出了卓越贡献，形成了独特的"红医精神与红医文化"，被誉为"红色医生的摇篮"。

红医摇篮历经 91 年传承，红医青年始终坚持听党话、跟党走，以"红医精神"为指引，深耕四条公益路线，参与重大公共卫生事件，医疗帮扶惠及百万民众，真正用实际行动践行习近平总书记"情系人民、服务人民、医德高尚、医术精湛"的嘱托，赓续红色基因，不负时代使命，成为新时代的仁心医者。

项目团队成员分别在两届领队郭传骥、钟红珊的带领下，攻坚克难、甘于奉献、敢于担当、乐于付出，从医院管理、人才培养、学科建设等方面开展精准医疗帮扶工作的同时，继承红医优良传统，发扬"红医精神"，创新"以校包院"加"以院包科"的精准帮扶模式，深入落实"师带徒"的"治疗组"式帮扶机制，变"输血"为"造血"，为受援地打造"带不走的医疗队"，留下永不褪色的旗帜。

医疗队以精湛的医术精专帮扶、精心付出，践行医者初心使命，守望人民群众健康，恪守医者天职，牢记援疆使命，紧紧围绕中国医科大学塔城医院的发展规划、人才培养、重点学科建设、现代医院管理体系建设等方面进行重点帮扶，受援地医院卫生健康服务能力和水平显著提升，基层医疗服务能力、水平明显进步，偏远地区看病贵、看病难、转诊慢等情况得到了有效缓解，"互联网+"医联体运作方式日趋成熟，多学科专家跨区域合作、辽疆异地联合活动日益密切，辽宁医疗援疆专家、辽宁医疗援疆工作队深受受援地业界同仁、各族同胞认可，为辽宁省医疗援疆工作书写了铿锵有力的新篇章。

来源：
《乡村振兴共同富裕创新案例 | 中国医科大学：不忘初心使命打造西北"红医摇篮"》（2022-10-22），微信公众号：电商发布。

【点评】精准帮扶是公益创业项目中人员和专业可持续性发展的一个重要途径。基于这样的模式，围绕项目的初心和使命，项目不断惠及更多的民众，体现出越来越显著的公益价值和社会影响力，也让红医精神在新时代的道路上不断得到传承和弘扬。

案例二：青春护航·成长相伴
（第六届大赛"红旅"国金，中南大学湘雅口腔医学院）

五年来，湘雅口腔医学院冯瑶同学带领项目团队致力于让每一个乡村孩子都能接受生理、心理教育，以 6~12 岁乡村孩子为服务对象，依托中南大学学科优势，从"构建全面知识体系、建立爱心传递服务链、提供一站式保护救助"三个层次开展服务。团队曾荣获全国大学生志愿服务社区示范项目等 17 项省部级以上的荣誉，被中央广播电视总台、新华社、人民网等权威媒体广泛关注和持续报道。

"青春护航·成长相伴"项目团队依托专业知识打造五大板块全面性教育核心课程，制作 56 个科普视频，创新推出五套 3D 互动漫画科普绘本，构建专业全面"知识圈"；持续扎根乡村，提供长效科普服务，发展线上多元化平台与线下优质服务，累计招募千余名高校及社会志愿者传递爱心能量，建设三位一体"爱心圈"；凝聚社会力量，整合医疗、心理、司法及社会资源，为潜在或已经受害的孩子们提供伤情鉴定、心理干预、司法救助、社会救援等专业有效的一站式保护与救助服务，打造环环相扣的"保护圈"。

截至 2020 年年底，"青春护航"运营团队已经扩大到 20 人，组建了来自临床医学、口腔医学、公卫院、法学院等专业的博士、硕士、本科人才梯队，带领 700 余名志愿者推广服务，并获得了恒安集团湖南分公司等社会力量的帮助。

来源：

（1）《喜报｜我院"青春护航·成长相伴"项目荣获"互联网+"总决赛金奖！》（2020-11-20），微信公众号：CSU 湘雅口腔医学院。

（2）《喜讯："青春护航成长相伴"项目荣获全国金奖》（2020-11-26），微信公众号：众天安全公益。

【点评】从该公益创业项目可以看出，团队的合理搭建为项目的可持续发展提供了重要支撑，也是项目为社会不断创造价值的动力和源泉。项目团队的搭建包括项目核心团队的构成、志愿者的来源、相关的选用机制、外部支撑资源的助力等。团队成员的专业构成情况需要科学合理，体现合作性和互补性，形成合力，共同支撑项目持续运营。

（三）模式的可持续性

一个项目最终要实现效益最大化，模式的可持续性是核心。在模式落地得到验证的基础上，可复制的空间越大，则项目未来预期可取得的社会影响力，以及相应的效益与价值就越高。从评分标准中也可以看出其中的一些细节要求，包括模式可复制、可推广、具有示范效应等。

从项目成长及发展的角度来看，模式的可持续性构建是一个渐进的过程。项目首先可以通过小规模的落地应用，对项目模式的可行性进行验证，对价值和效益进行相应的评估，在提炼和优化的基础上得到一个模式，而这个模式是可以进行多点复制的。在考虑能否多点复制的时候，需要考虑的资源因素包括团队、人才、政策、财务、当地资源、合作渠道网络等多个方面。公益组织的公益服务应建立长效机制，构建起可持续公益的生态链。这是项目可复制、可推广的重要条件。企业更多的是通过产业的不断落地和发展，体现出可复制和可推广性，最终创造出更大的经济效益与社会效益。

案例：远周——中国首家未成年公益关护基地
（第五届大赛"红旅"国金，华东师范大学）

袁帅，华东师范大学优秀校友，于 2017 年依托学校创新创业学院平台创办了"上海远周青少年发展指导中心"（简称远周中心）。该中心是一家民办非企业单位，服务对象为未成年群体。

远周中心秉持"任重道远，周以渡人"的理念，从治理与预防两方面解决未成年人犯罪问题。远周中心帮教模式中的治理体系包括六个环节和八种方法，预防体系包括预防再犯罪的"远舟计划"和普法宣传的"远舟小课堂"等。同时，通过培训异地专业人士、异地共建远周模式、课程体系资源输送三大路径，真正辐射全国、走向世界，有力支撑起国家和民族的未来。

远周中心针对 14 岁以下以及 14~17 岁犯罪情节较轻的未成年人，设计了完整的涉罪未成年人服务体系。六环节包括 OA 建档、调研诊断、团建共扶、个案咨询、拓展干预与回访机制。在帮教的同时，运用八种方法，寓教育于活动中，确保帮教效果。这八种方法包括日记反省法、读书养成法、社会实践法、思想汇报法、专业分析法、一对一谈心法、亲子关系修复法以及心理干预法。

远周中心梳理 10 年的数据，每年形成年度报告，得出交友、家庭与网络及不良媒体的影响是未成年人犯罪的三大主要原因。为此，远周中心提供一对一心理辅导和认知引导，开展亲子教育主题团辅活动，立足"标本兼治"，缓解观护对象与父母的对立情绪，修复亲子关系，课后反馈满意率为 100%。同时，与华东师范大学心理学院合作，构建了完整的三大阶段六大课程体系，循序渐进推进干预效果，保障心理干预措施的层次化和系统性，让未成年人对犯罪行为说"不"。

2018 年 5 月 31 日，远周中心与全国模范检察院——宝山区人民检察院合作，成立上海市宝山区远周未成年人社会观护基地。基地是宝山首个由检察机关、基层政府、民间组织三方力量共建的观护基地，填补了国家在工读学校和少管所之间的空白，多元化主体的参与使基地的帮教资源更为丰富多样。中心是全国首家未成年人检察工作创新实践基地与国内首家公益关护基地。

远周中心参与设计开发的"远周小课堂"，已经进入多所小学、初中、高中，对未成年人进行普法宣传，在全国范围内影响了越来越多的未成年人。中心编写的三本观护帮教教材，成为检察院的官方指导教材，填补了国家在未成年人犯罪纠正领域的空白。远周模式设计了 2 大体系，推出 37 个专业课程视频，被全国 23 个省市检察院近 3000 名检察官学习，在全国范围内复制推广，成为检察工作中的基本工作流程，被 20 多家主流媒体报道。

截至 2021 年年底，远周中心 8 年内共帮助 2815 个孩子免予起诉，远周模式共帮助 9 万余未成年人免予起诉，使他们迈向不一样的人生；也参与设计了"远周小课堂"系列视频课程，进入 8400 多所中小学普法宣传，3 年内开展 3 万余场，受众达 560 万人。

在世界舞台上，远周中心受联合国秘书长邀请参加第十四届世界和平论坛，向世界介绍中国防治未成年人犯罪的探索经验。

来源：

（1）《上央视直播间！华东师大校友坚持做公益，关爱这类特殊人群》（2019-12-17），微信公众号：华东师范大学。

（2）《远周公益路 | 用心挽救灵魂，用爱点燃希望》（2023-08-16），微信公众号：创业基金会。

【点评】远周项目在发展的过程中，围绕治理与预防两方面解决未成年人犯罪问题。内容体系和运营体系都在持续创新，并且不断发展，社会影响力也逐步扩大。项目形成了自身的竞争优势，有效链接并整合了各方资源，形成了自己独特的业务模式，充分体现了模式可复制、成果可示范的要求。模式的可持续性为项目的后续发展提供了良好的支撑。

三、实效性

实效性，是指实施的可行性和实施效果的目的性。在"红旅"项目中，实效性体现的根本点在于为目标地域或目标群体创造价值的能力。创新性也好，可持续性也好，最终都要体现在实效性上面来。

实效性可以通过经济效益和社会效益两个部分体现。对于经济效益部分，具体包括：对农民增收致富的促进效果，对地方经济发展及产业结构优化的促进效果，对巩固脱贫攻坚成果、乡村振兴和推进农业农村现代化发展取得的贡献和效益。社会效益就是项目实施后对社会能起到的积极作用，一般包括促进地方经济发展、促进社会进步、带动就业、提高人民生活水平等内容。对于"红旅"创意组和创业组的项目，"社会价值维度"评分元素里的"项目对社会文明、生态文明、民生福祉等方面的积极推动作用"，也可以理解为项目在社会效益方面的实效性，即项目对解决农业农村和城乡社区各类社会问题的效果。

实效性通过数据来展现，当然也可以通过"数据+案例"的方式来展现。以 2022 年第八届"互联网+"大赛"红旅"国金项目华中师范大学的"智惠农耀——开创国内绿色农药创制 CRO 服务，助力农业绿色振兴发展"为例。项目针对保障国家粮食安全的重大需求以及绿色农药创制成功率低、效率低的行业科技难题，研发出全球首个农药分子设计技术平台 Pesticide Discovery 1.0，大幅度提高了农药创制的效率和成功率。"喹草酮"是杨光富教授团队历时 8 年研发的全国首个高粱专用除草剂。2021 年投入市场使用后，现已在全国高粱种植区累计推广应用 370 多万亩，亩平均增产 13% 以上。团队研发出全球首个农药分子设计技术平台，搭建了全球最新、最完善的农药数据库，自主发展了一系列高精度分子设计新算法，开创了国内首个贯穿农药研发和商业化全过程的绿色农药自主创制 CRO 服务。

项目以绿色农药创制为切入点，以科技赋能乡村振兴事业，促进粮食增产、农户增收，清晰的数字展现了项目的实效性。

　　另外一个例子也是第八届大赛"红旅"的国金项目，来自西安建筑科技大学的"迅建科技——装配美丽乡村，打造中国现代农居新标杆"。项目依托学校优势学科和国家级重点实验室等平台资源，针对乡村振兴中村镇住宅安全度低、品质差等问题，创建了绿色装配式结构成套技术。团队主编全国首部行业标准，发表论文10余篇、申请专利30余项，先后在陕西、新疆、河南、四川、青海、河北等地大力推广，累计建成新型城镇化建筑50余万平方米、特色民居自建房工程120余处。与传统混凝土现浇结构技术比较，项目合计节约造价1.5亿元，取得显著的经济效益、社会效益与环境效益。"迅建科技"项目致力于适应我国墙体材料革新、建筑节能及住宅产业化的要求，以土木工程、材料工程、建筑技术等相关学科交叉为研究特色，以试验研究、工业化技术提升、中试生产线及示范工程建设为研究手段，研发了适应我国新型城镇化建设的绿色装配式复合结构体系成套技术。"集中生产、专业配送、现场组装"的装配式建筑技术天然具备规模效应，很好地解决了新型城镇化建筑"规模不经济"的难题，并在广大乡镇区域拥有显著的品质与成本优势，是实现广大乡镇建筑质量与居住品质"弯道超车"的利器。

第五章

"青年红色筑梦之旅"活动与乡村振兴

第一节　乡村振兴战略提出的背景

自党的十九大报告首次提出"实施乡村振兴战略"以来，中共中央、国务院对于乡村振兴作出了一系列重要部署。2018 年中央一号文件以《中共中央、国务院关于实施乡村振兴战略的意见》为题对乡村振兴战略进行了全面部署，提出了"产业兴旺、生态宜居、乡风文明、治理有效、生活富裕"20 个字的总要求以及"三步走"战略规划；当年 9 月，中共中央、国务院印发了《乡村振兴战略规划（2018—2022 年）》（以下简称《规划》）的第一个乡村振兴五年规划；从 2019 年到 2023 年的中央一号文件，以及国家"十四五"规划均多次提及乡村振兴。可见，实施乡村振兴战略是我国未来发展的重要举措。

乡村是具有自然、社会、经济特征的地域综合体，兼具生产、生活、生态、文化等多重功能，与城镇互促互进、共生共存，共同构成人类活动的主要空间。乡村兴则国家兴，乡村衰则国家衰。我国人民日益增长的美好生活需要和不平衡不充分的发展之间的矛盾在乡村最为突出，我国仍处于并将长期处于社会主义初级阶段，它的特征很大程度上表现在乡村。全面建成小康社会和全面建成社会主义现代化强国，最艰巨最繁重的任务在农村，最广泛最深厚的基础在农村，最大的潜力和后劲也在农村。实施乡村振兴战略，是解决新时代我国社会主要矛盾、实现"两个一百年"奋斗目标和中华民族伟大复兴中国梦的必然要求，具有重大现实意义和深远历史意义。

实施乡村振兴战略是建设现代化经济体系的重要基础，是建设美丽中国的关键举措，是传承中华优秀传统文化的有效途径，是健全现代社会治理格局的固本之策，是实现全体人民共同富裕的必然选择。

乡村振兴战略是在我国社会主要矛盾发生转变的情况下，基于我国"三农"问题日益突出的背景下提出的。

一、我国社会主要矛盾的转化

党的十九大报告中指出，中国特色社会主义步入新时代，人民日益增长的美好生活需要和不平衡不充分的发展之间的矛盾已成为我国社会的主要矛盾。2018 年中央一号文件《中共中央 国务院关于实施乡村振兴战略的意见》指出：当前，我国发展不平衡不充分问题在乡村最为突出，实施乡村振兴战略，是解决人民日益增长的美好生活需要和不平衡不充分的发展之间矛盾的必然要求。

社会主要矛盾中发展不平衡包括城乡发展、区域以及群体在收入和资源等方面的不平衡，但是最大的不平衡是城乡发展不平衡。其主要体现在以下几方面：一是城乡居民收入差距；二是城乡教育差距；三是城乡医疗差距；四是城乡消费差距；五是城乡就业差距；六是政府公共投入差距。

社会发展最大的不充分是农村发展不充分。在现阶段，农村发展不充分具体表现在农业产业发展不充分、农民的职业技能和能力培训不足等方面。

因此，要充分发挥农村在确保国家粮食安全、劳动力供给、生态环境保护、社会和谐稳定等方面的基础性作用，通过实施乡村振兴战略，使农业成为兴旺发达有奔头的产业，农民成为更体面、更有尊严的职业，农村成为生态宜居、充满活力的美丽家园。

因此，要解决这些不平衡不充分发展的问题，就要促进农业全面转型、农村全面发展、农民全面进步，这就是乡村振兴战略的主要目的。

二、"三农"问题的突出表现

农业方面存在生产效率低下、产业规模小、农产品核心竞争力不足等问题。由于我国城镇化和工业化的快速发展，农村大量劳动力涌向城市，农村从事农业的劳动力减少，很多土地撂荒。随着城市的发展，很多耕地被占用，加之我国农业本身存在的一些问题，我国农业的粮食产量也受到影响。党的十八大以来，我国改革开放不断深入推进，我国农产品也逐渐步入国际市场，但是由于我国农业机械化程度、产品附加值较低，人工成本较高，农产品的内在价值和成本不具备优势，国际竞争短板明显。

农村方面，农村生态环境缺乏保护、治理存在隐患、文化活动单一。在加快推进城镇化的过程中，片面追求农村的经济发展而忽视了对生态环境的保护，导致不少农村地区出现环境污染的问题，农村失去生态底色。伴随着城镇化，农村人口的大量流动，农村原本封闭的"熟人"村落以及内在的旧规则和秩序逐渐被打破或瓦解，由于新的有效治理机制尚未建立，不良风气、恶俗文化存在冒头的趋势，给农村的和谐稳定带来诸多隐患。同时，农村文化活动内容陈旧且形式单一，没有创新，不能满足农民日益增长的对美好生活的需要。

农民方面，"老龄化"严重，科学文化素质和思想道德素质有待提高。农业收益较低，大量农民逐渐转向第二、三产业，致使农村农民"老龄化"问题越来越严重，劳动力的匮乏将会影响农村的可持续性发展。同时，部分农民由于受教育程度不高，存在一些不文明的行为举止。

乡村振兴战略是在新的历史背景下中央对解决好"三农"问题作出的战略部署，是未来一个时期"三农"工作的战略重点和基本遵循。乡村振兴战略是在深刻认识城乡、社会、现代化发展规律的基础上提出的重大战略，其核心是坚持农业农村优先发展，总要求是"产业兴旺、生态宜居、乡风文明、治理有效、生活富裕"，关键是建立健全城乡融合发展体制机制和政策体系，最终目标是要加快推进农业农村现代化。

第二节 乡村振兴战略的内涵与目标

习近平总书记在党的十九大报告中首次提出乡村振兴战略。乡村振兴战略作为七大战略（科教兴国战略、人才强国战略、创新驱动发展战略、乡村振兴战略、区域协调发展战略、可持续发展战略、军民融合发展战略）之一被写入党章。党的二十大报告指出，全面建设社会主义现代化国家，最艰巨最繁重的任务仍然在农村。这既是对新时代"三农"形势的清醒认识，也是告诫全党，不管工业化、城镇化进展到哪一步，"三农"的基础地位都不会改变，都要始终坚持把解决好"三农"问题作为全党工作重中之重。中国要强，农业必须强；中国要美，农村必须美；中国要富，农民必须富。

乡村振兴战略的提出，旨在解决人民日益增长的美好生活需要和不平衡不充分的发展之间的矛盾。当前，我国最大的发展不平衡是城乡发展不平衡，最大的发展不充分是农村发展不充分。而乡村振兴战略是党中央根据"两个一百年"奋斗目标和农业农村短腿短板的问题作出的战略安排。

乡村振兴战略就是要坚持农业农村优先发展，进一步理顺工农城乡关系，在要素配置上优先满足，在资源条件上优先保障，在公共服务上优先安排，加快农业农村经济发展，加快补齐农村公共服务、基础设施和信息流通等方面的短板，显著缩小城乡差距。

一、乡村振兴的总要求

农业、农村、农民问题是关系国计民生的根本性问题，必须始终把解决好"三农"问题作为全党工作的重中之重。要坚持农业农村优先发展，按照产业兴旺、生态宜居、乡风文明、治理有效、生活富裕的总要求，建立健全城乡融合发展体制机制和政策体系，加快推进农业农村现代化。

围绕"产业兴旺、生态宜居、乡风文明、治理有效、生活富裕"的总要求，各个环节的具体要求如下。

产业兴旺是乡村振兴的不竭动力源，是解决农村一切问题的前提。产业发展不起来，乡村振兴就缺乏根基，就无从谈起。产业兴旺主要包含四个方面的内容：农业现代化、产业升级、三产融合和生产要素产出率。农业现代化是指在不破坏农业生产生态环境的条件下，利用现代科技、信息、水利和机械等物质要素装备改造农业生产方式，提高土地产出和资源利用率。产业升级是指通过农业供给侧结构性改革，提高农产品产出质量，实现农业向高质量发展转型。三产融合是指农村第一产业、第二产业和第三产业协同发展和深度融合，将传统农业经营体系升级为现代三大产业体系，培育农村新产业和新业态。生产要素产出率提升是指通过科技创新提高劳动、资本和土地等要素产出效率，使农业综合生产能力得到提升。

生态宜居是乡村振兴的内在要求，体现了广大农民群众对建设美丽家园的追求。农民群众在衣食住行等物质基本需求得到满足的基础上，将追求更高层次的生活，也就是获得精神上的满足。农民群众期盼改善自己的生活环境，盼望生活在宜居的空间中。因此，应完善污水处理、垃圾处理、公共厕所等生活设施，改善农民群众的生产生活环境，使广大农民群众能够分享乡村振兴成果，提升幸福感。

乡风文明是乡村振兴的紧迫任务。满足农民的精神需求，让农民"过上好日子，活得有面子"。乡风文明源于乡村文明，推动乡村文化振兴，使乡村焕发出文明的新气象。培育乡风文明要以社会主义核心价值观为核心，通过建立淳朴民风和良好家风，提升乡村社会文明程度，使广大农民记住乡愁、保护好绿水青山，建设美丽乡村。

治理有效是乡村振兴的重要保障。实现乡村治理能力和治理水平现代化，让农村既充满活力，又和谐有序。通过创新治理体系形成多元参与、共同治理、三治结合的格局，切实维护广大农民利益，推动乡村稳定快速发展，是国家治理体系和治理能力现代化的重要体现，是和谐社会构建的重要条件。

生活富裕是乡村振兴战略的根本。中国特色社会主义的最终目标就是实现广大人民群众共同富裕，而要实现共同富裕就必须坚持中国共产党的领导，坚持社会主义分配制度，通过分配制度调整分配差距，使广大农民共享我国发展成果，实现共同富裕。

二、乡村振兴战略的目标任务与关键法规文件

2017 年 12 月 29 日，中央农村工作会议首次提出走中国特色社会主义乡村振兴道路，让农业成为有奔头的产业，让农民成为有吸引力的职业，让农村成为安居乐业的美丽家园。按照党的十九大提出的决胜全面建成小康社会、分两个阶段实现第二个百年奋斗目标的战略安排，中央农村工作会议明确了实施乡村振兴战略的目标任务，"三步走"的时间表具体如下。

——到 2020 年，乡村振兴取得重要进展，制度框架和政策体系基本形成；

——到 2035 年，乡村振兴取得决定性进展，农业农村现代化基本实现；

——到 2050 年，乡村全面振兴，农业强、农村美、农民富全面实现。

2018 年 9 月 21 日，中共中央政治局就实施乡村振兴战略进行第八次集体学习。中共中央总书记习近平在主持学习时强调，乡村振兴战略是党的十九大提出的一项重大战略，是关系全面建设社会主义现代化国家的全局性、历史性任务，是新时代"三农"工作的总抓手。

2021 年 2 月 21 日，《中共中央、国务院关于全面推进乡村振兴加快农业农村现代化的意见》即 2021 年中央一号文件发布。这是 21 世纪以来第 18 个指导"三农"工作的中央一号文件。文件指出，民族要复兴，乡村必振兴。要坚持把解决好"三农"问题作为全党工作重中之重，把全面推进乡村振兴作为实现中华民族伟大复兴的一项重大任务，举全党全社会之力加快农业农村现代化，让广大农民过上更加美好的生活。

我国第一部直接以"乡村振兴"命名的法律《中华人民共和国乡村振兴促进法》（以下简

称《乡村振兴促进法》）于 2021 年 6 月 1 日正式施行。从此，我国促进乡村振兴有法可依。《乡村振兴促进法》包括 10 章，共 74 条。

2022 年 2 月 22 日，《中共中央、国务院关于做好 2022 年全面推进乡村振兴重点工作的意见》即 2022 年中央一号文件发布。这是 21 世纪以来第 19 个指导"三农"工作的中央一号文件。文件指出，牢牢守住保障国家粮食安全和不发生规模性返贫两条底线，突出年度性任务、针对性举措、实效性导向，充分发挥农村基层党组织领导作用，扎实有序做好乡村发展、乡村建设、乡村治理重点工作，推动乡村振兴取得新进展、农业农村现代化迈出新步伐。

2023 年 2 月 13 日，题为《中共中央、国务院关于做好 2023 年全面推进乡村振兴重点工作的意见》的中央一号文件正式发布。文件指出，全面建设社会主义现代化国家，最艰巨最繁重的任务仍然在农村。世界百年未有之大变局加速演进，我国发展进入战略机遇和风险挑战并存、不确定难预料因素增多的时期，守好"三农"基本盘至关重要、不容有失。党中央认为，必须坚持不懈把解决好"三农"问题作为全党工作重中之重，举全党全社会之力全面推进乡村振兴，加快农业农村现代化。

党的二十大报告中指出："全面建设社会主义现代化国家，最艰巨最繁重的任务仍然在农村。坚持农业农村优先发展，坚持城乡融合发展，畅通城乡要素流动。加快建设农业强国，扎实推动乡村产业、人才、文化、生态、组织振兴。"乡村振兴战略中的产业振兴、人才振兴、文化振兴、生态振兴、组织振兴几个部分相互联系，构成一个有机的整体，各个要点描述如下。

产业振兴是物质基础，事关提供乡村就业机会和拓宽农民增收渠道。习近平总书记曾指出："要推动乡村产业振兴，紧紧围绕发展现代农业，围绕农村一二三产业融合发展，构建乡村产业体系，实现产业兴旺，把产业发展落到促进农民增收上来，全力以赴消除农村贫困，推动乡村生活富裕。"推动乡村产业振兴，应坚持质量兴农、绿色兴农，大力发展现代种养业，推进农产品就地加工转化增值，大力发展乡村现代服务业，促进农村一二三产业深度融合，加快构建现代农业产业体系、生产体系、经营体系，增加农民致富渠道。

人才振兴是关键，强大的人才队伍能够为乡村振兴注入新鲜血液，解决农村地区人才少、留不住人等问题。推动乡村人才振兴，应把农村人力资本开发放在首要位置，加快培养造就懂农业、爱农村、爱农民的"三农"工作队伍，激励各类人才在农村广阔天地大显身手。

文化振兴是重要基石，是提升乡村文化价值、增强乡村文化吸引力、提高乡村社会文明程度的重要举措。推动乡村文化振兴，应加强农村思想道德建设，推动社会主义核心价值观转化为农民的情感认同和行为习惯，焕发乡村文明新气象；传承保护弘扬优秀传统农耕文化，不断赋予其新的时代内涵。

生态振兴是内在要求。绿水青山就是金山银山，良好的生态环境是农村地区最大的优势和宝贵财富。推动乡村生态振兴，应大力推进农业绿色发展，治理农村环境突出问题，不断增加农业生态产品和服务供给，实现百姓富、生态美的统一。

组织振兴是根本保证，能够为农村地区基层组织凝心聚力，形成强大的发展合力。推动乡村组织振兴，应发挥好农村基层组织的领导核心作用，坚持党组织对农村各类组织的统一领导，建立健全现代乡村社会治理体制，确保乡村社会充满活力、安定有序。

"青年红色筑梦之旅"活动与乡村振兴的内在联系

"青年红色筑梦之旅"活动就是引导广大青年扎根中国大地、了解国情民情,通过创新创业实践助力乡村振兴。"红旅"活动的开展不仅凸显了乡村振兴战略的重要地位,为乡村振兴的发展提供了平台和资源,而且推动落实了立德树人根本任务。首先,实施乡村振兴战略,是全面建设社会主义现代化国家的重大历史任务,是新时代"三农"工作的总抓手。将"红旅"活动融入乡村振兴,可以让更多的高校学生走出校园、走进乡村,用他们丰富的理论和宽广的视野指导实践。而广大乡村地区和基层一线又是大学生开展社会实践活动的重要场所,是大学生接触社会、深入了解国情民情、提升专业技能的重要平台。"红旅"活动以乡村振兴发展的需求为导向,高校学生与有需求的乡村合作,经过实地走访调研,以一村一品牌为目标形成具体的执行方案,通过自己的专业知识为乡村提供资源,用创新创业成果更好地服务乡村振兴战略。高等教育的根本任务是立德树人,坚持立德树人与引导学生投身乡村振兴事业,是聚焦新农科人才队伍建设的重要方式。将"红旅"活动融入乡村振兴,在落实立德树人根本任务、培养乡村振兴人才、传承中华优秀传统文化、学习革命精神、传承红色文化方面发挥着重要作用。同时,"红旅"活动在引导深化高校创新创业教育改革、鼓励大学生将创新创业宝贵成果用于乡村振兴、全面推动"双创"教育与思政教育融合方面也具有很重要的现实意义。

"红旅"活动聚焦于脱贫攻坚事业的推进,把脱贫攻坚工作与乡村振兴工作有效衔接,推动农业农村现代化工作,以农业现代化助力农业强国建设等。"红旅"活动大多围绕当年国家"三农"工作的核心开展。

"红旅"活动在产业振兴、生态振兴、人才振兴、文化振兴、组织振兴等方面出现的优秀项目案例,都从不同侧面体现了自身的价值和贡献。

"青年红色筑梦之旅"活动助力乡村振兴的典型案例

案例一 乡村振兴的综合案例

金色庄园——用小草莓托起农民致富梦
(第七届大赛"红旅"国金,江苏农林职业技术学院)

南京金色庄园农产品有限公司董事长吴中平着力解决制约莓农的研、产、鲜、销四个方面的难题,被业内称为"草莓小王子"。金色庄园经过4年的发展,已经成为全国单体最大的草莓种植基地。2017 年，金色庄园在南京市溧水区东屏街道长乐社区启动建设一期 1300 亩草莓种植基地，目前自建现代化草莓生产基地 5200 亩，合作建设草莓基地 3 万亩，拥有 4000 平方米冷库和包装车间。2021 年，公司销售额近 4 亿元，已成长为国家级农业龙头企业。除草莓种植外，金色庄园还形成了以包装、运输、育苗等产业为主的产业链，带动就业 1 万余人。草莓，成为当地农民名副其实的"致富果"。

大家印象中的草莓都是在大棚里席地生长的，泥巴到处都是。可是这些场景在金色庄园里根本看不到，而是整齐划一的联排支架，不同品种的草莓植株在悬空的培养槽内尽情生长。在干净明亮的环境里，地暖设备、喷淋设备、水肥一体化设备、二氧化碳供给设备等，让这里的草莓果在恒温恒湿的条件下长得又大又鲜。

众所周知，草莓好吃但也"娇嫩"。吴中平介绍，草莓不耐储，常温仅能存放 2 天左右。2011 年，他第一次将 6000 斤草莓运到深圳时，因为缺乏保鲜技术，损耗高达 70%。因此十年来，吴中平不断优化草莓冷链运输技术，降低长途运输损耗，通过引入先进的压差式预冷设备，与科研机构合作，改进包装技术和优化冷链车，将草莓的存放时间延长至 15 天左右，成功将长途运输的损耗降低到 5% 左右。

南京金色庄园作为全国农业龙头企业，采用的是"公司+基地+农户"的经营管理模式。一方面把分散的农户集中起来；另一方面通过统一种苗、统一品牌管理、统一市场销售等，实现标准化种植。公司是百果园、Costco、盒马等商超的主要供应商，收购的草莓全部进入中高端市场。吴中平说："我们和农民唇齿相依，努力争取企业和农民双赢的局面。"公司目前带动周边农户 6676 户种草莓，户均年增收 20 万元。开年以来，很多农户每亩已净赚万元以上，最高的一户 7 亩草莓净赚 14 万元。草莓出基地前，要进行筛选和包装，这也需要大量工人，草莓采摘季最高峰时用工超 500 人，他们全部来自周边乡村，每小时工资在 15 元以上。56 岁的唐小凤是南京金色庄园包装流水线上的工人，她说，自家土地流转给金色庄园后，自己平时会到金色庄园做小时工，每年也能挣四五万元。金色庄园正是有了自己的草莓基地、冷库和包装车间等配套设施，不断优化了冷链运输技术，才能让草莓顺利销往深圳、北京等全国各地。

金色庄园草莓产业的发展也带动了更多的青年返乡，任启胜就是众多返乡青年中的一员。他的父亲种了 18 年的草莓，但一年的收入还不足 3 万元，他不想像父亲一样生活，选择进城打工，但是收入一直不高。听说与金色庄园签约以后种草莓能挣到钱，他辞去工作返回家乡，承包了 10 亩草莓大棚，现在一年的收入超过 28 万元。

金色庄园不仅注重自身和当地农户的经济效益，还十分重视当地的生态效益和文化效益。它与各村镇签订了耕地质量保护协议，实行绿色防控技术，有效改善了当地的人居环境。同时，金色庄园每年还牵头举办国际草莓文化节、咪豆音乐草莓采摘文化节，带动乡村旅游。2020 年乡村旅游约 3 万人，较 2017 年增长 350%。"可采莓亦可赏梅，这是傅家边草莓采摘游的最大特色。"溧水区农业农村局相关负责人介绍，每年二三月份，溧水都会举行草莓文化节，做足"莓"文章，带动当地乡村休闲旅游发展，"两天一夜"的采莓观光游成为南京及周边市民踏青的热门线路。

为了培养高素质技术技能人才，2019 年，江苏农林职业技术学院与金色庄园签署了校企合作订单培养协议，开始招收"金莓班"，每年全额出资定向培养大学生 30 名。董事长吴中平介绍，他本人就是江苏农林职业技术学院毕业的。"有学校做后盾，企业发展就有了底气。"

金色庄园还与多家高校成立了大学生实习基地，每年提供实习岗位 200 个。此外，金色庄园还积极参加"青年红色筑梦之旅"等实践活动，成立农民田间学校，注重乡村人才振兴。

目前，金色庄园公司将"基地+农户"的种植模式在更大范围推广，已在江苏海门、安徽长丰、四川西昌等地建设基地 1770 亩，计划到 2025 年，建成核心基地 3 万亩、带动种植 10 万亩、帮助 2 万人就业的产业规模。

来源：

（1）《创新创业+｜"互联网+"金奖案例分享——金色庄园，小草莓托起农民致富梦》（2022-06-18），微信公众号：创新创业前沿资讯。

（2）《小草莓托起农民致富梦》（2021-05-31），微信公众号：食品交汇点。

（3）《金奖案例拆解 ｜金色庄园——用小草莓托起农民致富梦》（2022-08-23），微信公众号：硕尔维教育平台。

【点评】 本项目以草莓行业带动产业振兴，通过技术创新解决了种植与冷链运输等问题，很好地促进了该产业的发展，并且带动农民增收致富。项目中形成的"公司+基地+农户"的经营管理模式具有示范推广价值。

以乡村产业振兴为基础，项目还十分重视当地的生态效益、文化效益以及人才培养。绿色防控技术的实施赋能乡村生态振兴；以举办草莓文化节等活动带动乡村旅游，赋能乡村文化振兴；以校企合作、实习岗位提供等模式培养高素质技术技能人才，赋能乡村人才振兴。

整个项目以草莓产业为基础，从不同的维度赋能乡村振兴，体现了良好的经济效益和社会效益。

案例二　生态振兴项目案例

蚝壳惠民——致力土壤治理的公益团队（第七届大赛"红旅"国金，集美大学）

在集美大学，有一个特殊的团队叫"蚝壳惠民"，队员们以牡蛎壳为原料，制成土壤改良剂，用于酸性土壤和重金属污染土壤的改良。该团队带队人、集美大学副校长曹敏杰以及其研究团队的师生经过 7 年研究，用牡蛎壳制成土壤改良剂，实现了变废为宝、扶贫助农、保护土壤的目标。如今，集美大学"蚝壳惠民"项目组已与 110 户困难农户签订协议，为困难农户免费提供为期 3 年的土壤调理剂产品，并派技术人员指导使用，帮助农民增加收入。

2017 年，团队来到"世界柚乡"漳州市平和县，那里土壤酸化严重，蜜柚品质下降，产品滞销的现状深深触动着团队成员。由于酸雨沉积和过度使用化肥，土壤持续恶化，我国酸化土壤面积已超过耕地总面积的 40%，土壤问题制约了农业绿色发展，也带来了社会经济和生态问题。在漳州平和县，土壤酸化面积甚至占当地总耕地面积的 99.27%。土壤酸化导致营养元素流失，有毒重金属化合物溶解度增加，土壤肥力降低、结构变差，减产减收，种植出的农产品品质下降。

针对土壤酸化问题，集美大学"蚝壳惠民"团队以福建省大量废弃的牡蛎壳为原料，联合合作企业，开发"保护性分段高温焙烧"核心工艺，将牡蛎壳制成具有改善土壤酸化、提升农作物品质等功能的土壤调理剂，为土壤酸化治理提供了解决手段，实现了牡蛎壳的高值化利用。根据土壤治理需求与不同农作物生长特点，团队对配方进行优化，研发有利于土壤品质改良，促进农作物增产、增收、提质的系列产品。

　　"蚝壳惠民"团队通过技术引领、多元联动的模式推动规模化运作，从产品研发、技术服务到科普宣传，为农户提供了全方位、全过程的公益服务。以高校为主导，送智下乡，授人以渔，社会支持众筹资金和资源，政府引导推荐与协调对接农户，企业协调技术合作、产品生产，以及农户参与形成多元联动，帮助低收入农户致富，树立示范农户，采取土壤卫士计划帮助共同致富。

　　团队以福建省革命老区与欠发达地区为重点，开展公益助农活动，通过线上"土壤慕课"、线下"科普示范"+"公益送货"的双线联动模式，在为农户传授农业知识的同时，扎实推进治土扶农。近三年，团队累计下乡 209 次，超过 2800 人次参与，用实际行动践行"治土扶农"。迄今为止，已免费送出 758 吨相关产品，在省内 24 县区的 40 个试验基地进行了 10500 亩田间试验，涵盖水稻、西红柿、荔枝、黄地橙等 42 种农作物，均取得良好成效。团队在福建省的公益助农活动，惠及 4500 家农户，其中建档立卡户 120 家。此外，联合合作企业在全国治理土壤 95 万亩，产生了良好的经济效益和社会效益。

　　为了更好地帮助农民科学改善土壤，研究团队针对不同作物适合生长的土壤酸碱度，设计出科学合理的施用量和施用方法。"蚝壳惠民"土壤改良示范村：厦门市集美区黄地村通过使用牡蛎壳土壤调理剂，降低了氮肥施用量，实现了增产提质。集美黄地村果农刘水强说："之前没有用牡蛎壳颗粒，脐橙的长势和挂果率都很差，用了它之后，挂果率、长势和叶片都很好。"龙岩市永定区金砂乡秀山村几个农户在给团队写的感谢信中写道，农户种植的香蕉、百香果、蜜柚在团队的帮扶下长势越来越好。

　　目前，"蚝壳惠民"团队的土壤改良技术已申请 3 项国家发明专利，合作企业生产的产品已推广至全国 21 个省市，为当地农户通过土壤改良增产增收带来希望，也为农村保住绿水青山提供了技术支持。下一步，他们将继续研究探索土壤改良剂与有机肥的有效结合，减少化肥的使用，更好地保护耕地土壤。

来源：

　　（1）《全国首创！历时 7 年！集美大学科研团队用牡蛎壳……》（2020-07-28），微信公众号：天下集美。

　　（2）《第七届"互联网+"大赛国赛金奖案例—蚝壳惠民—致力土壤治理的公益团队（新工科）》（2022-09-30），微信公众号：中关村加一人才中心。

　　【点评】本项目是一个通过改良土壤为作物提质增产的优秀"红旅"项目，在赋能乡村生态振兴的同时又很好地拉动了产业的发展。项目围绕当地的资源特色，通过技术创新的方式将牡蛎壳制成土壤改良剂，变废为宝、扶贫助农、保护土壤。方案为土壤酸化治理提供了解决手段，实现了牡蛎壳的高值化利用，有效降低了传统化肥的使用量，改良了土壤品质，促进了农作物的增产、增收和提质，有效助力了乡村振兴和农民的增收致富。

　　围绕核心产品的普及、推广、应用，项目团队通过技术引领、多元联动的模式推动规模化运作，从产品研发、技术服务到科普宣传，为农户提供了全方位、全过程的公益服务，构建了一个可示范、可复制、可推广的项目发展模式，体现了很好的社会效益和经济效益。

案例三 文化振兴与产业振兴相结合的项目案例

牧童游乡村旅游网——乡村振兴的践行者（第八届大赛"红旅"国金，重庆理工大学）

李滔，重庆理工大学 2019 级电子商务及法律专业学生，现任重庆魔幻空间科技有限责任公司董事长兼总经理、牧童游（重庆）科技有限责任公司 CEO（首席执行官）、重庆市乡村旅游协会副会长，入选重庆市人社局创业导师库。于 2018 年创立"牧童游乡村旅游生态链服务平台"，拥有 40 余项创新创业类荣誉、40 余项自主知识产权，获得共青团中央等 10 余个部委联合认定的"中国最具品牌影响力项目"称号。

"借问山水何处美，牧童遥指新农村"，正是"牧童游乡村旅游平台"的 slogan（口号），名字的灵感也是来源于此。2018 年，年仅 20 岁的李滔从重庆理工大学休学创业，拉着一帮伙伴创立了牧童游（重庆）科技有限公司。

李滔从小在农村长大，对于乡村有天然的熟悉感。他认为英国、德国、荷兰这些发达国家，乡村旅游已经发展得非常成熟。我国自古以来就是一个农业大国，这么大的面积，75%的资源集中在乡村，农村拥有巨大的市场。同时，现阶段城市周边的乡村旅游已经慢慢地成了大家假期休闲的主要方式。但是，消费者很难找到渠道和信息资源，而牧童游平台就能解决信息不对称的问题。

李滔选择从互联网入手，做大数据智慧旅游的原因有以下三点：第一，他对互联网比较熟悉，在高中就开淘宝店，开始接触各种网络系统。第二，他大学时学的专业就是电子商务及法律。第三，他对未来的判断很准，传统的商业模式只能服务周边 1～1.5 公里，有时空的界限，而互联网大数据是再造生产资料的能源，它的服务范围和服务能力是超越这个范围的。各行各业都在进行数字化改造，乡村必然也是如此。

牧童游平台是一个集合城市周边的乡村民宿、休闲景区、乡村特产、生态美食等多业态且专注于乡村旅游的 B2C（企业对消费者）服务平台，通过一铺（店铺）四展（宿、食、娱、购），打造全方位的乡村旅游一站式服务体系，在城市周边 30 分钟至 3 小时车程范围内构建基于区域化的城市周边生活圈，链接城市消费者和城市周边的乡村景区资源。该平台涵盖"牧童游"微信小程序、"牧童游"App、"牧童游"掌柜智慧平台、市场运营系统、数据中心、客户服务矩阵等，为乡村旅游的经营者提供一站式互联网解决方案，为消费者提供全方位消费服务。

进入"牧童游"微信小程序可以发现，平台定位精准，界面清爽，围绕乡村旅游的吃、住、行、娱、购推荐生动具体的方案，既有商家图文并茂的介绍和优惠促销信息，也有其他消费者的真实体验感受，具有很大的参考性。

李滔自 2018 年和他的团队投身这片广袤的乡村大地，用先进的互联网科技，吹响了进军乡村的号角，致力于为全国 500 万乡村旅游商户（乡村民宿、农家乐、乡村景区等）提供互联网服务平台，将乡村的美丽与城市的经济相连接。从一开始的精准扶贫，到 2021 年的乡村振兴，牧童游旗下运营 8 款互联网产品，包括 5 个分（子）公司，在全国性的舞台屡获佳绩，先后成为重庆市乡村旅游协会、重庆市民宿产业协会副会长单位，发起成立成渝乡村振兴战略联盟，斩获创新创业类荣誉 50 余项，创业事迹也作为全国 4 个典型案例之一被《人民日报》报道，并作为全国唯一典型获得 CETV（中国教育电视台）全国视频展播。

"从前，是中国走进世界；未来，我们要让世界走进中国，走进中国乡村！这不仅是我的梦想，更是我们团队的使命！"牧童游创始人李滔这样说道。创新创业创青春，实学实干跟党走，牧童游科技为青春插上了创新创业的翅膀，以数据为驱动，结合AI（人工智能）、大数据、底层创新互联网技术，怀揣将整个中国乡村数字化的目标，与诸多同行者共同赋能中国乡村的发展，投身乡村经济振兴的浪潮，共同肩负起让中国乡村更美好的时代使命与担当。

来源：

（1）《总书记对海南的期许，重理工青年先锋在践行——李滔：智慧旅游未来已来 乡村振兴未来可期》（2022-04-21），微信公众号：重理工知产时代。

（2）《创业路上 | 牧童游创始人李滔，20岁休学创业，4年蜕变为"全国乡村振兴青年先锋"》（2022-09-08），微信公众号：曲率创工场。

【点评】乡村旅游资源的挖掘和开发，是文化振兴与产业振兴相结合的一种乡村振兴发展模式。"脱贫攻坚，发展乡村旅游是一个重要渠道，要抓住乡村旅游兴起的时机，把资源变资产，实践好绿水青山就是金山银山的理念""发展乡村旅游不要搞大拆大建，要因地制宜、因势利导，把传统村落改造好、保护好"……党的十八大以来，习近平总书记在考察调研中多次就乡村旅游发展作出重要指示。全国文化和旅游部门认真落实习近平总书记的指示精神，推动乡村旅游发展模式创新、产品升级、服务优化。10年来，越来越多的旅游村、旅游小镇涌现，越来越多的农民在家门口吃上了旅游饭，而乡村旅游也成为人们放松身心、寻觅乡愁的重要选择。

项目的发展很好地抓住了时代的机遇，基于这个细分的行业构建了互联网服务平台，链接各方资源，链接乡村与城市。以高科技和数字化手段，为政府与行业、乡村商户、消费者进行有效赋能，推动了乡村旅游的发展。在拉动经济发展、促进消费的同时，又很好地传播了乡村文化，实现了产业振兴和文化振兴的共同发展。

案例四 人才振兴项目案例

黔程无忧——扶智教育助力乡村旅游的智慧发展之路
（第八届大赛"红旅"国金，天津大学）

"黔程无忧——扶智教育助力乡村旅游的智慧发展之路"项目由智算学部博士生吕永阳担任负责人，带领团队在贵州乡村旅游小镇办起了"夜校"，帮助百姓提升旅游从业技能。同时，团队自主开发了面向乡村旅游的一站式平台，帮助乡村旅游走出大山，将绿水青山变成金山银山。

2017年，习近平总书记在给"青年红色筑梦之旅"大学生回信中勉励青年扎根中国大地。那时，吕永阳正在贵州石阡县支教。石阡县是革命老区，遍布红军长征的印记。看到眼前贫困的石阡县，他在想，他能做的也许不仅仅是支教。于是，受长征精神的感召，他带领团队来到了石阡县楼上古寨。

石阡县楼上古寨，是一个拥有丰富自然资源与良好基础设施的历史文化名村。但团队成员走进老百姓的家中时，发现许多老百姓家里连一件像样的电器都没有，住的还是旧房子。经过不断走家串户调研，成员们发现，游客不愿意去，不是因为山不够青、水不够绿，而是因为服务不够到位，其根本原因是老百姓的受教育水平与就业技能比较低。没有思路，就没有出路。于是，吕永阳率领团队在贵州省石阡县楼上古寨创办起了"夜校"，从基础文化、旅游服务、技能提升和民俗文化等四大类课程展开教学，共设置短视频发布、民俗宣传、汉字教学、农家乐管理等28门课程。

"最开始百姓不愿意来，我们就在课堂上摆瓜子，一户户地动员，终于把老百姓请进了夜校。但正当我们热火朝天地优化课程时，新的问题又出现了。老百姓觉得上课耽误赚钱，不如去多耕一亩地。"项目负责人吕永阳回忆道。让课堂知识更好、更快地转变为触手可及的经济效益，是他们将百姓留下的唯一办法。伴随着一步一个脚印的尝试与开拓，3.0夜校课堂开到"田间地头"，以既亲切又容易变现的方式将就业技能传授给老百姓，因此老百姓也亲切地称夜校为"院坝夜校"。

2021年，为了解决现有乡村旅游平台市场空白的问题，吕永阳带领团队利用专业优势开发了面向乡村旅游的智能平台，涵盖旅游领域吃、住、行、娱、购一站式服务，营造了乡村百姓家门就业、游客"一人一包入一户能玩一天"的乡村烟火气息。

五年来，项目累计招募16所院校志愿者5668人次，志愿时长累计超过15万小时。获《人民日报》、CCTV等全国50余家主流媒体的报道300余次，获得"全国优秀西部计划志愿者"等荣誉80余项。

过去的五年，"黔程无忧"团队牢记习近平总书记的嘱托，把激昂的青春梦融入伟大的中国梦，持续巩固拓展脱贫攻坚成果。未来五年，他们将永葆红色筑梦初心，为宜居宜业和美乡村，为中国式现代化贡献青春力量。

来源：

（1）《小智报喜 | 金奖！智算学子在第八届"互联网+"大赛中取得突破》（2022-11-22），微信公众号：TJU智能与计算学部学生中心。

（2）《"夜游+旅游"，这群大学生志愿者这样助力乡村振兴 | 公益创业赛获奖项目展示》（2024-01-18），微信公众号：中国青年志愿者。

【点评】本项目以扶智教育为切入点，与带动当地的旅游产业发展紧密衔接，通过人才振兴推动产业振兴，助力乡村振兴。

在整个项目的实施过程中，团队扎根当地，了解问题、分析问题、研究对策，落实方案与优化调整。一方面通过构建成体系的课程以及教学模式，有效帮助当地人提高知识业务水平和旅游从业技能。另一方面，结合技术和模式创新，构建吃、住、行、娱、购一站式服务体系，有效助力当地乡村旅游业的发展。

案例五　新模式的生态振兴项目案例

构建"碳中和新乡村"，共育生态资源资产化的"绿金山"
（第八届大赛"红旅"国金，华南理工大学）

"构建碳中和新乡村，共育生态资源资产化的绿金山"项目是由方略乡创"红旅"团队提出的。方略乡创"红旅"团队由华南理工大学建筑学院等多个院系跨学科专业的毕业生与在校学生组成。华南理工大学乡村振兴与发展研究院是其科研平台，方略乡创公司是其"双创"

主体，其核心成员扎根乡村 10 年，参与乡村规划、设计与建设。

"恰逢国家提出'乡村振兴'与'碳中和'两大国家战略，让我们对乡村绿色发展有了新的认识。"方略乡创创始人陈可表示。团队在 2020 年决心进行业务转型，探索出一条乡村新能源开发的服务路径，促进乡村屋顶、鱼塘等各类乡村资源的复合高效利用。团队在叶红教授的指导下提出"碳中和新乡村"绿色发展新模式，依托华南理工大学和乡村振兴与发展研究院，以创新创业探索乡村新能源最优协同开发服务，协调多方需求，实现乡村资源复合高效利用。针对乡村新能源项目的开发，资源难以高效利用、多方需求未能充分协调的难题，通过联动央企、国企以及相关领域专业团队，在人地关系紧张、能源需求量大的广东地区，率先落地具有全国影响力的两类示范项目。一是结合农房风貌提升的屋顶光伏开发，二是结合鱼塘改造升级的渔光互补开发。

2021 年 3 月，方略乡创"红旅"团队来到广东高州市分界镇，结合自主研发的"农房改造型光伏阳光亭"专利技术，驻村开展设计与协调，实现农房功能、颜值与发电效益最大化。由于这个项目缺少乡村资源的协同组织方案和多方需求的整合，更缺少一支能够在项目开发链条里发挥多方协同作用的专业团队，因此，方略乡创"红旅"团队坚持驻村工作，与村民进行一对一协调，与政府不断磨合。为了推动项目的实施，团队每次都会开展长达 3 个月以上的驻村工作，不仅走村入户了解村民需求，还会爬上村民的屋顶进行勘探，为每户村民提供定制化的设计方案。

分界镇是"农房改造型光伏阳光亭"的首批试点区域。在实践过程中，方略乡创团队在导师叶红教授和行业专家们的帮助下，逐步完善了"碳中和新乡村"的创新模式，通过构建助力乡村生态资源资产化的乡村绿色发展新模式，开辟有机联动的"资源资产化—资产交易化—交易持续化"三大路径：通过发展新能源，撬动资源资产化；通过交易绿碳汇，推动资产交易化；通过建立绿色基金，支撑交易持续化，促进乡村实现生态资源转化为资产，形成长效振兴的发展闭环。"碳中和新乡村"的核心旨在全方位构建生态资源资产化乡村绿色发展新模式，重点体现在空间、经济和社会低碳转型三个维度。在空间维度，强调建立城乡统筹的低碳空间体系，科学策划以新能源为引领的低碳技术项目开发与空间布局，构建清洁高效的能源体系，促进乡村发展的再电气化，重构乡村生活、生产、生态空间格局；在经济维度，强调碳交易在乡村生态资源资产化过程中的决定性作用，并注重将低碳技术与乡村产业发展相结合，培育以"碳中和新农业"为载体的生态人文新经济；在社会维度，强调乡村低碳治理体系的研究，培育村民低碳意识，建立低碳社会。

同年，方略乡创"红旅"团队来到广州花都调研走访，发现这里许多村的鱼塘利用相对单一、低效。团队通过整体产业策划，发展"板上发电，板下养殖"复合经济，引入自主研发的光伏池塘网箱养殖技术，实现现代鱼塘自给供电及高效养殖。光伏项目将为村里带来鱼塘租金收入，提高养鱼的产值，许多村民还可以通过参与光伏项目建设与渔业养殖，获得更多工资性收益。

两类项目落地不仅为村民带来稳定的鱼塘和屋顶租金收益，还真正改变了地方的产业模式和用能结构，为乡村带来生态经济双重效益。

方略乡创创始人陈可说："未来，方略乡创'红旅'团队将服务多类型新能源模式，并把高技术板下种养殖作为团队的拓展重点，将服务推广至全国 10 个以上省份，优先落地在 160 个国家乡村振兴重点帮扶县，从而真正改变乡村的用能结构和产业模式，实现生态资源资产化，助力祖国乡村实现高质量的长效振兴。"

来源：

（1）《方略乡创红旅团队荣获中国国际"互联网+"大赛金奖》（2022-11-16），微信公众号：村镇方略。

（2）《全国首创！高州率先打造"碳中和新乡村"》（2021-04-03），微信公众号：高州在线。

【点评】本项目以构建"碳中和新乡村"为切入点，把乡村振兴与"碳中和"两大国家战略有效结合，探索出一条乡村新能源开发的服务路径，促进乡村屋顶、鱼塘等各类乡村资源的复合高效利用，在生态振兴、绿色发展方面起到了很好的示范作用。

党的二十大提出的中国式现代化，包括人与自然和谐共生的现代化，促进人与自然和谐共生也是中国式现代化的本质要求。坚持可持续发展，坚持节约优先、保护优先、自然恢复为主的方针，坚定不移走生产发展、生活富裕、生态良好的文明发展道路。项目在实践过程中逐步完善"碳中和新乡村"创新模式，通过构建助力乡村生态资源资产化的乡村绿色发展新模式，开辟有机联动的"资源资产化—资产交易化—交易持续化"三大路径。项目模式具有很好的示范价值，也具有较大的复制推广空间。

第六章

"青年红色筑梦之旅"活动
与公益创业

2016 年，中共中央办公厅、国务院办公厅印发了《关于改革社会组织管理制度促进社会组织健康有序发展的意见》，要求进一步加强社会组织建设，激发社会组织活力，充分发挥社会组织服务国家、服务社会、服务群众、服务行业的作用，提出大力优先发展社会公益组织。通过管理机关、有关政府部门和社会各界的共同努力，走出一条中国特色的社会组织发展之路。

近年来，依托中国国际大学生创新大赛的"青年红色筑梦之旅"赛道、"挑战杯"中国大学生创业计划竞赛的公益类创业项目等，将公益理念融入创新创业活动。由此引出的问题是：这些从事公益事业的非营利组织如何形成一种新型发展模式，不断提高社会影响力，创造更大的公益和社会价值？基于此，发展公益类创业活动受到越来越多的关注。特别在 2016 年后，随着各种社会组织管理制度的出台，公益创业组织的重要地位逐渐凸显。

公益创业组织概述

一、公益创业组织的概念

公益创业，英文为 Social Entrepreneurship。1998 年，丁·格雷戈里·迪斯（J. Gregory. Dees）首次定义了"公益创业"，即个体或社会组织在履行社会使命时追求创新、效率，实现社会价值，是一种适应社会需求、建立起新组织、为社会提供产品或服务的创业活动。

近年来，随着社会公益活动和事业的发展，公益创业组织越来越受重视并得到发展，数量明显增多。公益创业包含社会部分组织、社会企业、以非营利模式运营的团队，它们在经营过程中创新性地兼顾社会公益价值和必要的经济价值，实现营利但是仍以公益为中心，让公益活动和组织具备一些商业化特点，保障其运行和经济收入，以更多资源和更强的实力去推进社会公益服务事业。

公益创业组织可分为广义和狭义两种。

广义上的公益创业组织是指那些采用创新的方法解决社会主要问题，采用传统的商业手段创造社会价值而非个人价值的组织。它既包括创办非营利组织或者兼顾社会利益的营利组织，也包括一些充分利用资源解决社会问题的营利组织，还包括支持个体去创立自己的小型公司或者企业等的非营利组织。

而狭义的公益创业组织主要是指那些非营利组织应用商业机制和市场竞争来营利，或者创办非营利组织的机构。

二、公益创业的类型

20 世纪 90 年代，公益创业组织率先在欧美国家兴起并得到发展。我国的公益创业组织起步较晚，但是随着近年的迅速发展，公益创业组织大量涌现，在优化社会资源配置、促进环境公平、为政府和市场补漏等方面发挥了越来越重要的作用。总的来说，公益创业以解决某些社会问题为根本使命，主要有公益志愿活动模式、非营利组织模式、社会企业模式、"产、学、研"混合模式四种运营类型。

（一）公益志愿活动模式

有别于高校学生自发进行的志愿服务活动，公益创业中的志愿活动是传统企业以社会福利的形式开展商务活动，包括众多以营利为目的的企业基于提高企业形象主动承担社会责任而开展的社会活动。其具有明显的公益色彩和阶段性、目的性，是最容易理解的一种公益类活动模式。最为大学生所知的是一年一度的寻访"中国大学生自强之星"活动，它由共青团中央和全国学联主办、中国青年报社和中国高校传媒联盟承办、新东方教育科技集团协办，每年举办一次。寻访活动自 2008 年 12 月启动以来，受到高校团学组织和在校大学生的持续关注，各高校纷纷开展了寻访、推荐"大学生自强之星"的活动，产生了较大的影响。

（二）非营利组织模式

非营利组织模式是狭义公益创业的代表，是指在政府部门和以营利为目的的企业（市场部门）之外的一些志愿团体、社会组织和民间协会。在经营的过程中，经营所得是为社会需要帮扶的特定人群服务。需要注意的是，公益创业组织即便是以非营利的组织模式开展活动，仍然可以在当前的市场和商业机制运作中为组织持续带来收益，以保证公益组织的持续运作。而且，其商业行为所获的收益并不是为个人，而是造福社会。例如"希望工程"，这一由共青团中央、中国青少年发展基金会于 1989 年发起的以救助贫困地区失学少年儿童为目的的公益事业，它的宗旨是建设希望小学，资助贫困地区失学儿童重返校园，改善农村办学条件，唤起全社会的重教意识，弘扬扶贫济困、助人为乐的优良传统，推动社会主义精神文明建设。而在高校，在大学生公益创业中，这种模式多被高校社团采用，通常是以服务弱势群体为主，如各种帮扶、支教、技术支持、环境保护等。一些大学创办的社团，也会在建立社团初期进行更广泛的资源整合和更精密的组织协调，它们以回报社会为主要目标，带有明显的非营利性质。

比较典型的非营利组织有中国消费者协会、中国红十字会、中华慈善总会等。

（三）社会企业模式

社会企业模式也是狭义上的公益创业模式，介于非营利组织模式和营利企业模式。简单来说，非营利组织有典型的商业运作机制，营利是其目标之一，但最后的所得利益以贡献社会、回报社会为主。它明显不同于其他以营利为首要目的的普通企业，也不同于非营利公益组织完全为社会作贡献，它的重点是在企业结算可以保证持续生产或经营的前提下，为社会进步和价值提升作贡献。相对于非营利模式的公益创业模式而言，这一模式具有更为深刻的市场导向性。最为典型的案例是孟加拉国尤努斯因开设乡村银行兼顾营利和为贫苦农民服务而获得诺贝尔奖和平奖。他所开办的乡村银行贷款原则和理念是不用任何抵押就可以贷款，甚至街边的乞丐都能走进银行借钱，而乡村银行里面的每位客户经理的任务是需要至少发展一名乞丐客户。尤努斯的乡村银行贷款的年利率在 20%左右，比存款高了 8 个百分点。事实也证明，向穷人或者贫苦的农村提供小额的信贷，同样可以获得高昂的回报。

目前我国新兴的很多科技园、孵化企业以及众多的公益创业网站和平台都是社会企业进行公益创业的范例。

（四）"产、学、研"混合模式

在公益创业的更高级阶段，公益创业组织不应单单着眼于物质和资本的投入、产出，随着公益创业的不断发展，还应注重智力资本、人力资本，更加重视公益创业的科技性和持续性。"产、学、研"混合模式是对前面三种公益创业模式的高度凝练和浓缩。这一模式重心是竭力整合各种能整合的资源，通过同时创建非营利性公益组织、兼顾社会利益的社会企业、开展公益类志愿活动和打造"产、学、研"公益创业教育一体化等多种类型，以公益助学、促进就业创业、配套研究三个层次来构建创新高效的大学生公益创业系统，构建公益创业生态体系，达到经济效益与社会效益的双赢。这个模式对各方面的要求都比较高，在大学生公益创业中目前还凤毛麟角，比较有代表性的有浙江大学全球创业研究中心、联想公益创业计划项目、清华大学中国创业研究中心。

三、公益创业的主要特征

第一，公益创业具有极强的社会性。

公益创业关注的是那些自由市场体系和政府没有解决的社会问题、没有满足的需要。强烈的社会意识以及对解决社会问题的渴望是公益创业者区别于商业创业者的显著特征。例如，uJoin 青年公益实习项目正是为了解决公益组织难以招聘到好员工的困境，满足市场的需求。同时，把公益实习与在大公司实习的机会绑定，满足年轻求职者的需求，在一定程度上缓解大学生就业难这一社会问题。

第二，公益创业表现较强的创新性。

除了创业意识之外，公益创业还注重创新精神的培养，这是现代社会从事任何职业都需要的素养。创新性是保证公益创业项目脱颖且有可持续性的推进器。例如，上海交通大学将家教和支教结合起来，认为传统的支教越来越多，但是持续时间短、实际与需求存在一定差距，便创办了"海角公益"在线支教平台，实现师生即时互通需求，成为典型的大学生公益创业创新项目。

第三，公益创业表现出一定的市场导向性。

相对于市场嗅觉敏锐的传统创业者，公益创业者更具有社会责任感，强烈的爱心和执着的奉献精神能积极转化成改造社会的美好品德。公益创业者在市场中更多地看到了社会收益的价值并且愿意奉献他们的才能和精力来积累报酬，这是一种新的市场导向。公益创业者需要面对的问题是如何在激烈的市场竞争中占有一席之地。事实上，若一个公益创业项目能把握时代脉搏、适应市场的导向和需求，那么其必定是长久且稳定的。

第二节　公益创业组织可持续运行的维护体系

总体来看，公益创业组织里面的关键词是"创业"，因而这些组织有可持续创造价值的潜能。有效、健康运行的公益创业组织有完善的维护体系，可分为内部支持框架和外部支持需求，从内到外支撑公益创业组织的运行。

一、公益创业组织的内部维护体系

大学生公益创业组织的内部维护体系主要涉及公益创业组织的内部结构与框架、公益创业组织内部的主体素质支持。

（一）公益创业组织的内部结构与框架

拥有完善的组织内部结构与框架是公益创业组织正常、有效运转的前提。通过商业手段解决社会问题，是公益创业组织建设的核心理念。因此，在社会价值与商业价值的"双重价值"之外，更加强调公益创业组织的创新性特征。首先，公益创业组织可以以社团为平台，构建公益创业发展的机制。在没有独立法人资格的前提下，公益创业组织可依靠高校的资源。在高校中，公益组织往往以社团的形式组建，比纯粹的公益创业组织能够更快获取更多的信任。在这样的社团，学生的初衷是开展服务、学习或者锻炼能力、丰富经历，因而公益创业项目的运行、落地、成效得到了保证，并且高校可以发挥监督职能，让公益项目健康发展。其次，公益创业组织可以以项目化运作，降低单一项目选择的风险。公益创业在本质上是利用较少的启动资源激活带动较多的社会资源，以社会之力解决社会问题。因此，将整合的社会资源以更丰富形式、更具有潜力的项目化方式运作，是提高资源使用效率和解决多层次社会问题的有效途径。

（二）公益创业组织内部的主体素质支持

公益创业者是公益创业组织运行的主体，大学生公益创业者的培养应该有一个完整的智力支持体系。有学者根据高等学校创新能力提升计划，提出在国家创新驱动发展战略下，需要设计大学生创新创业支持体系的产、学、研协同机制。在教学方面，以企业方教师的讲座和培训为主要方式进行公益创业理念的宣传与启蒙，对典型的大学生公益创业组织配备教师跟踪指导。在研究方面，以国外公益创业理论和实践为指导，依托"挑战杯"等各类公益创业竞赛，推动教师带领学生共同参与公益创业相关研究，提高学生的公益创业能力。在社会实践方面，打造具有高校特色的社会公益活动，并使之成为大学生社会实践的重要组成部分，鼓励更多的大学生参与公益事业。同时，推进校企合作，建立高校、社会联动体系，共同培育公益组织、孵化公益项目，多重促进大学生公益创业组织快速、健康发展。此外，积极搭建校友平台，以实现学校资源和社会资源的整合。来自朋辈们"接地气"的指导，无疑理顺了大学生公益服务与创业运作的关系，同时也有助于提升大学生公益创业的成功率。

二、公益创业组织的外部支持

大学生公益创业组织的外部支持主要分为公益创业组织的政策支持和公益创业组织的社会支持。

（一）公益创业组织的政策支持

不同于创业组织注重对机会的识别与利用，公益创业组织更加关注对外部环境的改造。所以，从大学生公益创业的需求来看，在政策保障方面，政府需要提供一个可以为大学生公益创业提供资金保障的支撑体系，在企业、高校、社会团体之间搭建公益创业服务的桥梁，根据大学生公益创业的短板和实际需求提供法律法规、税收配套政策以及专家咨询平台服务。

（二）公益创业组织的社会支持

随着公益组织的发展，大学生公益创业者往往会发现，社会企业或相关组织的支持是公益创业组织发展的重要支撑。这种间接投资的方式在国外也备受推崇，社会资本进入并形成创业投资，建立创业资本市场，为创业企业提供源源不断的金融支持。在我国，华为、小米等注重公益文化传播的企业为大学生公益创业实践提供了较大的支持，培育了"多背一公斤""上海联劝公益基金会"等众多优秀的公益创业组织。"多背一公斤"组织倡导的是公益旅游，在民间发起公益活动，鼓励旅游者在出行前准备少量书籍和文具，送给沿途的贫困学校和孩子，并强调通过旅游者与孩子们面对面交流，传播知识和能力，开阔孩子们的视野，增强孩子们的信心。

　　而"上海联劝公益基金会"发起的"一个鸡蛋的暴走"优秀公益活动旨在为多个儿童领域的民间公益项目筹款。参与者需要在 12 小时内走完 50 公里，并通过创意的方式向熟人网络募集善款，完成甚至突破既定筹款目标，实现个人挑战。以这些突出典型的公益组织为例，与更广泛的社会需求与组织发展需求相比，公益创业组织在中国的发展才刚刚起步，希望更多的社会企业投身于社会价值的创造中来。与此同时，大学生公益创业组织公益营销职能的提高，要求组织必须提高其公益服务水平和创新能力。积极的社会舆论会使公众对公益创业产生更好的认知和强烈的认同，从而提高公益创业的社会支持力度。

 第三节　　## 公益创业组织的运营体系

　　我国公益创业组织已有近十年的探索发展时间，现阶段总体上仍处于发展的初级阶段，但目前日益成熟的内部运营体系也为公益创业今后的发展壮大奠定了基础。下一步，亟须进一步科学构建公益创业组织的内部运行管理模式并完善运行机制，将公益组织的发展融入社会的大发展环境中，构建符合社会发展需求的公益创业发展机制，确保公益创业者践行社会使命，为社会治理贡献力量。

一、公益组织的注册要求与办理流程

　　在我国，公益组织具体分为社会团体、民办非企业单位和基金会三大类，三类组织的成立登记与注册均归民政局管理。

（一）注册要求

（1）有 50 个以上的个人会员或者 30 个以上的单位会员，个人会员、单位会员混合组成的，会员总数不得少于 50 个。

（2）有规范的名称、章程和相应的组织机构。

（3）有固定的住所。

（4）有与其业务活动相适应的专职工作人员。

（5）有合法的资产和经费来源，全国性的社会团体有 10 万元以上活动资金，地方性的社会团体和跨行政区域的社会团体有 3 万元以上活动资金。

（6）有独立承担民事责任的能力。

（二）办理流程

（1）社会团体。筹备成立→审查论证→确定拟任负责人→递交相关材料资质（包括社会团体成立登记申请书、业务主管单位的批准文件、验资报告及使用权证明材料）→递交登记申请→民政部门核准决定登记→备案发证。

（2）民办非企业单位。递交民办非企业登记申请书→办理业务主管单位的批准文件→场所使用权证明→验资报告→提交拟任负责人的基本情况与身份证明→提交组织章程草案→民政部门审核决定后登记发证。

（3）基金会。筹备申请→据地方民政部门要求提交材料（申请书、章程草案、验资报告、场地使用合法文件等）→向县级以上民政部门申请登记→民政部门三十日内作出登记决定。

二、公益创业组织内部管理模式的科学构建

内部管理模式构建是很多公益创业组织初期比较容易忽略的内容，内部制度不健全、岗位设置不合理、风险控制缺失等问题会制约公益创业组织的正常运行。较成熟的公益创业组织一般在以下管理框架下运营。

（一）决策战略部门

主要负责确立团队的发展方向和目标，选取公益资源、确定项目的开展等关系到组织发展运营的重大事件。在实际运行当中，公益创业组织虽然是非营利性的，但是也可以将企业的运行管理制度引入，如公司理事制度。在面临决策时，还可以在组织内部设立理事会，开展集体决策。此外，理事会还可以设立独立理事，在制度上确保理事会的廉政稳定和高效运转。

（二）执行实施部门

主要负责内部的日常运作、资源分配、项目具体任务的执行等公益运营事务。在兼顾商业性和公益性服务的公益组织中，执行部门还应当具备公益服务和产品的市场营销与宣传、成本与收益核算等基本职能，将商业化和公益性进行最大程度上的融合和补充，为长期性的公益创业提供持续性运营支撑。

（三）监管审议部门

主要负责评估考核公益组织的经营现状和服务成效、把握财务状况并实施项目的监督管理职能。公益创业组织内部的监管审议部门可以参考企业的监理制度，对决策战略部门作出的决定进行审议。在公益组织的内部，必须保障监管审议部门的相对独立性，以坚决保障公益创业组织的公益服务性质。

三、项目的切入点

在项目具体开展之前，要了解项目具体的切入点，包括具体针对的行业及市场、面向的目标受众群体、痛点的分析，以及相关细分市场容量的分析等。在此基础上，结合自身的具体情况，进行相应的竞争分析，使自己的竞争优势最大化。

四、公益创业组织运行体系的完善

公益创业组织往往通过其商业化的运作实现公益项目的可持续运营，这要求公益创业组织内部有一套完善的商业化和公益性质的运行机制。要实现这一机制的灵活运转，一是要建立内部可控制度，根据实际情况合理分配权力、职责、利益，协调组织内部部门、成员各司其职，确保项目顺利开展，实现可持续发展的公益目标。二是在组织内部建立项目激励制度。公益服务项目往往和较低的物质回报挂钩，因而容易造成项目的人才流失甚至项目终止。公益创业组织天生非营利的属性，让公益目标和丰厚的利润构成矛盾体。在这种情况下，组织成员激励制度应适当考虑物质激励，通过制度设计在适当的收益补偿和提升组织成员精神回报之间寻求平衡。三是在组织内部建立绩效考核与服务评价制度。对现代公益创业组织而言，商业价值和公益使命是公益创业组织必须同时实现的双重目标。因此，对公益创业组织的成效评价要将商业创业绩效评价和公益组织绩效评价两者的指标结合起来，形成公益创业组织健康发展的运营体系。

五、高校公益项目运营主体的形成与构建

（1）以高校学生团体、社团组织为代表的公益项目萌芽阶段。高校的公益组织往往挂靠在学校团委并直接接受其领导，学校是其强有力的后盾，这类高校公益组织的条件相对完备，但是处在相对封闭的环境中，组织主要通过学校层面和有限的社会资源来运行。组织运营主体是学生，由于缺乏社会经验，他们对公益项目的驾驭能力不足，容易对学校、指导老师产生依赖，整合外部资源、开展社会服务等方面的经验不足，项目运行经费的筹措也存在短板。从运营方面来看，这样的组织基本不具备一个法律实体的条件。以公益为目标的学生组织，初期更多的是学做合一，由学生参与服务社会的实践，成为高校教学、实践育人的一部分。

（2）以 NGO 组织为代表的公益项目成熟化发展时期。NGO 即 Non-Governmental Organizations（非政府组织）的英文缩写。自 20 世纪 80 年代，NGO 开始被视为公共管理领域日益重要的新兴组织形式。NGO 是高校学生公益组织完成过渡、正式开展公益创业的重要

发展阶段，成立 NGO 需要确保具备一定数量个人会员或单位会员、运营场地、专职工作人员、合法的经费来源、独立承担民事责任的能力，经过自主申请、业务主管部门的批复、验资后方可成立。从目前的运营来看，NGO 的资金来源主要有以下四个渠道：一是私人、企业、基金会捐赠捐款，这是 NGO 独特的，也是主要的经费来源，是它们与公共部门、营利性企业区别的标志之一。二是政府拨款、会员会费和提供有偿服务获得收益。对大学生公益创业来说，NGO 无疑是合适的发展目标，而以大学生为主的、从社团组织发展过来的 NGO，民间捐赠无疑是最好的收入来源，因为这类支持很少甚至没有任何附带的条件，可以最大限度地保障 NGO 按照其目标自主地进行资金分配和开展社会服务活动。

公益组织提升社会影响力与社会效益的途径

第四节

随着社会的发展、公民权利意识的增强，公益组织日益成为公民表达诉求、追求公共利益、参与社会治理的重要平台。因此，为了更好地扮演社会公益角色、实现组织目标，公益组织必须在追求社会效益的过程中不断自我成长，探索提高社会影响力的途径。

（一）开 源

公益组织往往将有创新并且容易操作的想法或形式，借由网络或社交平台等广泛分享出去。它们往往以谋求大众社会利益为初衷，关注、发起、支持、参与和推广公益行动、公益事业，推动文化事业发展和社会进步。代表性的"地球一小时"活动，由世界自然基金会（WWF）于 2007 年在澳大利亚首次发起，倡导在每年 3 月最后一个星期六的当地时间 20:30，家庭和商业用户关闭不必要的灯和耗电产品一个小时。活动吸引了超过 220 万悉尼家庭和企业参加。随后，该活动以惊人的速度迅速席卷全球。

（二）可复制性

公益组织可通过和其他组织或个人合作，推广成熟有效的解决方案。这里的创新公益模式首先一定是针对社会发展的主要问题，并且需要能够大规模地推动。其次，它复制的成本应在可接受的范围内，现代优秀公益项目运行的复制成本，也是重点关注的因素。最后，这些项目最好能够跟政府和企业接轨，因为让政府或者企业参与的影响力更大。例如，比较著名的壹基金儿童服务站项目以儿童发展和保护为核心，通过支持本地公益组织在乡村社区、城乡接合社区建立安全友好的儿童活动空间，通过结构化课程和参与式活动助力留守儿童的身心发展。在 2022 年，壹基金儿童服务站项目在 27 省（自治区、直辖市）共运行 560 个站点，为当地儿童提供陪伴服务，全年约有 205 万人次儿童在项目中获益。

（三）政策倡导

公益组织还可以通过参与制定、影响特定的公共政策或法律法规，使其朝着有利于公共利益的方向发展。政策的倡导是公益组织的重要职能之一。政策的倡导是公益组织影响公共政策以及公共资源分配的途径，使公益组织和公民在有序的条件下参与和监督社会治理，从而实现有效公共治理。在政策倡导方面最有代表性的是覆盖全球超过 40 个国家的"绿色和平"环保公益组织，他们聚焦气候变化、森林采伐、过度捕捞等社会问题，通常直接采取行动、游说、调查等方式对"破坏环境"的企业施加压力以实现诉求。组织注册的志愿者们，也会通过电子邮件和社交媒体，通过有效沟通，将民众关心的社会议题提上政府议程。

（四）商业采纳

这是经过公益组织实践证明有效的解决方案，关键在于找到组织自我造血的商业模式，探索合适的服务模式和商业模式，实现组织的可持续发展。例如，号称"家门口的惠民早教中心——童萌亲子园"与街道办事处、社区居委会等合作，在社区公共空间内建设并运营"童萌亲子园"模式，为社区 0 ~ 3 岁的儿童及其家庭提供离家近、可负担、高质量的亲子早教服务。社区只需提供 40 ~ 80 平方米的场地，即可零成本引进童萌亲子园，居民以远低于市场价的费用享受便捷优质的服务。童萌亲子园就是通过无偿或低偿的方式自我造血，实现可持续运营。

（五）机构扩张

公益组织还可以通过机构扩大组织规模，扩大服务规模，提高运营效率。通过规模化发展，有效对接优秀的公益产品和社会需求，整合社会资源，加速公益项目产品化和公益产品规模化，高效、精准地解决社会问题。例如，成立于 2006 年的恩派公益，历经短短十多年发展，截至 2020 年，已孵化超过 600 家社会组织与社会企业，其他各项业务资助和支持超过 3000家公益机构，培训公益人才数万人，涵盖养老、教育、环保、青少年发展、扶贫、助残、社区服务、社会工作等诸多领域。扶植的多家机构已成为中国公益领域的知名品牌。

第五节 "青年红色筑梦之旅"
——中国大学生公益创业的典型案例分享

案例一：洪宇——涉罪未成年人一站式帮教服务助力社会治理
（第六届大赛"红旅"国赛金奖，江西师范大学）

"未来的我们是怎么样，取决于我们今天走的路，路应该是向着光的地方。"这是有人问何东为什么选择公益创业时，他经常说的一句话。何东是江西师范大学2018级社会工作专业硕士研究生，他是一名从大二做志愿服务一路走到如今的公益创业者，是江西洪宇社会工作服务社主任，组建了能走向全国的专业团队，朝着自己的光走出了一条公益创业路。

一次偶然的机会，正读大二的何东通过洪宇社会工作服务社接触到矫正学校一群被视为"无法管教"的孩子。学社会工作专业的他深知这些孩子的成长经历和正在遭受的痛苦，他决心要引导这些孩子朝着光前进。

大学期间他始终不忘"用生命影响生命"的初心，毕业后毅然选择到深圳做一线社工。2013年，他放弃深圳前景广阔的社会工作岗位，正式接管政法学院2010年创办的江西洪宇社会工作服务社并逐渐转型，从此走上了公益创业之路，开始在江西省未管所、女子监狱等地方开展各类志愿帮教服务。从大学的志愿服务中发现自己所热爱的事业，从高校的志愿服务社团到NGO，他组建了一个有着不同专业背景、拥有极高专业素养与业务能力、有情怀的团队，洪宇里面的每个人心怀对涉罪未成年人的理解和同情之心，希望引导他们走向正途，重新扣好"人生的扣子"。

十年来，江西洪宇社会工作服务社从一家民办非企业单位，发展成为江西省第一家民办社工专业机构。为了激发团队的工作热情，打造可靠能创新的帮扶组织，他设计了一套集"领导、管理、监督、研发、执行"功能于一体的组织架构，形成"1943"模式，形成一套从检察机关批捕到回归社会的涉罪未成年人帮教标准流程和整体服务方案，有效提供司法社会工作一体化全程跟进服务，降低未成年人犯罪率，助力社会治理。在逐步的发展过程中，洪宇与江西师范大学一道申请了两项专利、三大软件，以及三角形构网教学平台和多个心理治疗技术。

公益创业还需要有收益，以确保可持续运营。洪宇的收入来源主要为政府补助、社会捐赠、提供服务，在业务开展中最终形成了以帮教为主、培训督导为辅的业务格局。平均每份社会调查报告750元，帮教一名涉罪未成年人形成2200元的收入。由于是公益创业，洪宇的项目成本投入主要用于公益活动的开展，业务活动成本占比80%，主要支出为职工薪酬、志愿者补贴、走访调查费等。管理费用占比20%，主要支出为差旅费、人员培训费、课程技术开发费等。

从最初为响应政府工作需求而成立，发不起工资，到后来逐渐获得社会各界认可，融合越来越多的社会资源，荣获全国"青少年维权岗"等称号，洪宇一步一个脚印发展壮大，离不开项目团队的咬牙坚持和不懈努力。

洪宇的成功有赖于它显著的社会效益。因为洪宇的坚守，在走向公益创业的十年间（2010—2020年），直接挽救涉罪未成年人5318人，间接帮扶工作使31余万人受益。洪宇用创新有效的"1943"帮教模式做好了涉罪未成年人岔路口上的引路人。在洪宇的帮教对象中，有3082个帮教对象重返校园，其中100余人考上大学，反哺帮教198人；以志愿者身份捐赠资金、物资等，助力帮教工作。有1503人实现就业或自主创业，仅2019年创造社会经济价值就超过1亿元。他们走进家庭、走进校园、走进师生，开展家庭教育咨询、普法教育、防欺凌性侵、班主任培训和维权培训数万次。在更为广阔的社会层面，洪宇通过法律知识宣传、政策建议、法律咨询等多种形式开展工作。人民网、新华网、江西卫视、《江西日报》等120多家媒体对洪宇的工作进行了报道，转载次数超百万，这使得少年司法工作更高频地出现在公众视野，让社会工作更加被人民群众所知晓，获得了广泛的社会影响，让公益价值产生了更深远的影响。

来源：

（1）《"闪亮的日子——青春该有的模样"》（2020-06-30），微信公众号：青云谱区社会组织创新创享中心。

（2）《光明网首页今日报道江西师范大学德育教育成果、创新创业教育之公益创业项目——洪宇社工》（2020-10-20），微信公众号：创新创业 star 邦。

【点评】该公益项目的切入点以及聚焦的群体非常清晰，针对涉罪未成年人群体，通过提供一站式帮教服务，有效提供司法社会工作一体化全程跟进服务，降低未成年人犯罪率，助力社会治理。

从项目的创新性来看，一方面通过帮教标准流程和整体服务方案的创新为公益服务提供支撑。在此过程中，团队与江西师范大学一起申请了两个专利、三大软件，以及三角形构网教学平台和多个心理治疗技术。在模式创新方面，建立了帮扶组织，逐渐形成了一套集领导、管理、监督、研发、执行功能为一体的组织架构，形成了"1943"模式，且可复制、可推广，体现了很好的示范效应。

项目负责人的创业初心来源于大学学习期间，在毕业后放弃了优越的工作，回到学校将项目从高校的志愿服务社团发展到 NGO，组建一个有不同专业背景、拥有极高专业素养与业务能力、有情怀的团队。团队在财务和人员的可持续性上，都有良好的支撑。并且，资金来源合理清晰、开销合理，体现了项目团队优秀的资源整合和项目运营能力。

经过多年的发展，项目所取得的社会效益和公益效益，以及在不同方面所体现出来的社会影响力，都体现了项目良好的发展前景。

从整体来看，该公益项目的成长历程，创业者的初心情怀与社会责任，以及最终体现出来的创新性、可持续性和实效性，都说明这是一个"红旅"活动优秀公益创业项目。

案例二：翱翔公益——全国最大的"医社联动"新型健康助老公益团队
（第七届大赛"红旅"国赛金奖，西南石油大学）

"与医务社工结缘源于大学暑期社会实践。在社区服务的过程中，我发现独居老人、患病老人数量庞大，因病致贫、医患纠纷事件层出不穷，而社区养老资源有限，幸运的是，看见了问题，也看见了方向。"翱翔公益医务社工志愿服务团理事长、西南石油大学 2019 级社会工作硕士曾娅说道。从在"5·12"地震后建立起的社工情怀，再到学校的志愿服务，她在实践中逐渐爱上了医务社会工作，认为医务社工是促进医患有效沟通和医疗信息传递的桥梁。她放弃原本高薪的工作，带着一腔热血奔赴社会工作，建立了全国最大的"医社联动"新型健康助老公益团队——翱翔公益。

目前社会的老龄化现象日趋明显，患病、独居老人数量日益增多，健康助老相关的社会问题日渐突出，出现了居民和家庭养老负担加重、人均医疗资源匮乏、医院医患纠纷压力大、社区养老资源和能力不足、养老服务体系不健全等问题。翱翔公益旨在解决这些健康养老问题，在全国首创并运用"12345"模式，坚持"老有所养，老有所医，老有所为"1个理念，以居民健康档案为载体，将医院治疗和社区康养2个阶段贯穿打通，面向居民、社区和医院3个服务群体提供专业服务，开展实务实践、志愿管理、学术研究、孵化培育4项工作，实现团队、医院、社会、政府和社区的 5 方联动，构建新型健康助老公益生态体系，致力于让中国更多的老年人享受健康助老服务。

为了推进项目成长，机构组建了一支由"感动中国"年度人物的医学博士、高校以及行业的专家学者、超过 30 年医务社工服务经验的资深医务社工等组成的强大专家顾问团队，15 名核心专业人才，4 项创新实务服务模式的专利版权。项目获得了各级政府购买服务以及包括中国扶贫基金会、上海联劝公益基金会、四川省红十字基金会在内的多个基金会和部分企业的捐赠支持，加上机构合作与技术输出，到 2022 年，项目实现了总计超过 2257 万元的资金收入，其中超过 2028 万元的收益均反哺到公益事业中，投入到社工工资、志愿者补贴、服务物资和专家劳务费中，构建起了稳定的持续运营模式。

整整 9 年对医务社工服务的坚守，翱翔公益已经形成了"社工+志愿者+医生"的全方位服务体系。依据公益行业口径统计，截至 2022 年 8 月，翱翔公益分别在降低危机事件发生率、协助病患再就业、提高医院就诊率和减低公共医疗资源浪费等多个方面创造了共计 2.23 亿元的公益服务价值，助老服务人次全国第一，共收到服务对象 127 封感谢信和 85 面锦旗。2020—2022 年疫情期间，翱翔社工与医护人员同步进入紧急疫情防控状态，发挥资源链接、志愿者管理与培训、协调组织等功能，在公共卫生健康领域起到协同、协助的作用，被成都市红十字会通报表扬。机构的服务也受到《人民日报》、人民网、"学习强国"、中国社会工作联合会等多家媒体期刊、组织上百余次的报道，翱翔公益真正做到了将自身命运与时代命运同频共振，也让更多的人关注健康养老领域。

来源：

（1）《青听 | 社工人的初心使命——专访"互联网+"金奖项目负责人》（2021-11-05），微信公众号：法现西油。

（2）《医社联动，健康助老——社工人的温情抉择》（2021-11-18），微信公众号：石大青年。

【点评】该公益项目针对的社会问题非常有现实意义。我国社会老龄化现象已经显现，患病、独居老人数量日益增多，健康助老相关的社会问题日渐突出，出现了居民和家庭养老负担加重、人均医疗资源匮乏、医院医患纠纷压力大、社区养老资源和能力不足、养老服务体系不健全等问题。

从项目的创新性来说，项目不断进行整合和创新，最终形成了"12345"模式，实现团队、医院、社会、政府和社区 5 方联动，构建新型健康助老公益生态体系。固化下来的模式可复制、可推广，体现了很好的示范效应。

项目负责人的公益创业初心贯穿始终，在"5·12"大地震中建立起社工情怀，在学校进行志愿服务，建立了全国最大的"医社联动"新型健康助老公益团队——翱翔公益，有效整合了多方资源，构建了"社工+志愿者+医生"全方位服务体系，项目步入了良性发展的轨道。

作为一个优秀的"红旅"活动公益创业项目，翱翔公益诞生于高校，成长于社会，其成长体现了与时代的紧密结合。

第七章

"青年红色筑梦之旅"项目培育

　　我国当前正在深入实施创新驱动发展战略，朝着建设世界科技创新强国的宏伟目标不断奋进。在此过程中，需要有源源不断的创新人才参与其中。高校在思创融合的视野下，大力开展创新创业教育，并且有效地将弘扬社会主义核心价值观融入思想政治教育的过程当中。创新创业教育与思想政治教育有密切联系。从教育目的来看，二者都是实施"三全育人"的重要载体，都承担着对大学生进行正确的世界观、人生观、价值观教育的教学任务。从内容上看，二者相互包含。创新创业是思想政治教育的重要内容，思想政治教育对创新创业教育具有价值引领功能，以鲜明的政治导向引领"双创"的发展方向，帮助学生树立正确的创新创业观。从作用上看，二者互相推动。思想政治教育为创新创业教育提供正确的世界观和方法论，创新创业教育是提升思想政治教育实效性和针对性的重要手段。

　　在创新创业教育中，应坚持唯物主义的立场、辩证的方法、实践的观点，密切联系时代特征与需求，强化思想引领，结合时代特点、现实社会与市场需求，启发学生的创新思维以及培育学生的创业意识，为学生在创新创业中提供正确的方法论，指导学生的创业实践。在思想政治教育中，创新创业教育中的创新思维培育、专创融合等对思想政治教育的具体实践也有很好的借鉴意义。思想政治教育、专业教育与创新创业教育充分融合，能更好地发挥大学生的主观能动性与创造性，锻炼自身的意志品格，提高创新创业能力，从而有效提升学生自我探究的综合素质。帮助大学生全面了解并掌握创新创业的具体规律和方向，引导大学生以问题为导向，着力提高解决市场和社会实际问题的能力。因此，创新创业教育、专业教育以及思想政治教育，三者关系密切、相互促进，共同推动新时代高素质教育内涵式发展。

第一节　　"青年红色筑梦之旅"项目的挖掘

　　对于有意向参与"红旅"活动的项目团队，在对相关要求和评分要素有了充分理解的基础上，要具体考虑如何对项目进行选题、培育、提升以及优化，应考虑如何生动地展现"红旅"项目的特色，参赛团队在参加"红旅"活动过程中应注意哪些问题，如应得到哪些方面的锻炼和提升，项目带来怎样的价值效益和社会影响力等。

一、项目的选题

围绕"红旅"活动的教育导向以及具体的目标和要求，深入思考在"红旅"创业实践中如何将思想政治教育、创新创业教育以及专业教育进行有机结合。

首先要考虑的问题是项目所希望着眼的领域，具体来说，是希望解决乡村振兴、农业农村现代化发展领域的问题，还是解决社会治理相关领域的问题。再进一步思考项目着眼的地域或者区域、针对哪个细分的行业或者领域，以及拟解决其中哪些问题，在哪个方面、能为哪部分目标群体创造价值和效益。其次，要考虑项目具体是采用公益组织的运营模式还是公司化的商业运营模式，这决定具体项目拟参加"红旅"活动的哪个组别。在选题的过程中，团队成员同时需要进行深入思考创业的初心情怀是什么，在参加"红旅"活动时个人与团队的素质与能力能否得到提高。

此外，在项目的选题上，还要充分考虑跟学校的学科专业优势、平台资源等相结合，考虑团队自身的专业特长、资源支撑以及风险承受能力等。

二、项目的切入点

在项目具体开展之前，要对项目具体的切入点有明确的了解，包括痛点分析、相关市场需求以及市场容量分析，并结合自身的具体情况，分析竞争对手。

三、项目团队的建立

围绕项目的方向和规划，具体考虑项目团队的组建。团队需要形成共同的价值观与目标，并且项目成员之间专业、学科、经验、特长等方面需要形成良好的互补关系，最终形成强大的合力，推动项目发展。

四、项目的运营与发展

项目最终体现出来的创新性、可持续性和实效性，以及在具体创业实践中创造出来的经济效益和社会效益，都是通过项目具体的运营来实现的。在运营过程中，要考虑项目的核心竞争力、各方面资源的有效整合，以及项目模式的落地性、可持续性等。在此基础上，项目需要深入考虑模式的可复制性、可推广性，以及示范效应。

"青年红色筑梦之旅"项目的选题

要确定"红旅"项目的选题，首先要深刻理解并领会"红旅"活动的内涵以及育人导向，站在时代背景下认真研究大赛通知中"红旅"活动的相关具体要求。

团队人员要深入思考，通过参加"红旅"活动，让自身更好地传承红色基因、赓续革命传统、坚定理想信念、淬炼奋斗思想、磨砺增长才干。要以自身的专业和资源作为出发点，通过扎根基层、服务社会，走进革命老区、偏远山区和城乡社区，将专业知识与创新创业相结合，通过团队具体的创业实践，基于这些特定区域或特定群体的实际问题，有效地提供有价值的产品或服务，解决相关的痛点问题。

一、项目的选题要素

对于如何进行项目的选题，如何做好前期准备工作，需要考虑以下因素。

（一）所着眼的领域

以党和国家重点关注的各领域社会问题为导向，结合"红旅"活动的主要目标，思考并确定项目所着眼的领域。具体包括乡村振兴、巩固脱贫攻坚成果/防止返贫、农业农村现代化发展、建设农业强国、社会治理以及各类社会实际问题。

对于乡村振兴类项目，更多的是围绕国家乡村振兴、"三农"工作来展开。建议在学习领会当年下发的中央一号文件与中央农业农村工作会议精神的基础上，结合当年"红旅"活动的主要目标，寻找项目的切入点和方向。

以 2022 年 2 月 22 日下发的中央一号文件为例，其在本年度农业农村工作的主要任务是：推动乡村振兴取得新进展，农业农村现代化迈出新步伐。"红旅"活动的目标也体现了要以新工科、新医科、新农科、新文科助力新农村、新农业、新农民、新生态建设。在这样的背景下，当届大赛"红旅"中诸多优秀项目在"四新"建设中产生的学科和专业成果，为产业振兴、绿色发展、人才振兴、电商兴农等多个方面都提供了助力，推动了新理念、新技术、新产品、新业态和新模式在农村的蓬勃兴起，为乡村振兴注入了青春新动能，产生了良好的经济效益和社会效益。

（二）针对的地域或者区域

"红旅"活动的目标基本上都是解决农业农村和城乡社区发展的实际问题。广大青年学生要增强"扎根中国大地，了解国情民情"的意识。无论是选择革命老区、边远地区、农业农村，还是城市社区或乡镇社区，针对哪个方面的群体，都要致力于用青春智慧和力量，用创新创业生动实践助力乡村振兴以及民生福祉，传承红色基因，锤炼意志品质，涵养家国情怀。

（三）所涉足的行业

致力于推动"乡村振兴、农业农村现代化"发展的项目，基本上都是把农业农村发展的痛点、难点问题作为切入点。而扎根基层创业的范围相对比较广。从评分标准上看，公益组侧重"项目对促进就业、教育、医疗、养老、环境保护与生态建设方面的效果"，创意组和创业组则侧重"城乡社区发展等方面的贡献度"。因此，建议项目团队以项目自身的专业及资源为基础，在农业、电商、科技、医疗、养老、环境保护、生态建设、医疗卫生等方面寻找切入点。

（四）立足解决的问题

在选择了切入的行业后，还要明确要解决的问题。从大的方向来说，主要是经济建设、政治建设、文化建设、社会建设、生态文明建设等领域的问题。对于农业类项目，具体主要是解决产业振兴、生态振兴、文化振兴、人才振兴以及组织振兴的问题。

对于社会治理、公益创业方面的项目，需要思考实际的问题和痛点是什么，即以实际的痛点和刚需作为项目的切入点。近年来，这个领域的项目呈现出百花齐放的局面，包括社区治理、农村医疗帮扶、居民养老、儿童关爱、历史人文、爱国主义弘扬、教育帮扶等多个方面。广大大学生需要将自己所学的专业知识及时转化为人民群众的切实需要，彰显青春的抱负，厚植家国情怀。

以第七届大赛"红旅"活动的两个国金项目为例，浙江工业大学的"泔净生活"项目，具体解决的是城镇易腐垃圾快速、安全、高资源化转化率的问题。西南石油大学的"翱翔公益——全国最大的'医社联动'新型健康助老公益团队"项目，具体针对我国目前人口老龄化程度不断加深带来的诸多健康养老问题，首创"医社联动"健康助老新模式，化解医院和社区在健康助老中的痛点和难点，多方联动，共建共享新型健康助老公益生态体系。

（五）预期所创造的价值

在找准项目的切入点后，要对项目的发展方向进行深入清晰的思考，包括通过本项目的具体实施和推进，预期能给具体哪类群体、区域以及社会哪个层面带来怎样的改变，原有问题能得到何种程度的缓解或解决，目标群体能得到哪些方面的助益等。从"红旅"项目的具体要求来看，项目需要体现经济效益与社会效益。比如产业拉动带来的农民增收和返乡就业，绿色发展带来的碧水蓝天，整合医疗、养老等各方面资源更多更好地参与，给更多居民带来幸福感和获得感，让特定的弱势群体能得到更多的关注和关爱等。

（六）项目所采用的运营模式

在整个项目的前期构架中，还需要考虑清楚项目所采用的运营模式。是基于公司化形式，以商业化手段来解决相关的实际问题，还是基于公益组织的模式，以公益化的运营模式来解决所针对的特定社会问题。运营模式决定了项目的构架、运营资金的来源等具体问题的解决与落实，也决定了项目实现可持续发展的具体路径。项目的良好运营模式是项目模式可示范、可复制、可推广的重要基础。

（七）团队预期获得的成长

"红旅"项目团队除了思考如何找准项目的切入点与方向外，还要深刻思考并明确自己的初心和情怀，希望自身在"红旅"活动思创融合实践中获得哪方面的见识和经历、自身的专业如何跟"红旅"活动真正结合，自身在哪方面能得到磨砺和提升，如何更好地培育自己的家国情怀，如何更好地传承红色基因、坚定理想信念，把个人理想与党和国家的前途命运紧密结合。

二、项目的选择原则

对于具体选择什么项目来参与"青年红色筑梦之旅"活动，需要充分结合团队自身的学科、专业、兴趣、特长、资源等。在选择和确定创业项目的过程中，首先应该考虑如下因素。

（一）团队或个人的爱好、特长与创业目标的结合

一个人从事他愿意做而又有能力做的事情时，会自动自发、全身心地投入工作，并在遇到困难和挫折时能百折不挠、勇往直前，千方百计地克服困难，实现创业目标。因此，应选择自己感兴趣、与所学专业能很好结合的项目作为创业目标，这样的创业项目就能走得更远。

（二）拟进入市场与自身资源优势的良好结合

无论是选择农业类项目，还是社会治理、公益创业类项目，一是需要对细分市场有准确细致的调研和了解，二是需要学科和专业能力的支撑，三是要充分考虑学校的相应资源对项目培育以及后续发展所能带来的帮助。因此，选择和确定创业项目的时候，一定要充分考虑自身学科和专业优势，以及熟悉的细分市场。

（三）创业风险的承受能力

创业过程会受到太多的不可控风险因素的影响。创业风险的来源是多方面的，包括但不限于技术、资金、信息、管理、政策、人力资源等。因此，在选择创业项目的时候，一定要做好相应的风险分析，考虑到最坏的情况可能带来的影响，尽可能把创业风险控制在能够承受的范围之内。

对这几点进行深入思考，有助于"红旅"创业团队找到具体项目的切入点，为后续的创业实践做好准备。接下来要具体找准项目的切入点，为项目的后续落地和运营发展打下良好的基础。

对于一个创业团队，找准目标市场，聚焦目标群体，判断真实需求，以及找到自身的竞争优势，是项目运营的基础。因此，重点解决的问题大致包括痛点分析、市场需求分析、市场容量以及竞争分析几个方面。

一、痛点分析

社会或市场痛点是组织或个人希望解决但当前无法有效解决的问题，是用户在使用产品或服务时抱怨的、不满的、感到痛苦的因素，或者是国家、社会或者行业中存在的难点或者困点、堵点问题。从项目计划书来看，该部分被大多数创业团队表述为有待解决的问题或有待实现的愿望。无论希望提供什么样的产品或服务，解决市场痛点都是第一原则。

无论项目是基于商业运营模式还是公益运营模式，所着眼的社会或市场痛点都必须是实际存在的，代表真实的需求以及实际价值，这是项目立足的土壤。后续的技术产品或者模式创新、运营模式的构建和落地，都建立在解决真实痛点的基础上。同时，如果项目所提供的产品服务没有解决某些刚性的社会或市场痛点，则项目中的技术、产品或者服务创新无法与实际应用场景相匹配，项目运营也无法有效落地，后续更无法得到持续发展。

在项目实施之前，首先要对社会和市场进行深入分析，对项目所处的领域存在的痛点有深刻的了解，并能提出对应的解决方案。第二届中国"互联网+"大学生创新创业大赛的亚军项目——"Insta360全景相机"创始人刘靖康认为做产品最合理的方式应该是先找到目标市场和客户，看他们的痛点是什么、目前已有的最好解决方案是什么，再来看自己能拿出怎样的产品满足他们的需求，让他们未解决的问题得到解决。其实，所谓"竞争优势"都不是绝对的，我们能做的就是根据市场和客户的需求，不断去创新创造、去满足，取得相对的竞争优势。

对于痛点分析，一个常见的问题就是项目抓到一个错误的痛点，也就是所谓的"伪需求"，如"上门理发"等，项目提到用户的痛点是"太懒而不想出门理发"，这其实并不是一个真正的痛点，因为它低频又非刚需，并非难以忍受的问题，还有一大堆替代性解决方案。当年创业者为了迎合O2O（线上到线下）的风口曾经造出来相当多类似的"伪痛点""伪需求"，而不是基于严谨细致的市场和用户调研而得出的结论。

另外一个问题就是对痛点要准确地定位和描述，具体解决的是哪个用户群体的问题，一定要非常明确和清晰，这决定了项目细分市场以及具体目标客户群体的确定。另外，对痛点的描述要明确并且深刻。"现有的白领最后一公里的接驳工具既不方便又不划算"就比"上班打车难、打车贵"的描述要深刻明确得多——突出了人群、突出了场景，也突出了相应的问题。

一般来说，可以从五个维度去判断项目的痛点是否是"伪痛点"。

（1）解决难度。如果产品或服务不能解决市场痛点或解决难度很大，则说明项目本身就是一个"伪痛点"。

（2）需求强烈度。需求强烈度又被称为刚需度，目标客户需要使用产品或服务的强度较高，如果不使用产品或服务就会有不舒适之感，甚至会很强烈，这就是刚需。

（3）被使用的频次及时长。需要对目标客户群体预期使用该产品或服务的频次和时长进行必要的调研，判断要解决的需求是否是刚需。

（4）市场容量。思考项目满足的是小众化需求还是大众化需求、整个目标客户群体有多大、付费能力有多大。市场容量的大小也跟产品和服务的使用频度有关。一个能满足实际刚需的、面向大众化市场的高频产品或者服务，往往也会拥有较高的市场容量。

（5）外部环境。思考产品或服务是否符合当前的市场环境，其最好处于产品生命周期的上升阶段。是否有国家和地方鼓励和支持政策可以匹配，可以借助 PEST[政治（Political）、经济（Elonomic）、社会（Social）、技术（Eechnological）]模型等工具对外部环境进行全面整体的分析。

对于"红旅"项目而言，要围绕项目具体应用的场景，深入思考具体痛点的内容，包括技术和产品存在短板、国外"卡脖子"，无法实现国产化替代；产业链脱节或者存在短板无法有效推动产业振兴和农民增收；效率、产品质量及性能存在瓶颈，导致无法产生预期成效；应用成本高，导致无法在行业中有效推广并产生价值；用户体验不佳，环境代价大，政策红线约束，现有的资源无法有效整合；模式及产品服务存在缺陷，无法有效服务目标群体等。

二、市场需求分析

我们筛选创业项目时，还要分析市场服务需求。在思考和研判市场服务需求时，要考虑这些需求是刚性需求还是一般需求，是紧迫需求还是潜在需求。如果当前确实存在刚性和紧迫的需求，那就有明确的市场机会。如果是潜在需求，可能市场还需要培育一段时间，那就可以对此进行持续关注，等时机合适了再择机启动。

以第五届大赛"红旅"国金项目为例，来自湖南大学的"DR-TimeRing 全生命周期的糖网（DR）智能助手"，就是通过实际调研，发现我国具有很大体量的糖尿病患者，且糖尿病视网膜病变（简称糖网病）是其主要并发症之一。由于无法实现早期大规模的筛查，因此该并发症带来的患病率增长迅速，且日趋年轻化。基于该社会痛点，该项目运用人工智能赋能，社区和乡镇卫生院的基层医生能通过便携式眼底相机，借助筛查 AI 云服务，准确、高效地开展糖网筛查活动，并达到三甲医院专业眼科医生水平，极大地降低糖网致盲率。针对糖尿病患者实现精细化的含糖食材识别和精准的饮食保健方法，提供个性化的全生命周期的健康服务。

2021 年第七届大赛"红旅"国金项目——北京邮电大学的"智汇——中国社区治理智慧生态的首创者"项目，其切入点是社区治理。社区治理是国家治理的基石，国家近几年也发布了众多政策文件来规范提升社区治理的水平。然而，当前很多社区尤其是老旧小区，都存在停车难、邻里关系淡漠以及物业矛盾突出等重要问题，使得居民的生活品质难以得到提升。其两大核心痛点就是管理效率与服务能力不足。项目团队发现一个 15 万人的街道，仅仅只有不到 300 名社区工作者。依靠传统的敲门入户和电话摸排治理方式，显然已经难以满足需求。社区治理需要进行数字化转型，虽然在数字化转型的过程中，出现了很多由官方提供的公众号、App、小程序等，但由于普遍缺乏一线服务居民的实际经验，平台不实用、居民不想用。

因此亟需打造一个面向多元主体、能够让群众有效协同共治的社区治理智慧生态。围绕这样的痛点，项目定位为一个有科技能力的社会组织，用专业协同治理、用科技赋能社区，解决实际问题。

通过这些案例我们可以看出，社会和市场需求一定要是真实需求而不是伪需求。因此，在项目实施前一定要做好相关的市场调研，结合政府、行业协会及企业的走访与考察、用户访谈、问卷调查、文献查阅等，认真细致了解社会和市场的痛点以及用户的真实需求。

因此，一般建议以团队身边的资源以及学科专业优势为出发点，围绕乡村振兴、农业农村现代化、城乡社区等方面，着力寻找那些市场或者行业价值链条中还存在空间的市场项目，寻找现有产业链中运营效率低下或存在技术难题的某些环节或节点。以近年来很多在农业领域的优秀"红旅"项目为例，有以特定农产品作为产业链推动、整合和优化的，也有从育种、农技、农药、培育技术等方面切入的，通过学科的支撑、产品和技术的创新，助力行业发展。还可寻找现存项目中用户体验不好或用户需求没能得到充分满足的社会及市场需要的项目，如"AI 宝贝：让寻亲不再孤单"项目，借助科技的赋能，更好地解决"寻找失踪儿童"这个社会热点问题。还可寻找具有未来预期成长性的刚性需求项目，如第七届大赛的"红旅"国金项目——西安交通大学的"零碳科技——碳中和技术引领者"，通过二氧化碳气肥技术和产品的研发、创新，有效解决了设施农业农产品的产量和品质提升问题，为碳中和高质量发展提供了新的思路。

三、市场容量与竞争分析

在选择具体创业项目时，尤其对于非公益类项目，在明确痛点后，下一步要分析和判断项目的目标市场容量与规模，以及发展趋势、增幅预测等。项目分析不仅要分析本地市场，还要分析国内市场。如果有必要的话，还要结合国外市场分析产品和服务未来可以成长的空间。项目计划书这部分的数据来源，一般都是通过权威第三方获取的真实、较新的数据，包括但不限于政府、行业组织或者机构发布的报告、行业龙头（上市公司）公示的财务或市场数据等。数据需要经得起考验，在使用的时候要注明出处。同时，展现出来的一定是项目本身所涉及的细分市场的相关数据，而不是整个行业的数据。

对于公益类项目，更多的是关注项目所提供的产品和服务，面对的用户群体规模以及特性。一般来说，能适用的群体规模越大，或者说能解决更大群体人员的实际痛点，则该公益项目未来成长的空间就越大，未来就可以体现出更大的社会影响力以及产生更大的社会效益。还是以本节所述的湖南大学 DR-TimeRing 项目为例，该项目可以通过科技赋能，助力社区和乡村医疗力量，预期能解决数量庞大的病患群体的早筛查早治疗问题，更好地提升国民健康水平，节省医疗支出，助力"健康中国 2030 规划"的实现。

在对细分市场的容量以及发展潜力有相应的了解后，需要进一步从自身出发进行竞争力分析，具体可以借助波特五力模型等商业工具来进行。从产业链的角度看，应充分考虑项目自身在卖方与买方市场的议价能力。从竞争对手来看，除了考虑当前产品的实际竞争者，还要考虑潜在进入的竞争者和可能的替代者。

（1）现有厂商。本行业内现有的与企业生产同样产品的其他厂家，这些厂家是企业的直接竞争者。

（2）潜在加入者。某一行业前景乐观、有利可图时，会引来新的竞争企业，使该行业增加新的生产能力，并重新瓜分市场份额和主要资源。新企业的加入，可能导致产品价格下降、利润减少。

（3）替代品厂商。与某一产品具有相同功能、能满足同一需求的不同性质的其他产品，属于替代品。随着科学技术的发展，替代品会越来越多，某一行业的所有企业都将面临与生产替代品的其他行业的企业进行竞争。

项目与竞争对手相比的优势或者壁垒，可以从产品、渠道、数据、技术、资源等多维度进行比较分析，也就是竞争力分析。一般来说，其包括产品竞争力、销售渠道资源、市场营销能力、生产与经营水平、研发能力、资金实力及财务管理能力、组织的战略执行力、管理者的决策和管理能力等方面。从参赛的商业计划书来看，大多可以通过技术壁垒、行业壁垒、模式壁垒等方面来体现。

【案例分析】

厚土金田——双碳新模式助力土壤提质增效
（第八届大赛"红旅"国金项目，南京林业大学）

"厚土金田"团队以强农兴农为己任，首创生物质定向炭化等三项核心技术，团队授权专利软著 18 件，团队负责人马欢欢博士获江苏省科学技术一等奖等奖项，土壤改良成效推广覆盖全国 10 个省份，带动农民增产增收。团队先后入选全国林草科技创新团队、江苏省青禾科技志愿队、福建省科技特派员团队，技术得到多位院士、全国脱贫攻坚楷模和国家有关部委的高度认可。

2022 年 4 月 12 日，南京双炭农业科技有限公司成立。团队成功研制出三大炭基肥系列产品：酸性土壤适用型生物炭基肥、碱性土壤适用型生物炭基肥、通用型生物炭基肥。和国内外同类产品相比，产品肥效更长、营养更全、增产更高、价格更优。公司炭基肥产品已推广应用面积超 5 万亩，惠及农民 3 万人，农民增产超 5 亿元。团队将一直秉持以强农兴农为己任的决心。未来将持续布局农业碳汇，积极申报新型肥料，打造更多农产品，保证我国粮食安全，推动乡村全面振兴。

来源：

《喜报|我院在中国国际"互联网+"大学生创新创业大赛红旅赛道实现首金突破》（2022-11-24），微信公众号：林间材荟。

【点评】农业低碳化发展是双碳经济产业重要的闭环体系，关乎我们的粮食安全，也是实现双碳目标的重要环节。农业碳汇是农业低碳化发展的一个方向。农业农村部、生态环境部等 6 部门于 2021 年联合印发我国首部农业绿色发展专项规划《"十四五"全国农业绿色发展规划》，对"十四五"农业绿色发展工作作出系统部署和具体安排。项目围绕国家发展背景和政策导向，并结合自身的学科和专业优势，选择农业碳汇这个朝阳产业作为方向，以新型生物炭基肥为切入点，在竞争分析中充分体现了"肥效更长、营养更全、增产更高、价格更优"的产品竞争力以及技术壁垒。以此为基础，项目结合合理商业模式以及市场营销推广策略，通过发挥农户的主体作用，推广节约型农业技术，鼓励开发农村可再生资源，推进农业农村废弃物的资源化利用，促进农民增收，实现经济效益和社会效益双丰收。

"青年红色筑梦之旅"创业团队的建立

创业项目能否走得更远，在很大程度取决于创业者和创业团队的基本素质。团队也会伴随着项目的成长而成长，创业的成功也是人才的成功。搭建一支优秀的创业团队对任何创业项目而言，都是一项至关重要的工作。优秀团队的标准是有高度的责任感、必要的行业经验，以及合作共赢的心态。

一、"红旅"项目团队的组建

创业团队是指在创业初期才能互补、分工明确、责任共担并共享创业利益的特殊群体。组建创业团队，需要考虑三个重要问题，即共同的价值观、共同的目标和准确的定位。

（一）共同的价值观

共同的价值观是创业团队成立和存在的基石，对创业团队具有导向、凝聚、约束和激励作用。共同的价值观在创业初期会让团队成员团结一致、齐心协力地朝向创业目标迈进。尤其对于"红旅"项目，初心就是情怀，使命就是担当，团队成员理解"红旅"活动的价值和内涵，秉承初心和情怀，承载梦想和愿景，形成团队共同的价值观，是创业梦想行稳致远的根基。

（二）共同的目标

创业团队需要有一个既定的共同目标。在初创项目中，目标常以愿景、战略等形式体现。对于"红旅"项目而言，围绕哪方面的社会或者行业问题，面向怎样的受众群体，体现怎样的价值和贡献，预期达到怎样的效益和目标，这些就是团队确定共同目标需要考虑的问题。

创业目标必须明确、合理、切实可行，这样才能使团队成员清楚地认识到共同的奋斗方向，真正起到激励作用。

（三）准确的定位

"红旅"项目在考虑定位时要同时考虑整体与个体两个方面。一方面要对自身所处的产业价值链或者公益价值链有清晰的定位；另一方面要对各成员个体在本创业团队中的角色和职责有明确的定位，权、责、利有明确的划分，并构建创业团队的相关制度。团队合作的目的在于弥补个体能力间的差距，只有当团队成员在知识、技能、经验等方面实现互补，才有可能通过协作发挥出"1+1>2"的协同效应。因此，团队成员之间要做到志同道合、取长补短、高效协作、权责清晰、以诚相待。

创业团队的构建形式大致有两类，分别是星状创业团队和网状创业团队。星状创业团队在团队形成之前就有一个核心人物，他的创业想法形成团队的思想，团队也因他的思想而组建，成员也由他来选择；成员在团队中扮演支持者的角色。网状创业团队是指成员之间一般在创业之前就认识，在形成共识后共同创业；在企业内部没有绝对的核心，而是成员根据各自的特点进行自发角色定位。如比尔·盖茨和童年玩伴保罗·艾伦创建了微软，马化腾在创立腾讯之初就和四个创业伙伴约定各展所长、各管一摊。

纵观历年的优秀"红旅"项目，项目团队的组建模式两者皆有。星状创业团队的项目，作为核心人物的团队负责人，从自身的经历、资源或者专业技术出发，在学校思政教育的熏陶与创新创业教育的培育下，培养自己创业的初心和情怀，组建创业团队，并在"红旅"活动这个大平台上得到精彩展现，为自身的创业事业注入新的活力和生机。

以第六届大赛"红旅"国金项目——广州大学的"毕业后公益基金——关爱留守儿童，赋能乡村教育"为例。项目负责人是1996年出生的云南小伙刘楠鑫。他回忆说，自己从小生活在边远山区，2014年考上广州大学。在见到大学图书馆的宏伟壮观之后，他一直琢磨能不能在自己家乡的山村学校建立一所公益图书馆。刘楠鑫进入广州大学学习广播电视学专业，大一时开始创业，大二时萌发了建立"毕业后公益图书室"的想法。2016年1月15日，他组建团队创建了"毕业后公益图书室"，致力于为祖国欠发达地区乡村小学提供积极、健康、适龄的课外读物，助力国家义务教育均衡发展和乡村文化振兴。经过持续多年的发展，他的组织目前已是国内支持乡村教育公益领域发展速度最快、规模和影响力最大的公益组织之一。

再如第五届大赛"红旅"国金项目——云南大学的"小猪豪豪——中国边疆少数民族深度贫困地区脱贫攻坚路上最靓的崽"。项目负责人何永群创业的初心和情怀同样也与项目的产生和成长密切相关。何永群出生在云南迪庆藏族自治州的一个普通农民家庭。高中时父亲出车祸成了残疾人，家里的顶梁柱倒了，原本幸福的家变成了远近有名的贫困户。作为家中大姐，看着幼小的弟弟妹妹，她坚信知识改变命运，半工半读，毅然挑起生活重担。2006年，何永群考上了大学，却因经济原因几次面临辍学。为了改变贫穷的命运，她边上学边打工，2013年她又考上云南大学的研究生。2015年，由于家庭的变故，何永群一度休学回到家乡，组建创业团队，创立了迪庆香格里拉沃夫农林开发有限责任公司，主要经营豪猪养殖、销售、回收与深加工。经过一年多的摸索，公司探索出了以公司为主体、合作社为支撑，政府提供政策及产业资金支持，建档立卡贫困户为养殖户，保险公司分担豪猪养殖风险的"1113"产业脱贫模式。公司经过多年运营，有效带动了一大批当地贫困户脱贫以及就业增收，在脱贫攻坚、建设美丽家乡的道路上奉献出自己的智慧和力量。

在"红旅"活动中还涌现出来不少优秀项目与团队。例如，第七届大赛"红旅"国金项目——复旦大学的"中国首个博士生医疗公益服务团体——复旦大学博士生医疗服务团"，第六届大赛"红旅"国金项目——西北大学的"打造蜂产业链升级变革与精准扶贫新模式"等。这种类型的项目更多的是在学校学科和专业的土壤中成长，从创业团队的构建模式来看，体现出网状创业团队的特点。

"红旅"项目团队的组建，在团队维度的评审内容中有相关的要求：一方面需要体现团队的组成原则与过程是否科学、合理，团队是否具有从事相关工作所需的知识、技术和经验，是否有明确的使命愿景。另一方面，需要体现团队的组织构架、人员配置、分工协作、能力结构、专业结构、合作机制、激励制度等的合理性。如果是创业组，则要考查公司是否具有合理的组织构架、清晰的指挥链、科学的决策机制，是否有合理的岗位设置、分工协作、专业能力结构，是否有良好的内部沟通机制，是否有合理的股权结构、激励制度等。除此之外，还要考虑支撑项目发展的合作伙伴等外部资源的使用情况。

在考虑选择哪种模式来创建团队时，既要考虑团队成员的能力和在项目中的角色、作用，也要考虑项目核心竞争力的着力点、项目价值导向的定位，还要考虑项目具体的运营模式或商业模式、当前运营与最近一段时间内运营的目标等因素，以及基于项目不同的运营模式与阶段，相关资源与人员需求需要体现在哪些方面等。这些都是创建团队时需要深入思考并明确的问题。而且，在创业实践中，要进一步对内部组织构架、决策机制、制度体系等进行逐步完善与落实。

二、"红旅"项目团队的要素

"红旅"团队需要体现的要素，一是每个团队成员都要有明确的角色定位，二是整个团队要有专业性、互补性、协作性、创新力、执行力等。

（一）专业性

无论以怎样的模式来运营，侧重哪个行业或者领域，项目都要体现自己的核心竞争力，体现项目团队的参与度和主导性。因此，围绕项目的主要目标，如何形成项目团队的合理搭配，专业性是一个重要的考虑因素。如果创业团队的成员都不懂创业项目的专业，完全需要借助外力，则创业团队无法有效把控项目的风险和进程，项目后续的发展一定会存在瓶颈，甚至无法继续进行下去。

"团队是否具有从事相关工作所需的知识、技术和经验"是对"红旅"项目团队人员专业性的考查。专业性一般要求创业团队中有1～2人对创业项目所在专业领域有较为深入的了解，基本具备实施创业项目的专业知识和专业能力。专业性是评估创业团队能力的重要指标，也是大赛评委的重点打分项。例如，做服装设计类的文创项目，团队中要有服装设计专业的人员，要懂得服装服饰设计的理论和设计软件的使用；如果做的项目是高分子材料的产品研发，那么团队成员中一定要有高分子材料专业的人员，要了解高分子材料的基本理论。尤其随着"四新"建设的不断深入，多学科交叉应用在"红旅"项目中层出不穷，不同专业人才在项目团队的合理搭配，也是医工商结合、"工为农用、工农结合""文科+X""农学+X"等教学和项目培育模式的成果在项目中的生动呈现。

（二）互补性

一个创业项目的落地与运营，一般来说，技术产品研发、市场推广以及企业管理三个方面的人员都是必不可少的。创业团队如果只有专业性而没有互补性，团队能力还是存在不足。

所以，创业团队在组建时一定考虑团队的互补性。关于互补性，就是在理念、价值观等方面要高度相似，即志同道合；在突出志同道合的基础上还要考虑在技能、经历、经验等方面体现互补，这样才有助于创新，才能做到资源整合。

一个创业团队或创业公司会有很多岗位，如战略管理、项目策划、产品研发、生产物流、人力资源、财务管理、市场营销等，一个人不可能什么岗位都胜任。擅长项目策划的不一定擅长产品研发，擅长产品研发的不一定擅长市场营销，擅长市场营销的不一定擅长财务管理。所以，一个创业团队需要团队成员在不同的专业岗位形成专业知识和专业能力的互补。

从"红旅"项目团队的构建来看，要基于项目的主线、目标、运营模式等方面进行深入考虑，同时要结合项目当前以及最近一个阶段的目标和任务，确定整个团队尤其是核心团队中人员配置的数量，以及需要具备的专业技能、能力素养与行业经验等。

（三）协作性

为了突出创业团队的能力，团队的协作能力十分重要。一个创业团队的能力除了具有团队的专业性和互补性之外，团队成员的协作性也十分重要。我们经常会听到团队精神、团队协作、团队协同这些词，这都是在描述创业团队的能力。一个创业团队如果每个成员都具备团队精神和团队协作能力，那么在项目实施过程中就会收到"1+1>2"的效果。团队的协作性不仅是一种团队精神，而且是一种工作态度，是团队成员素质的体现。

基于团队人员的结构和数量，团队应通过合理搭配构建一个高效协作的体系，包括组织构架、分工协作、合作机制、激励制度等。对于已成立企业或者拟成立企业的创业团队，对股权结构的具体规划和设计，是团队成员内部职责和权力清晰划分的具体体现。

对于团队的灵魂人物，其特点和特长、经验和成绩等，需要重点突出，包括组织能力、协调能力、创新能力、策划能力和整合资源能力等，而且要与项目的核心竞争力以及主线目标匹配。

（四）创新力

"红旅"活动体现的是思政教育、创新创业教育以及专业教育的结合。从对项目的整体评价来看，创新维度是一个重要的部分，体现了团队成员的创新意识，以及相应的科研能力和创新能力。因此，团队创新力是团队优势之一。

支撑团队创新力的相关要素，包括但不限于团队成员中具体负责或参与过的国家或省部级课题、大创计划等各类课题研究，拥有已授权或者在申请过程中的各类型专利、软件著作权、版权等，在各类期刊或者学术会议上发表的论文，在相关的学术、学科或者技能类比赛中取得奖项等。这些方面都是团队的创新能力和水平的具体体现。

在当今时代，知识更新迭代和技术变革创新的步伐越走越快，新知识、新技术、新模式、新管理、新业态层出不穷，创新需要紧跟时代的发展，这就需要团队成员具备优秀的学习能力。突出创业团队的学习能力，是为了团队以及项目可持续发展，保持现有的竞争优势。

（五）执行力

在创业过程中，创业团队的执行力十分重要。一个团队的运营能力是否强，关键在于团队成员的执行力。团队的执行力提升不仅需要团队成员及时有效沟通，还需要系统策划、组织与协调；不仅需要专业性，还需要专注性；不仅需要快速敏捷与高质量高标准，还需要反复总结与提炼，不断提高与升华。而且，执行力需要在项目实施过程的多个环节与板块体现，如项目策划、产品研发、市场营销、资源对接和整合等。

"红旅"活动本身就具有非常鲜明的社会实践、思创融合特点。因此，"红旅"项目中项目成员的执行力，一方面需要通过项目的成果来体现；另一方面需要在团队成员参与社会实践或社团组织公益服务等相关经历、取得的相关成绩与奖项上体现，具体包括但不限于优秀共产党员、优秀社会实践个人、最美志愿者等。"红旅"项目尤其要凸显团队扎根国家、服务社会的家国情怀，这也是大赛的育人目标。

（六）外部资源的支撑

外部资源的支撑以及使用，是创业团队立足和发展的重要支撑，也是团队维度需要考虑的一个点。外部资源包括来自高校以及行业的专家，在专业指导、商业运营、资源对接、资本运作等方面，都可以给创业团队的发展提供支持。通过有效整合各方面的创业资源，形成一个良好的项目运营模式或商业模式，这是项目运营需要解决的核心问题。以第六届国金案例"青春护航·成长相伴"为例，团队聘请了 10 位湘雅医院的专家以及 6 位法学、教育学等专业教授指导，完善了相关的知识体系和科普资源库，为项目的后续发展提供了良好的支撑。

第五节　　"青年红色筑梦之旅"项目的运营与发展

评价一个"红旅"项目的好坏，主要看项目整体呈现出来的创新性、可持续性和实效性，以及在具体创业实践中创造出来的经济效益和社会效益等。在运营过程中，要考虑项目核心竞争力的定位、创业资源的挖掘与有效整合、项目模式的验证、模式复制推广以及项目的持续发展等方面。

一、项目核心竞争力的定位

核心竞争力是指能够为企业或项目带来比较竞争优势的资源，以及资源的配置与整合方式。

创业者或者创业团队在创业之初，要尽量选择一个能充分发挥自己的长处和优势的项目作为切入点，同时结合自身的资源优势进入市场，解决项目的立足和生存问题。所有最终在企业或项目上展现出来的核心竞争优势或竞争壁垒，都是在项目的发展过程中逐步摸索和积累出来的，项目的核心竞争力与项目一样，也是动态发展的。

对"红旅"项目的选题以及创业机会的识别，对自身的资源构成、竞争优势应该有全方位的分析和评价，以此作为依据对项目的核心竞争力进行明确定位，并进一步制订项目的整体运营方案与发展规划。

近年来在"青年红色筑梦之旅"活动中涌现出来的优秀项目，基本上都具有良好的基因，在市场需求、产品服务、关键技术和商业运营上都具有可行性，并且能在项目运营的过程中不断培育并体现出自身的核心竞争力，最终得到评委的青睐和认可，创造出可观的经济效益和社会效益。核心竞争力主要体现为两个方面：第一，技术壁垒。在技术和产品上，能体现出技术创新，并结合知识产权的保护、构建专利群等手段，构建出高强度的技术壁垒。第二，模式壁垒。模式壁垒比较多样，如项目独有的市场或者行业资源，现在已经具备的同行业竞争对手暂时无法超越的用户体量，已经具有竞争对手暂时无法拥有的行业资源，包括行业数据、供应链网络、准入资质等。

体现自身的竞争优势，竞品分析是一种通用且常见的手段。对比的核心基本上都是基于产品或者服务的性价比，包括性能、功能、价格、质量等方面，尽量通过量化的参数进行对比。第八届大赛"红旅"国金项目——西北大学的"蛋为人鲜——引领鸡蛋全产业链升级与变革"，针对制约鸡蛋产业发展的技术难题，提出了一套完整的解决方案，形成了三大创新技术，填补了国内外空白。这三大创新技术分别是：天然多糖高效绿色规模化制备技术，用于解决多糖产率低、纯度低等难题；功能多糖基饲料复配技术，用于有效提高鸡蛋品质；鸡蛋功能性成分生产工艺，主要用于提升鸡蛋深加工能力，提高鸡蛋深加工产品附加值。

在模式壁垒方面，要体现出自身具体在哪个方面的核心竞争力，包括资源规模、用户群体、成功案例、行业准入等。以第五届大赛"红旅"国金项目"远周"为例，通过项目的不断发展，其形成的"远周"模式被全国 23 个省市检察院近 3000 名检察官学习，在全国范围内复制推广，被 20 多家主流媒体报道，成为国内首家公益关护基地、全国首家未成年人检察工作创新实践基地。这是项目模式壁垒的充分展现。

保持竞争优势，一方面要在项目团队内部形成持续的机制或制度，如通过持续研发、引进人才等方式不断构建并提升自身的技术壁垒，并通过进一步的市场推广、客户拓展、资源整合、模式复制等方式不断固化自身的模式壁垒等。另一方面，还要保证有足够的市场敏锐度，对竞争对手进行持续关注以及客观分析，包括直接竞争对手、潜在竞争对手以及可替代者。需要客观评价对方的优势、劣势，结合自身当前在市场所处的位置，以及整体的实际情况，对市场竞争进行及时预判和防范。

二、创业资源的挖掘

创业团队在对项目的切入点有了准确的认识和定位之后，如何很好地推动项目向前发展，取得预期的成果，通常取决于它能否掌握并有效整合资源，以及对这些资源的利用能力。在创业初期，对于绝大多数创业者而言，资源都相当匮乏，用有限的创业资源创造最大化的价值，创造性地整合和运用资源，考验的是创业者整合资源的能力。创业者在每个阶段都要问自己，怎样才能用有限的资源获得更多的价值。

创业者所拥有的创业精神、创业意识、现有技术成果以及社会关系等资源，同样具有战略性。因此，对创业者而言，一方面要借助自身有限的资源创造尽可能大的价值，另一方面要设法获取并整合各类能推动项目发展的战略资源。"红旅"项目中"团队维度"的评分要素"支撑项目发展的合作伙伴等外部资源的使用以及与项目关系的情况"，考量的就是对项目能否有效对外部资源进行整合，助推项目发展。

"红旅"项目在对创业资源进行挖掘和识别时，通常围绕自有资源和外部资源两大部分来考虑。

（一）自有资源

自有资源是指创业团队所拥有或控制的资源，包括自有资金和资产、技术、人才、经验、能力、资历、市场资源等。而且，自有资源可以持续地进行内部培育和开发。创业项目可以通过自身的不断成长、持续创新并丰富包括技术成果在内的无形资产、招募及培训员工、提升团队的人才竞争力等方式来不断提升自有资源的丰富度。其中常见类型包括以下一些。

（1）人才资源。"红旅"项目需要构建出一支专业能力与资源等都能形成相互补充且高效协作的创业团队。其中就包括团队人员所拥有的运营管理与技术研发的相关经验，这些属于团队中的人才资源。

（2）技术资源。项目团队当前实际拥有的，或者能够合法合规使用的技术成果，都属于项目技术资源的范畴。相关技术成果能在"红旅"项目中通过团队的创业实践以及实际应用产生效益。且相关的技术成果需要与团队本身关联，包括团队成员作为其中的主要发明人，技术成果得到专利权人的相关授权。

（3）财务资产。这是指项目当前可以支配并使用的相关资金和资产情况。项目团队需要对此进行测算，做好相关的财务规划，并结合项目下一步的发展战略，形成合理的融资方案。

（4）市场资源。这是指项目团队当前围绕业务开展，在市场和用户拓展上可以利用的相关资源，包括但不限于目标客户群体、销售渠道、各方面的人脉关系等。

（二）外部资源

外部资源是指项目内部当前所不具备的，但为了项目的落地和发展，需要整合并扩展的资源；也是指创业者或创业团队从外部获取的各种资源等。常见的包括从朋友、亲戚、合作伙伴或其他金融机构获取的资金、人才、空间、厂房、设备以及其他原材料等。另外，还包括各方面的合作资源，常见的包括高校、科研机构、相关技术与科研合作方、原材料供应商、分销商、媒体与广告商、相关政府部门等。

"红旅"项目可以关注并利用的常用外部资源包括以下一些。

（1）政策资源。"红旅"项目无论是围绕乡村振兴、农业农村现代化发展，还是围绕各类公益创业，都要与国家政策的导向一致。近年来，国家为了推动相关行业和产业的发展，加大了政策支持力度。"红旅"项目应对相关政策文件密切关注，深入了解相关政策适用的范围、区域和有效期限，并能在项目运营过程中进行全面对接和合理应用，为项目的推进与成长提供明显的动力。同时，政策的适配性在一定程度也为项目的可复制、可推广提供了重要支撑。

政策文件具体包括党中央、国务院、中央各部委、省区市各级党委、政府以及相关部门的政策。最具代表性的是中央一号文件。从 2004 年至 2023 年，中央一号文件连续二十年以"三农"为主题，强调了"三农"问题的重要性。创业项目在实施过程中要密切关注与自身相关的政策文件，及时熟悉政策、精准掌握政策、统筹用好政策，最大限度地把政策资源转化为项目发展的内生动力。

（2）学校的平台资源。学校学科专业的优势是项目团队最大的支撑，如国家级、省级的重点实验室，国家级或省级的重点学科等。随着"四新"建设的不断深入，各高校在试点并逐步推进组织模式创新、理论研究创新、内容方式创新和实践体系创新，探究产学研用多要素融合、多主体协同育人机制。校企合作、产教融合也是推进"四新"建设的重要助力，一方面为学校的学科建设和教育改革提供更多的资源以及更宽的视野；另一方面通过相关的实践教学体系，培养学生的创新精神和实践能力。这是学校在教育、科技、人才"三位一体"方面协同推进的具体举措。

各地方、各高校也通过各种形式或者项目，展开了相关的合作，包括产教融合基地、学生校外实践基地、创新创业实践基地等。"红旅"项目可以充分利用这些资源。

学生团队参与的"红旅"活动，离不开高校的支持。从教育维度评分要素来看，项目要体现学校"四新"建设的成效，专业教育、思政教育、创新创业教育的有机结合，以及对项目培育、孵化方面的支持。因此，对于学校相关学科专业、科研平台、师资、校企合作、产教融合、产学研协同创新等方面的资源要尽可能地去对接，使这些校内资源能最大可能地为项目的成长提供必要的支持。同时，"红旅"项目要与学校"四新"建设、思政教育或课程思政等领域的教改项目相结合，促进彼此发展。随着"双创"教育的不断深入，学校出台关于支持学生创业的相关政策，以及学校已有的关于创新创业平台、众创空间或者孵化器等资源，也是"红旅"项目起步和发展的重要外部资源。

（3）人力资源。项目的运营模式，需要相关人力资源来支撑和维系，尤其在整个运营模式的搭建中，除了项目团队成员之外，还需要有相关的参与者。如农业合作社以及相关的农民群体，公益项目中相关的志愿者、社工或者义工等。这些都是"红旅"项目在具体运营过程中，结合自身的模式需要整合并扩展的人力资源。

（4）学科与专业资源。除了立足于本校相关的学科以及专业资源之外，"红旅"项目的发展，技术及产品的不断迭代更新，也离不开外部专业资源的助力和支持，具体包括合作的高校、科研机构、政府部门、行业伙伴、同行的专家学者等。

（5）渠道及客户资源。项目业务的发展，离不开对渠道和客户资源的扩展。项目团队要立足于项目的目标市场以及商业模式，利用身边一切资源，对渠道及客户资源进行有效开发。包括参加行业展会、学术会议等，都可以作为用户拓展市场、提升市场知名度和影响力的有效手段。同时，也可以与本校的校友进行深入对接。

（6）上游产业链与厂房设备的资源。对于产品能实现量产并销售，需要具体落实厂房以及相关生产设备设施等问题。对农业类项目，作物培育和种植所必需的土地和农田是一种常见的外部资源。同时，对上游产业链的合作伙伴如何去进行有效对接和整合也是关键，具体涉及原材料的提供、产品模块的委托加工，或者整体组装等具体的工序。在这个环节具体需要整合哪些资源，要根据项目的具体情况，以及自身在产业链上的定位来确定。

（7）金融资源。项目在发展过程当中，需要考虑如何有效利用资本。融资方式大致包括股权融资和债权融资两大类。一般创业企业以股权融资为主；而对于债权融资，一般需要一定的资产作为抵押。但近年来，国家为了推进实体经济以及相关行业的健康发展，推出了类似于企业信用贷款、科创贷、农业经营主体信贷直通车等方面的金融产品及服务。因此，"红旅"项目要充分了解与自身相关的金融资源帮扶政策，与相关政府引导产业基金、创投基金VC/PE（风险投资/私募股权投资）、银行等金融机构进行充分对接，助推项目健康发展。

三、创业资源的有效整合

整合已有的资源，对创业过程中出现的新问题、新情况作出有效应对，是创业过程中必须面对的。优秀的创业者善于用发现的眼光，洞悉身边各种资源的属性，将它们创造性地整合起来。这种整合的行为通常不是事前就有细致的计划，而要立足实际情况、快速响应、顺势而为、"摸着石头过河"。这正体现了创业的不确定性，并考验创业者的市场应对能力与资源整合能力。

同时，可加入一些新元素，与已有的元素重新组合，在资源利用方面创新，为项目的成长提供新的思路与机遇。创业者通常利用身边能够找到的一切资源进行创业活动，结合自身的经验以及对行业与市场的充分了解，推动项目的发展。

此外，要充分发挥资源杠杆效应。成功的创业者善于利用关键资源的杠杆效应，将所需要的外部资源充分、合理地运用到自身的创业项目中来，包括用一种资源补足另一种资源，以产生更高的复合价值，或者利用一种资源撬动和获得其他更多项目所需要的外部资源。在项目运作过程中，实现资源结构的不断调整优化，不断积累战略性资源，可以让项目在激烈的市场竞争中获得比较优势。

【案例】

红岭金——边疆少数民族老区乡村振兴助推器（第七届"红旅"国赛金奖，云南大学）

团队来自云南省迪庆藏族自治州，项目创始人是一位叫何永群的纳西姑娘。她是一位不折不扣的创业达人，首部中国青年创业励志电影《达拉的青春》的故事原型就是这位"80后"女孩。

2015年，何永群和李欣蕊等人一起创办了"迪庆香格里拉沃夫农林开发有限责任公司"，主要经营豪猪养殖、销售、回收及深加工，打造了"小猪豪豪"品牌。经过5年的不懈努力，团队带动3411户贫困户养殖豪猪脱贫增收，何永群相继被国务院及农业农村部授予"全国民族团结进步模范个人"与"全国农村青年致富带头人"等荣誉称号。"小猪豪豪"项目也代表云南大学获得第五届中国"互联网+"大学生创新创业大赛"青年红色筑梦之旅"赛道金奖。

2020年，受疫情影响，豪猪养殖停摆，这让团队不得不面对一系列难题。

为了弥补养殖农户及关联企业的损失，团队背负了800多万元的债务。创业之路遭受重创，何永群与李欣蕊彻夜难眠。大家也想过放弃，可看到村民们信任的眼神，想到创业的初心，团队毅然决定留在家乡，进行二次创业。

为了找准二次创业项目的切入点，团队和村民一起召开乡村产业发展座谈会，带队调研全国多个省份县市，寻找适合家乡经济发展、村民致富的创业机遇。很快他们将目光锁定在香格里拉市金江镇发展民宿产业，并通过民宿销售香格里拉市贫困村的优质农特产品，增加农户的收入。

团队将这个新的创业项目取名为"红岭金"。名字意在以红色精神为底色，主打金岭鹅等香格里拉高原特色种植养殖农产品，探索香格里拉金江镇的特色致富路。项目拥有菌种选育、物联网环境感知、生态农业循环转化 3 项核心技术，通过农业科技服务、农特产品销售、乡村旅游服务着力带动农户增产增收，并已获得上海对口帮扶三年 1000 万元的农副产品订单。

目前，项目成功推出"香格里拉美味菌汤包""松茸干片"等两款产品，在香格里拉扶贫超市进行销售。线上销售店铺也逐步入驻多个电商平台，并完成 3 条农副产品加工生产线，以云南大学为技术支撑的羊肚菌产业也正逐步发展。

同时，"红岭金"团队结合村里的长征红色文化，在豪猪餐厅的基础上，转型民族特色乡村生态旅游民宿。因为民宿在长江第一湾对面，还有民族、生态资源，加之近年来外地人在村里投资建民宿，让村子的知名度得到提升，吸引了一定人流量。

截至 2021 年，"红岭金"项目通过农副产品加工、红色研学旅游服务、养鸡养鹅、种植中药材、食用菌、发展餐饮及民宿等，间接带动 1879 人就业，为金江镇 410 户农户创收 328.8 万元，户均增收 8000 元。在第七届中国国际"互联网+"大学生创新创业大赛上，"红岭金"项目代表云南大学再次获得"青年红色筑梦之旅"赛道金奖。

来源：

（1）《〔云南省创新创业领军人物推介〕创业青年：何永群》（2022-02-22），微信公众号：云南省发展改革委。

（2）《〈红岭金——边疆少数民族老区乡村振兴助推器〉项目入选 2022 年全国大众创业万众创新主题展示》（2022-05-06），微信公众号：云科迪庆北理智汇众创空间。

（3）《香格里拉：一路"打怪升级"的纳西姑娘，"创业史"被拍成电影》（2021-11-26），微信公众号：迪庆州广播电视台。

【点评】同样一个创业者，在三年内通过不同的项目，两次获得中国"互联网+"大学生创新创业大赛"红旅"赛道的国赛金奖。整个创业之旅尽管一波三折，但丝毫没有影响创业者以及创业团队扎根乡土，带领边疆少数民族地区脱贫致富、走向乡村振兴发展道路的信念和决心。在原项目走上正轨，突然由于客观原因中止的情况下，项目团队充分结合项目现有资源，把握政策导向，对项目的模式和方向进行及时调整，突破了困境，并且在一个更高的起点为边疆少数民族地区乡村振兴作出更大的贡献。

创业学家蒂蒙斯提出的创业三要素具体为商业机会、企业家和资源。企业家的作用就是不断寻求平衡的行为组合。何永群的创业经历也充分体现了这一点，她和她的两个创业项目，都是中国高校大学生创新创业的优秀典范。

四、项目模式的验证

对"红旅"项目的模式进行有效验证，是项目取得成功的关键。要完成这个阶段的工作，需要构建一个可落地、可持续的运营模式，同时项目所提供的产品或者服务能与该模式密切结合，有效地解决相应的社会或者行业痛点、难点问题，并且最终能创造出预期的经济效益和社会效益。

在此过程中，一方面需要解决项目可持续发展的问题，另一方面需要创造经济效益和社会效益，体现出项目的实效性。同时，在项目的整个运营过程中，相关创新成果及模式创新能与之有效融合，体现出项目的创新性。

无论项目是基于商业手段还是基于公益模式运营，在对内外部创业资源进行充分识别并获取后，应设置合理的利益机制对创业资源进行有效整合，构建可落地、可持续的运营模式。

一般来说，资源是与利益相关的，因此创业者在整合资源时，一定要设计好有助于资源整合的利益机制，把自身与潜在的资源提供方整合起来，借力发展。此外，整合资源需要关注并寻求潜在的利益相关者，包括个人与机构组织。同时，要分析这些组织或个体与自己的项目可能存在的利益关系以及利益共同点。

在这样的基础上，还需要进一步寻找和设计能让多方共赢的机制和运营模式。在设计共赢机制时，既要能帮助对方扩大收益或实现预期的利益诉求，也要把对方在合作过程中可能出现的风险降至最低。在此基础上，积极推动这种合作模式落地，在解决项目自身的可持续发展问题的同时，与各个利益相关方形成更稳定的信任合作关系，以便给项目后续发展以及模式复制带来新的资源与机会。

以乡村振兴、农业农村现代化项目的常见项目运营模式"公司+合作社+农户"为例，其所针对的常见问题包括：个体农户的生产技术水平参差不齐，优质种苗无法得到有效提供与推广普及，对农产品无法实现有效监控，农药残留超标，由于市场之间的供销矛盾突出而引发销售渠道窄、品牌附加值低、销售价格低等，导致农民无法有效增收致富，以及无法有效推动农民返乡创业就业等。

这种模式的公司提供的产品或服务类型包括：产前技术培训和供给优质农资服务，产中技术指导服务，产后产品收购、储藏和销售服务，品牌运营及提升等。

这种模式下的合作社又称为农民专业合作社。《中华人民共和国农民专业合作社法》第一章总则第二条和第三条对农民专业合作社进行了简要的定义，包括两个方面的内容：一方面，从概念上界定合作社，即"农民专业合作社是指在农村家庭承包经营基础上，农产品的生产经营者或者农业生产经营服务的提供者、利用者，自愿联合、民主管理的互助性经济组织"；另一方面，从服务对象上界定合作社，即"农民专业合作社以其成员为主要服务对象，提供农业生产资料的购买，农产品的销售、加工、运输、贮藏以及与农业生产经营有关的技术、信息等服务"。在整个模式中，合作社是充当企业与个体农户之间桥梁的法人组织。比如，具体负责落实由公司制定的相关生产、种植或养殖技术的指导和培训工作，各方面农资的领放，农产品的集货，组织村民的生产协作等。而农户作为农业生产经营的主体，付出相应的劳动，并享受相关产品销售所得到的回报。

基于这样的模式，公司通过与合作社合作，或者通过领办合作社，达到稳定生产基地、降低销售成本、提高产品销量的目的，扩大品牌知名度等。同时，对公司的生产、加工、销售一体化水平的提高也有积极的作用，有助于公司的经营规模扩大以及盈利能力的提升，实现经济效益和社会效益的融合。对于合作社而言，由于有公司资金、人才、技术、市场等多要素的支持，组织得以更加快速地发展，更好地带动当地产业的发展。对于成员农户而言，通过参与合作社，既可以获得更为稳定的销售渠道，也可以获得更高、更稳定的农产品销售价格；种苗、生产技术等都可以得到改进和提高，还可以获得优惠的农资供应。因此，在该模式下，包括项目团队在内的各利益相关者都可以充分找到明确的定位以及价值点。从微观层面来看，可以实现合作共赢；从宏观层面看，又很好地顺应了国家和社会的发展需求，为项目的后续发展提供充分成长的土壤。

社会治理类项目中相当一部分是以公益模式来进行运营的。项目在运营过程中，要对受众群体以及解决的具体问题进行明确的定位，对各种项目资源进行有效整合，形成一个可落地、可持续的项目运营模式。

项目资源是指项目运行过程中，组织能够按照项目计划接受和利用的各种有价值的资源的总和。它是项目运行过程中必不可少的组成部分，决定了项目的可行性。公益项目包括人员、资金、专业知识和技能、基础设施、外部关系、合作方、志愿者等多种资源。

项目资源是公益项目得以产生和发展的根本，充足的资金和基本设施使得项目运作有了基本的保障，专业的工作人员使得项目运作更加流畅，良好的外部关系、实力强大的合作方使得项目可以持续发展。对于公益项目而言，一方面要考虑发展的可持续性、资金和人员的支持；另一方面要考虑组织的使命与愿景，让项目包含各参与方，也就是利益相关方能在参与公益项目的过程中实现共赢。

值得一提的是，公益组织的非营利性质使得其比一般企业需要更多志愿者资源，这在一定程度上可以降低组织运行的成本、增加人力资源的多样性。参与公益活动是弘扬志愿精神、培养社会服务意识、落实立德树人根本任务的一种实践。因此，公益组织应围绕自身的使命与愿景，与学校、团委、青年组织、企事业单位等相关组织资源进行有效的合作和联动，有效整合更多的社会资源，推进公益事业的发展。

以第六届大赛"红旅"国金项目"青春护航·成长相伴"为例，项目在相关部门、社会企业以及公益组织的支持下，联合多所高校建立服务网络，以大学生为主力开展针对乡村孩子生理心理教育的巡讲课堂，以"三位一体"服务模式联动家庭、社会和学校。乡村儿童的健康成长，是国家重点关注的问题，尤其在乡村振兴战略深入推进的大背景下，各种社会力量对该类群体的关注程度以及帮扶力度在不断提升。项目基于这样的背景有效整合各方资源，以高校为基础，建立服务网络，一方面更好地给项目的拓展提供更多的资源支持，另一方面给高校学生提供一个很好的志愿服务平台，体现了很好的落地性和可持续性。

"红旅"项目的具体运营需要深入思考如何与学校的专业资源以及教育体系更好地结合。项目在解决了项目落地和可持续性发展问题，创造出经济价值和社会价值的同时，要体现出更好的育人成效，体现学校在教育、科技、人才"三位一体"统筹推进中取得的具体成果。

以第六届大赛"红旅"国金项目——贵州大学的"博士村长——贵州脱贫攻坚的一线战士"为例。项目扎根于贵州，结合贵州大学综合性学科的优势，组建了生态渔业、生态畜禽等12个产业专家团队，构建了"产业+专家+基地+博士村长"的帮扶模式，有力地促进当地各个产业的发展，有效助力脱贫攻坚和乡村振兴事业。首先，项目体现了专业性。贵州大学的学科和平台优势为项目的专业覆盖面以及服务的精准度提供了坚实的后盾。其次，实现了科研与扶贫、乡村振兴的有机融合。团队成员在开展帮扶工作的同时，也在开展自己的科研实验，把所学的东西付诸实践，又将实践中的收获反馈到科研，形成一个有效的正反馈闭环。项目作为贵州省的重点扶持项目，得到了省委、省政府的高度关注，以及学校的强力支持。校地协同无论是从政策上还是从资源上，都得到了大力支持。整个模式实现了地方、高校、产业、农民的多方共赢。

同样以第八届大赛"红旅"国金项目——北京大学的"大猫谷：三江源的第一次拥'豹'"为例，项目以教育为契机，在实现良好运营和发展的同时，打造出了一个很好的育人平台。项目主要依托的昂赛基地工作站，从建站以来一直是北大的社会实践基地，每年都会有暑期调查的大学生团队来到工作站进行生态环境方面的考察和学习、资料收集等。而大猫谷项目团队一直在代代更新、持续发展，并且项目也在更多的社区得到复制和推广。一届又一届北大的研究生从昂赛"毕业"，又有很多年轻的研究者来到这里，在昂赛收集数据、写论文，将知识"送"回昂赛。项目团队陪伴基地成长发展，昂赛基地也在支持一届又一届北大学生的成长。

五、模式复制推广与项目的持续发展

"模式可复制、可推广、具有示范效应"是"红旅"项目在发展维度评分要素的一个指标，也是项目创造出更多的社会效益和经济效益、惠及更广受众群体的实现路径，体现出更大的实效性以及更广阔的社会影响力。解决项目模式可落地、可持续发展的问题后，要考虑如何把模式进行固化和提炼，进一步进行模式复制推广，让项目不断发展壮大，创造出更大的价值。同时，项目的可复制性也是项目可持续发展能力的一个重要表现，项目具备可复制性的发展空间越大，该项目可持续发展的能力就越强。

可以支撑项目模式复制的主要资源包括技术和产品、相关政策的支持度和覆盖面、现有及潜在的市场资源、团队能力、各种相关的合作资源等。构建项目的可示范性，以及后续模式的复制和推广，可以从技术的可适用性、产业的可复制性、标准的引领性等几个方面进行思考和突破。

（1）技术的可适用性。在"红旅"项目中，基于对目标市场的容量以及适用地域等因素的清晰认知，可以考虑以产品或技术的可适用性为切入点，拓宽应用空间，实现模式的可复制性，最终创造出更大的应用价值。

以第六届大赛"红旅"国金项目——华南理工大学的"聚果盆——脉冲电场助力乡村挖掘水果金矿"为例，项目致力于水果深加工前沿技术的研究和应用。对该细分市场进行分析：发达国家果品加工产值是种植产值的300%，而我国只有80%；发达国家的果品加工率达90%左右，而我国仅有 20%～30%；根据聚果盆项目从一线市场得到的数据，国内每年滞销水果市场大致有150亿元的规模，水果深加工市场可以达到千亿级。

项目在落地推广阶段，相关的创新技术在白花木瓜全果利用上取得了很好的效果，对云南云县白花木瓜的种植规模以及种植户的增收起到了积极的带动作用，并成功助力云县脱贫摘帽。

项目在云县白花木瓜的落地应用上产生了积极的示范作用，与他们进行对接的果品不断增多，地域也越来越广。在荣获第六届中国国际"互联网+"大学生创新创业大赛"青年红色筑梦之旅"赛道金奖之后，聚果盆的行业影响力进一步扩大，基于技术和产品的适用性，应用的场景以及市场空间也有了进一步的拓展。截至2022年6月，聚果盆脉冲电场技术已经在国内8个省、15个县区的11种水果中得到了推广应用，部分技术已推广至5个国家，践行了项目"加工一种水果，带动一个产业，惠及一方经济"的理念。

同样以第五届大赛"红旅"国金项目——湖南科技学院的"伴农行者——数字孪生共享助农车间·中国数字乡村建设引领者"为例，项目负责人李国琛于 2017 年带领团队成立了山东旭兴网络科技有限公司，致力于数字孪生技术研究。公司自主研发的面向中小学校园的"知点云"数字孪生教育系统在教育市场得到了较好的反响，为全面推动教育信息化发展创造了价值。2017 年，李国琛带领团队进入"三农"领域深耕，启动了"伴农行者"项目，主要围绕茶叶、脱水蔬果深加工，打造数字孪生共享助农车间，将数字孪生、人工智能等技术应用在农村产业升级、农田虫害防治、数字乡村建设等领域。2018 年 4 月，李国琛回到了家乡沂南，主导国家级朱家林田园综合体数字化建设，结合数字孪生技术的应用，针对田园综合体管理打造了一款"朱家林数字孪生平台"，帮助朱家林在规划、建设、发展、运营过程中实现预演预判，为乡村振兴打造了齐鲁样板。这一项目获得了时任临沂市委书记的亲自代言，并提出在全省推广"朱家林模式"。公司基于数字孪生研发与应用方面的竞争优势，在多种应用场景中不断成功落地，在自身企业得到良好发展的同时，也为我国数字农业的不断深入发展作出了贡献。

　　从上述两个优秀案例我们可以看出，无论是水果深加工技术，还是数字孪生技术的应用，都是项目的核心技术在不同应用对象以及应用场景的拓展和深入。因此，"红旅"项目团队在思考项目未来的成长空间以及价值潜力时，要对自身的核心技术或者产品服务有明确的认识，并清楚产品或技术能否在多种类型的应用对象上产生作用和价值。产品和技术的适用面越广，未来可为项目带来的市场空间也就越大，项目未来的发展潜力也会越大。

　　（2）产业的可复制性。对于"红旅"项目而言，对现有项目模式进行复制推广，是一种常见的发展形式。在考虑是否可以进行产业的复制推广时，考虑的关键因素是当地是否有适合产业发展的相关条件，包括人力资源、地域环境以及配套产业链的成熟程度等。

　　以第八届大赛"红旅"国金项目——华中师范大学的"智惠农耀——开创国内绿色农药创制 CRO 服务，助力农业绿色振兴发展"项目为例，项目针对保障国家粮食安全的重大需求以及绿色农药创制成功率低、效率低的行业科技难题，研发出全球首个农药分子设计技术平台Pesticide Discovery 1.0，建立了全球最新、最完善的农药相关数据库，自主研发了一系列高精度分子设计新算法，开创了国内首个贯穿农药研发和商业化全过程的绿色农药自主创制 CRO服务，大幅度提高了农药创制的效率。以此为基础，团队历时 8 年研发出全国首个高粱专用除草剂"喹草酮"，自 2021 年投入市场使用后，现已在全国高粱种植区累计推广应用 370 多万亩，亩平均增产 13%以上，合计增产了大约 4 亿斤粮食，可以满足 100 万人一年的口粮需求，帮助农户增收约 7.4 亿元。现有项目在取得示范效应后，未来可以通过模式复制带动更大的产业规模，具有巨大的发展潜力和广阔的空间。[①]

　　以第六届大赛"红旅"国金项目——广东海洋大学的"海水稻——中国新饭碗"为例，项目着重研究海水稻特异种质资源利用、功能基因挖掘、新品种选育、栽培模式与技术研究、盐碱滩涂地生态修复、海水稻功能食品开发销售等。团队培育的海水稻新品种，是一种生长在滨海盐碱地的特殊耐盐水稻品种。团队已拥有 30 多项科研技术专利，在海水稻种质资源领域处于国内领先地位。团队采用"科研院所+公司+合作社+农户"的模式帮助农民脱贫致富。

---

① 《攻克"无药可用"！华师这项发明获中国专利金奖！》（2023-11-02），微信公众号：华中师范大学。

由高校提供海水稻品种，团队为农户免费提供全部种子和盐碱地种植栽培技术，农民负责种植，团队签订收购协议，全部包收，保证农民的种植收益。截至 2020 年 10 月，团队累计推广海水稻种植面积 10 万亩，公司自有海水稻种植面积 5000 多亩，带动 45 名大学生创业就业，带动 120 多户农民种植海水稻，让 52 户农民脱贫致富，间接带动产业链上 1500 多人就业。"海水稻"新品种已被湛江、深圳、青岛、江苏、浙江、新疆、内蒙古等地广泛推广，利用海滩涂和盐碱地改造种植海水稻，接下来会在全国 16 个省份加大力度推广，加强高产耐盐碱水稻技术攻关，预计推广海水稻种植面积超过 50 万亩。①

养殖类的项目，以第六届大赛"红旅"国银项目——黑龙江八一农垦大学的"国宝'狮白鹅'——领航脱贫攻坚振兴路"为例，项目采用"培育优质鹅品种，调配鹅专用饲料，研制同源血清疫苗和安全有效中药粉剂"三大核心技术，开发了草地放养、林下散养、果园养鹅和玉米地养鹅等"生态旱养模式"，多措并举解决传统鹅养殖的痛点。"狮白鹅"项目从 2013 年起，通过科技部农业科技成果转化资金项目实施产业扶贫，构建了"统一鹅雏供应、统一饲料供应、统一预防免疫、统一饲养管理、统一回收销售"的技术帮扶模式，同时拓展设计庭院认养、农家乐打卡、鹅产品加工、鹅绒翎羽收购等业务，目前已取得显著效果。从 2013 年到现在，团队先后在黑龙江省虎林市、伊春市、鹤岗市、大庆市、双鸭山市、肇东市、林甸县、杜尔伯特蒙古族自治县、林口县、青冈县、肇州县、肇源县等 30 多个市县和省农垦总局 7 个管理局 25 个农场，共 60 多个地区与农场推广狮白鹅养殖，养鹅 600 万只，建设示范田 75 万亩，增收 1.75 亿元。团队重点指导帮扶黑龙江省望奎县、拜泉县和依安县通过养殖狮白鹅在 2019 年脱贫摘帽，林甸县和青冈县通过养殖狮白鹅在 2020 年 2 月脱贫摘帽，促进全省完成整体脱贫。同时，团队通过网络直播、线上线下培训、"红旅"活动等，将狮白鹅养殖在黑龙江安达、黑河，辽宁鞍山，吉林九台，河北巨鹿，河南原阳、新乡、鄢陵，山东菏泽、东营，江苏扬州，新疆和田、乌鲁木齐，贵州毕节，广西百色等 12 个省（自治区、市）26 个县、乡进行推广。截至 2020 年大赛获奖前，7 年共指导养殖狮白鹅 7000 余万只，带动 37600 人就业，创造近 50 亿元的产值，免费供雏和饲料并全程指导，共带动 7136 个建档立卡贫困户养鹅脱贫，增收超 6 亿元。②

从上述三个优秀项目案例可以看出，绿色农药、海水稻、狮白鹅所涉及的细分领域分别是农药、种植和养殖类，项目团队在相关品类产品发展区域进行了充分推广。项目在多个地域成功落地和推广，体现了较好的可推广性。综上，在项目的运营模式得到落地验证和提炼后，需要进一步考虑如何进行跨地域复制推广，让项目成果带动产业更大规模地发展，惠及更大的群体，从而创造更大的价值。

（3）标准的引领性。"红旅"项目，应在项目运营中体现成果的可示范性、项目的可复制、可推广性，在细分领域树立标杆，主导或参与行业标准的制定，引领行业的发展。

以第八届大赛"红旅"国金项目——西安建筑科技大学的"迅建科技——装配美丽乡村，打造中国现代农居新标杆"为例，项目依托学校优势学科和国家级重点实验室等平台资源，针对乡村振兴中村镇住宅安全度低、品质差等问题，创建了绿色装配式结构成套技术。团队

---

① 《【金奖】厉害！湛江这种"吃海鲜"长大的米，竟让滩涂变良田！》（2020-08-21），微信公众号：湛江政府网。

② 《【创赛资讯】国宝"狮白鹅"：领航乡村振兴路！》（2022-06-10），微信公众号：江农研之声。

主编全国首部行业标准，发表论文 10 余篇、申请专利 30 余项，先后在陕西、新疆、河南、四川、青海、河北等地大力推广落地，累计建成新型城镇化建筑 50 余万平方米、特色民居自建房工程 120 余处，与传统混凝土现浇结构技术比较，项目合计节约造价 1.5 亿元，取得了显著的经济、社会与生态效益。[①]

以第七届大赛"红旅"国金项目——南昌大学的"校园啦啦操公益培训——筑梦学生健康快乐美丽之旅"为例，项目建立"2+5"运营模式，以公益教师培训"送培到基层"和公益学生培训"乡村教育振兴啦啦操进校园"两项公益培训为主体，以专业培训、线上线下赛事、俱乐部建设、教材、考级形成五大行动反哺两项公益培训，形成可持续发展模式，帮扶参培人员创新创业。目前，已授牌建立啦啦操俱乐部 201 个，发展申请县（市、区）级啦啦操协会 11 个，受国家体育总局委托编撰全国校园大、中、小、幼啦啦操系列教材和内部资料，建立运动员、教练员、裁判员和竞赛执行官等考级模式，在全国落地推广。[②]

以上两个优秀项目都体现了同样的特点和发展路径，在项目不断发展壮大的过程中，不同程度地参与了行业标准的制定，并且在行业中也表现出较为突出的主导力。在当今激烈的市场竞争中，获得了标准的制定权，实际上就掌握了话语权，从而成为行业领导者。参与标准制定能提升企业或者组织的形象，在行业以及公众心中树立权威性。在规则的制定过程中抢占"制高点"，可为自身的发展赢取更高的平台，在同类产品的市场竞争中赢得先机。

第六节　"青年红色筑梦之旅"项目的整体呈现

"红旅"作为一堂全国最大的思政课，一大批青年学生用智慧和汗水、知识和力量扎根基层与乡村，将创新创业的个人理想融入伟大中国梦，融入党和国家的前途命运，用青春年华书写了时代华章。

"红旅"项目除了在创新性、实效性、可持续性以及所创造的经济效益与社会效益等方面进行展现之外，还要在项目实践过程中充分体现专业教育、思政教育、创新创业教育的有机融合，这些都是教育维度评分要素中的具体要求。因此，"红旅"项目的具体环节，包括切入点的选择、项目主线的清晰与明确、项目构架的搭建、项目模式的优化、项目成果的落地与持续丰富等，都需要深入思考要融入什么样的精神、体现出怎样的思政教育价值和意义、体现怎样的成效等。

"红旅"活动是一堂集党史教育课、国情思政课、创新创业课、乡村振兴课、红色筑梦课于一体的有温度、有深度、有广度、有高度、有气度的中国金课，每个参赛团队的学生要深

① 《新突破！西安建大学子获"互联网+"大赛红旅赛道全国金奖！》（2022-11-17），微信公众号：西安建筑科技大学。

② 《喜报｜"校园啦啦操公益培训"项目荣获第七届中国国际"互联网+"大学生创新创业大赛国赛金奖！》（2021-10-18），微信公众号：南大体教之家。

入理解其中的内涵，把相应的思政教育元素、理论知识、价值理念以及精神追求等融入项目实践的各个环节，最终使项目在不同的社会领域和行业取得实际成效，体现出项目"立德树人"的具体成效。

要增加"红旅"项目的立意高度，生动展现项目团队创业的初心情怀，需要项目团队成员深入了解国家的时政热点，紧密围绕当届"红旅"赛道的主要目标，从一个更宽的广度、更高的格局来思考项目的价值和意义。格局和见识是创业意识培养、创新创业能力提升的具体体现，更是"红旅"项目的核心育人导向。这样才能更好地引导青年大学生扎根中国大地、了解国情民情，更好地奉献智慧与汗水、青春与热血，最终做到"艰难困苦，玉汝于成"，成为一名合格的中国式现代化事业的贡献者。

思政元素的整体融入以及教育成效的生动立体展现，往往是"红旅"项目画龙点睛的一笔。能否写好这一笔，取决于团队成员能否很好地去了解国情、社情，将创业的初心和情怀贯穿于项目始终。优秀项目的成长过程，同样也是项目负责人以及团队的成长过程。思政元素的来源包括课程思政、学校的育人体系、"红旅"项目的整体生动展现等。

一、课程思政

大赛的根本任务之一"以赛促教"有如下具体要求："以赛促教，探索人才培养新途径——全面提高人才自主培养质量，全面推进高校课程思政建设，深入推进新工科、新医科、新农科、新文科建设，不断深化创新创业教育改革，引领各类学校人才培养范式深刻变革，形成新的人才培养质量观和质量标准，切实提高学生的创新精神、创业意识和创新创业能力。"从中可以看出创新大赛展现育人成效的具体方向，高校的课程思政建设需要与创新创业教育充分结合。

课程思政是指以构建全员、全程、全课程育人格局的形式将各类课程与思想政治理论课同向同行，形成协同效应，把"立德树人"作为教育根本任务的一种综合教育理念。始终坚持以德立身、以德立学、以德施教，注重加强对学生的世界观、人生观和价值观教育，传承和创新中华优秀传统文化，积极引导当代大学生树立正确的国家观、民族观、历史观、文化观，为社会培养更多德智体美劳全面发展的人才，为中国特色社会主义事业培养合格的建设者和可靠的接班人。

"青年红色筑梦之旅"活动是国内最大的一堂国情思政课，深度融合了思政教育、创新创业教育和专业教育。"红旅"活动能很好地引导学生正确认识世界和中国发展大势，正确认识时代责任和历史使命，引导学生把个人理想与国家社会发展需要紧密结合起来。而课程思政更多的是在各类课堂教学中围绕思政教育融入场景、模式、理论和案例等，与"红旅"活动可以形成较好的协同效应。

围绕课程思政如何进行系统建设，教育部于2020年5月28日下发了《高等学校课程思政建设指导纲要》，把思想政治教育贯穿人才培养体系，面向全国所有高校、所有学科专业以及课程类型全面推进课程思政。其中针对创新创业教育课程以及社会实践类课程，有这样的具体要求："创新创业教育课程，要注重让学生'敢闯会创'，在亲身参与中增强创新精神、创造意识和创业能力。社会实践类课程，要注重教育和引导学生弘扬劳动精神，将'读万卷书'与'行万里路'相结合，扎根中国大地了解国情民情，在实践中增长智慧才干，在艰苦奋斗中锤炼意志品质。"对不同类别的专业课程，从哪个方面融入课程思政的元素，也有具体的指引。

近年来涌现出来的诸多优秀"红旅"项目也从不同专业进行了课程思政元素的融入。"把论文写在祖国大地上"彰显出来的责任与抱负，"灌溉一方土地、哺育一方人民、为乡村振兴贡献力量"的使命与担当，"新农人扎根中华大地、颗颗种播撒五湖四海""助力老区振兴、留住绿水青山""传播红色文化，振兴红色乡村"等，都是项目思政元素体现的内在主线，其中课程思政作为学校基础课堂教育的体现，为"红旅"的思创融合实践提供了丰富的素材。

二、学校的育人体系

"红旅"活动的参与以及项目的培养，是一个系统工程，是学校思创融合实现路径的具体探索。

以第六届大赛"红旅"国金项目——宁波大学的"红艺轻骑——中国原创红歌红剧走基层服务第一团"为例，项目是一支专门为社区提供红歌红剧创制编排和演艺服务的传播团队。三年来共为嘉兴南湖等革命圣地创作了 32 部红剧、155 首红歌，在全国 50 多个城市演出 400 余场，被媒体报道和获得国内外行业大奖累计达 112 次，被业界称为"中国原创红歌红剧走基层服务第一团"。项目的诞生及成长源于宁波大学的"大美育模式"，将"双创"教育和思想政治教育有效融合，真正让"双创"教育发挥作用，造福社会和在校学生。宁波大学的"大美育模式"实践，始终致力于让所有在校学生通过对美的认知、体验、感受、欣赏、创造，培养他们的情操、品位、格调与素养。学校在二十年的探索实践中，形成了由顶层设计到基层落实的联动机制，逐渐孕育了兼具硬实力和软实力的美育文化。该"红旅"项目的成长以及最终脱颖而出，也是建立在学校的培育体系以及资源支持之上。

以西安电子科技大学人工智能学院为例，学院始终坚持统筹资源、久久为功，不断加大对学生创新创业的指导和扶持，截至第八届大赛，已经累计获得国家级金奖 1 项、银奖 4 项以及省级金奖 7 项。其中"共赴牧业——奶山羊智慧养殖开创者"项目在第八届大赛的"红旅"中获得了金奖。人工智能学院党委坚持将红色基因、专业教育、产业发展、社会服务、科学研究融入育人育才全过程，围绕人工智能赋能传统产业这一主线，着力打造"感知中国"党建育人品牌，推动人工智能技术在脱贫攻坚、定点帮扶中的深度运用。近年来，在奶山羊智慧养殖项目的基础上，进一步拓展农业病虫害防治和基本耕田遥感监测等实践项目，建立了大学生劳动教育实践基地，鼓励和引导师生"把论文写在祖国大地上"，在服务社会的广阔天地中感受国情民情，增强推动人工智能健康发展的责任感、使命感。下一步，学院将进一步发挥人工智能创新实践工作坊和大学生劳动教育实践基地的作用，培育有特色、高质量的科研项目。团队进驻孵化，推动标志性科研成果和典型性创业项目深度结合，充分发挥党建育人、实践育人以及创新创业教育在创新型拔尖人才培养中的重要作用，为学校教育事业高质量发展提供强有力的支撑。

三、"红旅"项目的整体生动展现

前面对"红旅"项目如何选题、如何构建、如何培养、如何发展以及教育元素如何融入等进行了比较详尽的描述。除了展现项目计划书的完整内容体系之外，还需要在项目中生动体现思政元素以及团队自身的成长。项目团队的初心和情怀，要始终贯穿于项目之中。这样才能把"红旅"活动的育人成效更好地体现出来。

参赛材料的组织以及优化、项目整体的生动展现，可以从如下几个方面来展开。

（1）围绕当下国家时政热点以及"红旅"赛道的目标对项目立意进行定位，充分融入创业团队的初心和情怀，且贯彻项目的始终。

（2）基于项目的立意以及选题方向，无论是基于精神传播的、公益创业的还是乡村振兴的，对项目的具体切入点、解决的问题都要有清晰的描述。

（3）项目要体现经济价值、社会价值两者的平衡，尤其要体现精神传播价值等。

（4）对项目模式进行必要的提炼。项目模式需要通过项目的运营体系、内容体系、制度体系等方面进行支持。且在可持续性的资源因素上，要体现财务以及人员的可持续性。在项目模式的复制推广上，需要体现项目复制推广所需要的资源，以及相关资源与项目的结合度等情况。

（5）在实效性方面，可以通过数据和案例、将整体情况与典型案例相结合的方式来生动全面体现。

案例一："渔"杰冰清——护江使者振兴先锋
（第八届大赛"红旅"国金，江苏省省赛冠军项目，南京农业大学）

2021年长江十年禁捕，国家用10年修复长江，禁捕牵涉30万渔民的生计问题，他们年龄超一半在50岁，占80%的人只有初中水平，世代主要以打鱼为生。面对近30万退捕渔民转产就业难题，郑冰清发起成立冰清养殖公司，免费为渔民培训养殖技术，促进渔民从"捕鱼者"向"护鱼者"转型，并通过优质苗种供应、全程技术服务和兜底统购统销等途径带动渔民致富。

郑冰清自幼就与长江有着不解之缘，立志做一名"水产院士"，保护好母亲河；长大后，她成为一名科技新农人，积极投身现代农业，发展绿色渔业，带领乡亲们共同富裕。

郑冰清从小生活在长江边，在2002年6月，5岁的她便跟着爷爷、"长江放流第一人"郑金良一起参加长江放流，把价值达上百万元的40万尾河豚鱼苗无偿地放入长江，自此之后郑冰清就与长江大保护结下了一份"情缘"，每年的长江放流现场都有她的身影。如今，接过爷爷手中的接力棒，郑冰清已经成为江阴长江放流、生态保护的青年代表人物，累计向长江放流河豚等珍稀鱼类和四大家鱼鱼苗1.7亿余尾，为修复长江水生生物资源、维护长江生物多样性作出了自己的最大贡献。二十年的坚持取得了实效，野生河豚重现扬子江、鱼翔浅底、白鹭翻飞的景象成为一道美丽风景。

"我要把爷爷矢志保护长江渔业资源的使命一直传承下去。"郑冰清选择从事水产养殖这条发展道路，考取了南京农业大学渔业发展专业研究生，过着实验室、鱼塘、教室三点一线的生活，深入学习水产渔业养殖技术，并陆续突破长江濒危鱼类的养殖、淡水石首鱼的全人工繁育、濒危淡水贝类繁育等课题。毕业后，她回到家乡，投身农业，穿起下水裤，走进满是泥泞的池塘，成为新一代科技型渔民。

在长期繁养实践中，团队先后突破刀鱼等人工养殖难题，获得 8 项发明专利，自主研发了微生态制剂、无人化 ERP 系统等，养殖成活率提高 2.5 倍，优质率提升至 90%，牵头制定了 3 项江苏省地方标准、1 项无锡市地方标准。她与团队成员实现了河豚、刀鱼等大规模人工繁育，科学支撑了增殖放流，助力长江渔业资源修复和生态保护。目前，她负责的养殖水体超 25 万立方米，养殖年产量超 15 万公斤，成为全国最大的绿色鲌鱼生产基地。"冰清"牌鲌鱼获得国家绿色产品认证，两次荣获国家农博会金奖，通过"线上+线下"销售让全国各地都品尝到了长江的味道。目前已有 13 家商超、65 家连锁酒店成为冰清品牌的忠实客户。

风起于青蘋之末，浪成于微澜之间。郑冰清明白，一个人富不算富，带着大家一起富才是真正的富。养殖出名了，找她咨询养殖经验的人络绎不绝，她总是耐心讲解，帮大家分析问题，寻找解决方案。有的养殖户养殖资金周转不开，她及时支持；有的农户想开展鲌鱼养殖，她帮忙实地测量、设计和改造养殖池；有的养殖户销售渠道不畅，她主动帮忙联系经销商；部分由于"十年禁捕"而上岸的渔民，也得到了她提供的工作岗位。此外，她每年义务举办多期培训班，推广鲌鱼生态养殖技术。疫情期间，她在家直播科普长江珍稀鱼类知识，为家乡农产品"代言"并成功打开销路。在她的带动下，鲌鱼养殖业已经成为江阴周边发展最快、效益最好的特种养殖业。带动多村渔民增收，为江阴徐霞客村 62 个渔户提供 30000 尾优质鱼苗，年收入 670 万元，预计 2024 年创收超 1000 万元。

项目被《人民日报》等 60 余家主流媒体报道。作为无锡市第十七届人大代表的郑冰清正紧跟着新时代步伐，潜心深耕水产养殖行业，用心在家乡描摹梦想，用情在江海大地上书写青春美文，在长江大保护、乡村振兴赛道上接续奔跑，用满腔热情和不懈奋斗诠释着新一代青年创业者的责任与担当。

来源：

（1）《"喜迎二十大代表展风采"护江使者，振兴先锋——记无锡市人大代表郑冰清》（2022-10-10），微信公众号：江阴人大发布 。

（2）《无锡渔业学院荣获第八届中国国际"互联网+"大学生创新创业大赛金奖》（2022-11-17），微信公众号：中国水科院淡水渔业研究中心。

【点评】

这是一个"绿色生态护长江，乡村振兴书新篇"的优秀"红旅"创业组项目，在"新农科"的专业支撑下，以科技创新为驱动力，在长江禁渔的大背景下，通过因地制宜、产业振兴的方式带动当地渔民增收致富，体现出明显的实效性，并且充分体现出"红旅"赛道评分要求中"促进共同富裕"的要求，实现了经济效益和社会效益的双赢。

案例二：高原红·川藏青光明行——眼健康救助公益项目
（第五届大赛"红旅"国金，温州医科大学）

世界卫生组织指出，视觉损害是严重影响人类健康的三大疾病之一，白内障和屈光不正是主要的病因。据项目成立之初的数据，我国视觉损伤人群高达 8 亿，而其中 75% 基本可被避免。视觉损伤已成为涉及民生的重大公共卫生和社会问题。尤其是西部高海拔地区自然环境恶劣、紫外线辐射强烈，加之经济水平及医疗资源限制（每百万人口只有 16 名眼科医生），情况尤为严重。

2012 年，温州医科大学 07 级眼视光医学 7 年制学生林娜创建了"高原红"眼健康硕博服务团队，致力于提高中国高原地区眼科医疗服务能力，8 年来不断成长，已成为中国眼健康青年学生公益行动的领航者。依托学校、医院眼科综合实力全国第一的强大专业优势，团队以温州市明晴视觉关爱公益服务中心为平台，以高原藏区为切入点，打造"一三五眼科公益医疗服务"模式。通过科普宣教、集中公益医疗行动、建立联合视光中心、高原眼科人才培养、分层次专家指导五项举措，针对不同地区不同医疗水平设计三套医疗服务方案，为高原偏远地区建立起一个完善的眼健康医学服务体系，推动我国偏远地区眼健康事业的发展。

8 年来，"高原红"团队经过拓荒式探索，从点至线至面，走过川藏青闽浙 5 个省（自治区）16 个县市，科普近 30 万人，检查 2.6 万例，屈光矫正 3700 例，复明手术 2561 例，发放眼镜 2 万副，直接为当地群众家庭增收 3500 万元。

8 年来，"高原红"团队着眼当地眼科医疗的可持续发展，通过服务模式创新，将服务内容精准化、服务人群全面化、支付模式共赢化，帮助当地建立 4 所联合眼视光中心，培养眼科专业人员 15 名，分层次指导 3000 余次。建立的联合眼视光中心均已独立开展常规诊疗，2018 年年底已累计达到 1.4 万门诊量、手术 664 例，逐步形成全面的"造血"式眼健康公益模式。

"高原红"团队牢记习近平总书记对青年学子的嘱托，传承温州医科大学"仁肃勤朴、求是奋发"的精神，继续前行，将科研写在祖国大地，勇做川藏青光明行的领航者、践行者、守护者，将全程、全面的眼健康医疗服务体系带到全国更多偏远贫困地区，守护全民眼健康，为实现健康中国梦而努力奋斗。

来源：

《EYE·视界 | 光明日报：架起青藏高原光明之桥——记温州医科大学川藏青光明行项目》（2021-08-12），微信公众号：温医大眼视光。

【点评】

这是 2019 年的"红旅"国金项目，从当年党和国家的核心任务来看，脱贫攻坚工作是关键。而本项目很好地搬走了"因眼病致贫和返贫"这个当地脱贫攻坚的拦路虎，紧扣当年的国家重要发展任务，为国家脱贫攻坚的伟大事业中注入了青春的力量。同时，该项目也促进了民族团结，维护了民族地区的团结稳定，充分体现了项目的高度和格局，这是思政教育成果在"红旅"项目中的生动体现。

案例三：行走的教科书——全球首创中国钓鱼岛数字博物馆
（第七届大赛"红旅"国金，福建师范大学）

中国钓鱼岛数字博物馆是由福建师范大学钓鱼岛研究团队设计创建的数字博物馆。2020 年 10 月 3 日，中国钓鱼岛数字博物馆在钓鱼岛专题网站 https://www.diaoyudao.org./cn 正式开通上线。2021 年 4 月 27 日，中国钓鱼岛数字博物馆英、日文版在钓鱼岛专题网站上线运行。

该博物馆由序厅和三个展厅组成，展陈内容包括历史图片、视频资料、文献资料、法律文件、实物模拟、各类模型、动画故事、新闻报道和学者论著等，并设有讲解员、馆长问答等互动环节，生动地展示了钓鱼岛主权属于中国的法律和历史依据。观众通过参观该博物馆，可以身临其境地感受钓鱼岛的地理环境，了解钓鱼岛问题的来龙去脉，进一步认识钓鱼岛是中国的固有领土这一无可争辩的事实。

项目打造了全新的沉浸式宣讲课程，展示了钓鱼岛属于中国固有领土的历史事实和法理依据，为全国高校师生送上了一堂主题鲜明的爱国主义教育"思政大课"。截至 2021 年 10 月获奖时，网站总访问量突破了 7700 万次，其中国外访问量占比高达 55%。充分体现了项目在维护国家主权方面取得的效果。

来源：

（1）《国赛金奖！为中国钓鱼岛数字博物馆点赞！》（2021-10-23），微信公众号：福建师范大学文学院。

（2）《"三全育人"成果展示第 1 期 | 文学院：中国钓鱼岛数字博物馆与爱国主义教育实践》（2023-04-27），微信公众号：福建师范大学学生工作处 。

【点评】

习近平总书记在给中国石油大学（北京）克拉玛依校区毕业生回信中饱含对青年人的殷殷嘱托：把个人的理想追求融入党和国家事业之中，为党、为祖国、为人民多作贡献。项目团队一直不忘初心，牢记总书记的嘱托，以守卫好英烈们用生命捍卫的每一寸国土作为自己的使命和责任，把项目不断深入推进，做让全世界了解钓鱼岛的讲述者。项目充分体现了当代青年肩负使命、担当有为，在矢志奋斗中谱写新时代青春之歌的精神风貌和榜样力量。

参考文献

［1］ 陈群，徐德锋，陈秀竹. 青春的力量——全国"青年红色筑梦之旅"优秀案例[M]. 武汉：华中科技大学出版社，2021.

［2］ 黄华. 如何赢得创新创业大赛[M]. 北京：化学工业出版社，2019.

［3］ 钟之静. "互联网+"大学生创新创业大赛蓝宝书[M]. 广州：暨南大学出版社，2020.

［4］ 杨涛. 非营利组织公益链管理——社会服务机构伙伴关系[M]. 南京：南京大学出版社，2018.

［5］ 刘守英，程国强，等. 中国乡村振兴之路——理论、制度与政策[M]. 北京：科学出版社，2021.

［6］ 董彦岭. 产业振兴：绿色安全、优质高效的乡村产业体系建设[M]. 郑州：中原农民出版社，2019.

［7］ 李实. 关于共同富裕和乡村振兴[EB/OL].（2021-08-03）. https://baijiahao.baidu.com/s?id=1707065735335594203&wfr=spider&for=pc.

［8］ 李慎明. 正确认识中国特色社会主义新时代社会主要矛盾[EB/OL].（2018-03-08）. http://www.qstheory.cn/dukan/hqwg/2018-03/08/c_1122505893.htm.

［9］ 韩长赋. 大力实施乡村振兴战略（认真学习宣传贯彻党的十九大精神）[N]. 人民日报，2017-12-11（7）.

［10］ 李璇，等. 二十大报告学习笔记｜乡村振兴篇[EB/OL].（2022-12-23）. https://news.cctv.com/2022/12/23/ARTINLwCsdHA6tcuICwfF2my221223.shtml.

［11］ 中共中央、国务院印发《乡村振兴战略规划（2018—2022年）》[EB/OL].（2018-09-26）. http://www.gov.cn/zhengce/2018-09/26/content_5325534.htm.

［12］ 中共河南省委河南省人民政府关于推进乡村振兴战略的实施意见[EB/OL].（2018-11-29）. http://www.moa.gov.cn/ztzl/xczx/yj/201811/t20181129_6164025.htm.

［13］ 2021中央一号文件解读："三农"工作重心转向全面推进乡村振兴[EB/OL].（2021-02-23）. http://www.zgxczx.cn/content_15501.html.

［14］ 中共中央、国务院关于做好2022年全面推进乡村振兴重点工作的意见[EB/OL].（2022-02-22）. http://www.gov.cn/zhengce/2022-02/22/content_5675035.htm.

［15］ 准备把握二十大报告中关于全面推进乡村振兴的要领[EB/OL].（2022-11-25）. http://www.zgxczx.cn/content_52351.html.

［16］ 李国祥. 如何理解乡村振兴战略的"五个振兴"[EB/OL].（2019-08-13）. http://www.qstheory.cn/zhuanqu/bkjx/2019-08/13/c_1124870140.htm.

［17］ DEES J, G. The meaning of "Social Entrepreneurship". Comments and suggestions contributed from the Social Entrepreneurship Funders Working Group[Z]. 1998, 15.

［18］ 杨超. 公益创业的教育价值研究[D]. 长沙：湖南大学，2017.

[19] 杜银伟. 我国青年公益创业研究[D]. 北京：北京交通大学，2011.

[20] 唐怡. 高校公益创业教育与创新型人才培养探索——以湖南大学公益创业教育为例[J]. 金融经济，2011（5）.

[21] 刘广. 大学生创新创业支撑体系建设研究[J]. 科技进步与对策，2015，32（23）.